AF547679

GRöLS
Verlage

„Bücher sind wie Fallschirme. Sie nützen uns nichts, wenn wir sie nicht öffnen."

Gröls Verlag

Redaktionelle Hinweise und Impressum

Das vorliegende Werk wurde zugunsten der Authentizität sehr zurückhaltend bearbeitet. So wurden etwa ursprüngliche Rechtschreibfehler *nicht* systematisch behoben, denn kleine Unvollkommenheiten machen das Buch – wie im Übrigen den Menschen – erst authentisch. Mitunter wurden jedoch zum Beispiel Absätze behutsam neu getrennt, um den Lesefluss zu erleichtern.

Um die Texte zu rekonstruieren, werden antiquarische Bücher von Lesegeräten gescannt und dann durch eine Software lesbar gemacht. Der so entstandene Text wird von Menschen gegengelesen und korrigiert – hierbei treten auch Fehler auf. Wenn Sie ebenfalls antiquarische Texte einreichen möchten, finden Sie weitere Informationen auf www.groels.de

Viel Freude bei der Lektüre wünscht Ihnen das Team des Gröls-Verlags.

Adressen

Verleger: Sophia Gröls, Im Borngrund 26, 61440 Oberursel

Externer Dienstleister für Distribution & Herstellung: BoD, In de Tarpen 42, 22848 Norderstedt

Unsere „Edition | Werke der Weltliteratur“ hat den Anspruch, eine der größten und vollständigsten Sammlungen klassischer Literatur in deutscher Sprache zu sein. Nach und nach versammeln wir hier nicht nur die „üblichen Verdächtigen“ von Goethe bis Schiller, sondern auch Kleinode der vergangenen Jahrhunderte, die – zu Unrecht – drohen, in Vergessenheit zu geraten. Wir kultivieren und kuratieren damit einen der wertvollsten Bereiche der abendländischen Kultur. Kleine Auswahl:

Francis Bacon • Neues Organon • **Balzac** • Glanz und Elend der Kurtisanen • **Joachim H. Campe** • Robinson der Jüngere • **Dante Alighieri** • Die Göttliche Komödie • **Daniel Defoe** • Robinson Crusoe • **Charles Dickens** • Oliver Twist • **Denis Diderot** • Jacques der Fatalist • **Fjodor Dostojewski** • Schuld und Sühne • **Arthur Conan Doyle** • Der Hund von Baskerville • **Marie von Ebner-Eschenbach** • Das Gemeindekind • **Elisabeth von Österreich** • Das Poetische Tagebuch • **Friedrich Engels** • Die Lage der arbeitenden Klasse • **Ludwig Feuerbach** • Das Wesen des Christentums • **Johann G. Fichte** • Reden an die deutsche Nation • **Fitzgerald** • Zärtlich ist die Nacht • **Flaubert** • Madame Bovary • **Gorch Fock** • Seefahrt ist not! • **Theodor Fontane** • Effi Briest • **Robert Musil** • Über die Dummheit • **Edgar Wallace** • Der Frosch mit der Maske • **Jakob Wassermann** • Der Fall Maurizius • **Oscar Wilde** • Das Bildnis des Dorian Grey • **Émile Zola** • Germinal • **Stefan Zweig** • Schachnovelle • **Hugo von Hofmannsthal** • Der Tor und der Tod • **Anton Tschechow** • Ein Heiratsantrag • **Arthur Schnitzler** • Reigen • **Friedrich Schiller** • Kabale und Liebe • **Nicolo Machiavelli** • Der Fürst • **Gotthold E. Lessing** • Nathan der Weise • **Augustinus** • Die Bekenntnisse des heiligen Augustinus • **Marcus Aurelius** • Selbstbetrachtungen • **Charles Baudelaire** • Die Blumen des Bösen • **Harriett Stowe** • Onkel Toms Hütte • **Walter Benjamin** • Deutsche Menschen • **Hugo Bettauer** • Die Stadt ohne Juden • **Lewis Caroll** • *und viele mehr….*

Montesquieu

Montesquieu's Persische Briefe

Übersetzung von

Eduard Bertz

Inhalt

Einleitung

1721

Ich beginne mit keinem Zueignungsbriefe und verlange keinen Schutz für dies Buch; man wird es lesen, wenn es gut ist; und wenn es schlecht ist, so kann mir nicht daran gelegen sein, daß man es lese.

Vorläufig veröffentliche ich nur diese ersten Briefe, um zu sehen, ob sie dem Geschmack des Publikums entsprechen; doch habe ich noch viele ähnliche in meiner Mappe, die ich ihm in der Folge werde darbieten können.

Aber dies geschieht nur unter der Bedingung, daß ich unbekannt bleibe; denn sobald mein Name entdeckt wird, verstumme ich. Ich kenne eine Frau, welche ziemlich gut laufen kann, die aber hinkt, sobald man sie ansieht. Es genügt schon an den Fehlern des Werkes; warum sollte ich der Kritik auch noch die meiner Person bloßstellen? Wüßte man, wer ich bin, so würde man sagen: „Sein Buch widerspricht seiner Stellung; er sollte seine Zeit zu etwas Besserem anwenden; solche Dinge sind eines ernsten Mannes nicht würdig." Den Kritikern fehlt es niemals an dieser Art von Bemerkungen; denn man hat sie bei der Hand, ohne seinen Geist sonderlich anzustrengen.

Die Perser, welche diese Briefe geschrieben haben, waren meine Hausgenossen; wir brachten unsere Tage mit einander zu. Da sie mich wie einen Mann aus einer andern Welt betrachteten, so hielten sie nichts vor mir verborgen. In der That, Leute, die aus solcher Ferne hierher verpflanzt waren, konnten keine Geheimnisse mehr haben. Sie teilten mir die meisten ihrer Briefe mit, und ich nahm davon Abschrift. Es fielen mir sogar einige in die Hände, die sie mir schwerlich würden anvertraut haben; so demütigend waren sie für die persische Eitelkeit und Eifersucht.

Mein Anteil an dem Werke beschränkt sich daher auf die Thätigkeit des Übersetzers; meine ganze Arbeit bestand darin, es unseren Sitten anzupassen. Ich habe die asiatische Redeweise nach Möglichkeit vermieden und dem Leser zahllose schwülstige Phrasen erspart, deren Überschwänglichkeit ihn bis an die Wolken erhoben hätte.

Aber das ist noch nicht alles, was ich für ihn that. Ich habe die langen Komplimente beschnitten, mit denen die Orientalen nicht weniger verschwenderisch umgehen als wir; und ich habe eine unendliche Zahl jener Kleinigkeiten übergangen, die im Tageslichte so schwer bestehen können und über den Verkehr zweier Freunde niemals hinausdringen sollten.

Freilich würde von den meisten Briefsammlungen nichts übrig geblieben sein, wenn ihre Herausgeber das Gleiche gethan hätten.

Eins hat mich oft in Erstaunen gesetzt: nämlich, daß sich diese Perser manchmal ebenso unterrichtet über die Sitten und Gebräuche unsrer Nation zeigen, wie ich selbst es bin, ja daß sie die feinsten Unterschiede kennen und Dinge bemerken, die sicherlich vielen Deutschen, die Frankreich besucht haben, entgangen sind. Ich schreibe dies der langen Dauer ihres Aufenthalts in diesem Lande zu, ganz abgesehen davon, daß es für einen Asiaten leichter ist, sich über die Sitten der Franzosen in einem Jahre zu unterrichten, als es für einen Franzosen sein würde, die der Asiaten in vier Jahren kennen zu lernen; denn die einen sind ebenso mitteilsam wie die andren verschlossen.

Nach altem Brauch hat jeder Übersetzer und selbst der barbarischste Kommentator das Recht, den Eingang seiner Übersetzung oder seines Kommentars mit einer Lobrede auf das Original zu schmücken und den Nutzen, die Vorzüge und die Vortrefflichkeit desselben anzupreisen. Aus leicht begreiflichen Ursachen habe ich darauf verzichtet, ganz besonders, weil es die Vorrede, die immer schon an sich etwas Langweiliges ist, noch langweiliger machen würde.

Erster Brief

Usbek an seinen Freund Rustan in Ispahan

Wir haben uns nur einen Tag in Rom aufgehalten. Nachdem wir am Grabe der Jungfrau, welche zwölf Propheten das Leben gab, unsere Andacht verrichtet hatten, setzten wir unsere Reise fort, und gestern, am fünfundzwanzigsten Tage nach unserem Aufbruch von Ispahan, trafen wir in Tauris ein.

Rica und ich sind vielleicht die ersten Perser, welche der Wissensdurst bewogen hat, ihr Vaterland zu verlassen, und die auf den Genuß eines ruhigen Lebens verzichtet haben, um mühsam nach der Weisheit zu suchen.

Wir sind in einem blühenden Reiche geboren; aber wir haben nicht geglaubt, daß seine Grenzen notwendig auch diejenigen unserer Kenntnisse seien, und daß nur das Licht des Morgenlandes uns erleuchten dürfe.

Schreibe mir, wie die Leute über unsere Reise urteilen, aber ohne mir zu schmeicheln; ich rechne nicht darauf, bei Vielen Beifall zu finden. Adressiere Deine Briefe nach Erzerum, wo ich mich einige Zeit aufhalten werde. Lebe wohl, mein lieber Rustan. In welcher Weltgegend ich auch weilen möge, sei versichert, daß ich Dir ein treuer Freund bleibe.

Tauris, am 15. des Mondes Saphar, 1711.

Zweiter Brief

Usbek an den Obersten der schwarzen Verschnittenen in seinem Serail zu Ispahan

Du bist der treue Wächter der schönsten Frauen in Persien. Ich habe Dir anvertraut, was mir auf der Welt am teuersten war. Du hältst in Deinen Händen die Schlüssel zu jenen verhängnisvollen Pforten, die sich nur für mich öffnen. So lange Du über diesen kostbaren Schatz meines Herzens wachst, hat es Ruhe und erfreut sich einer vollständigen Sicherheit. Du hältst Wache im Schweigen der Nacht wie im Lärm des Tages. Deine unermüdliche Sorgfalt stützt die Tugend, wenn sie schwankt.

Wollten die Frauen, die unter Deiner Obhut stehen, ihrer Pflicht ungetreu werden, so würdest Du ihnen die Hoffnung auf ein Gelingen benehmen. Du bist die Geißel des Lasters und die Säule der Treue.

Du gebietest ihnen und gehorchst ihnen. Du führst blind alle ihre Befehle aus und hältst sie gleichermaßen zum Gehorsam gegen die Gesetze des Serails an. Du findest Deinen Ruhm darin, ihnen die niedrigsten Dienste zu erweisen; Du unterwirfst Dich mit Achtung und Furcht allen ihren rechtmäßigen Anordnungen; Du dienst ihnen wie der Sklave ihrer Sklaven. Aber, umgekehrt, gebietest Du auch als Herr wie ich selbst, wenn Du eine Lockerung der Gesetze züchtiger Sitte befürchtest.

Erinnere Dich allezeit des Nichts, dem ich Dich entriß, als Du der letzte meiner Sklaven warst, um Dich auf diesen Platz zu erheben und Dir die Wonne meines Herzens anzuvertrauen. Dein Verhalten gegen die, welchen meine Liebe gehört, sei tiefe Unterthänigkeit; aber laß sie zu gleicher Zeit ihre äußerste Abhängigkeit fühlen. Gewähre ihnen jedes unschuldige Vergnügen; sorge, daß sie ihrer Ungeduld vergessen; ergötze sie durch Musik, Tänze und erquickende Getränke; überrede sie zu häufiger geselliger Unterhaltung. Wenn sie auf das Land gehen wollen, so kannst Du sie dahin führen; aber laß alle Männer niedermachen, die sich vor ihnen zeigen. Ermahne sie zur Reinlichkeit, die das Bild der Seelenreinheit ist; rede manchmal mit ihnen von mir. Ich möchte sie gern dereinst an dem lieblichen Orte wiederfinden, dessen Zierde sie sind. Lebe wohl.

Tauris, am 18. des Mondes Saphar, 1711.

Dritter Brief

Zachi an Usbek in Tauris

Wir haben dem Obersten der Verschnittenen befohlen, uns auf das Land zu führen; er wird Dir sagen, daß uns kein Unfall begegnet ist. Als wir über den Fluß setzen und unsere Sänften verlassen mußten, nahmen wir, wie gebräuchlich, in verdeckten Tragkörben Platz; zwei Sklaven luden uns auf ihre Schultern, und wir entgingen aller Beobachtung.

Wie hätte ich, lieber Usbek, das Leben in Deinem Serail zu Ispahan ertragen können, an dieser Stätte, die mir die Sehnsucht täglich mit neuer Heftigkeit erregte, da sie mich unaufhörlich an meine vergangenen Freuden gemahnte? Ich irrte von Gemach zu Gemach, immer Dich suchend und nimmer Dich findend; aber überall begegnete ich einer grausamen Erinnerung an mein fernes Glück. Bald fand ich mich an jenem Orte, wo ich Dich zum erstenmale in meinem Leben in meine Arme schloß; bald an jenem anderen, wo Du den denkwürdigen Streit Deiner Frauen entschiedest. Jede von uns behauptete, daß sie schöner sei als alle übrigen; und nachdem wir alles erschöpft hatten, was die Einbildungskraft an Putz und zierlicher Anordnung der Geschmeide ersinnen kann, traten wir vor Dich hin. Du erblicktest mit Lust die Wunder unserer Kunst; staunend sahst Du, was uns in dem Wunsche, Dir zu gefallen, gelungen war. Aber bald sollten diese geborgten Reize natürlicheren Vorzügen weichen; Du zerstörtest unser ganzes Werk; wir mußten uns jenes Schmuckes entledigen, der Dir lästig geworden war; wir mußten vor Deinen Augen in der Einfachheit der Natur erscheinen. Ich vergaß in diesem Wettkampf alle Scham; ich dachte nur an meinen Ruhm. Glücklicher Usbek! Wie viele Reize stellten sich Deinen Augen dar! Lange irrtest Du von einer bezaubernden Schönheit zur anderen; lange blieb Deine zweifelnde Seele unentschieden; jeder neue Reiz forderte einen Tribut von Dir. In einer Minute wurden wir alle von Dir mit Küssen bedeckt; Deine Blicke drangen neugierig in die verborgensten Geheimnisse; in einem Augenblick ließest Du uns in tausend verschiedene Stellungen übergehen; immer neue Befehle und immer neuer Gehorsam, Ich gestehe es Dir, Usbek, daß eine Leidenschaft, lebhafter noch als der Ehrgeiz, mich wünschen ließ, Dir zu gefallen. Ich sah, wie ich allmählich die Gebieterin Deines Busens wurde; Du ergriffest meine Hand; Du verließest mich wieder; Du kehrtest zu mir zurück, und ich wußte Dich zu halten. Mein war aller Triumph; meinen Nebenbuhlerinnen blieb nur die Verzweiflung. Es schien uns, als wären wir ganz allein auf der Welt; die Außendinge waren nicht länger wert, unsre Gedanken zu beschäftigen. Wollte der Himmel daß meine Nebenbuhlerinnen den Mut gehabt hätten, Zeuginnen aller Deiner Liebesbeweise zu bleiben! Hätten sie meine Seligkeit gesehen, so würden sie den Unterschied gefühlt haben, der zwischen meiner und ihrer Liebe besteht; sie würden erkannt haben, daß, wenn sie auch mit mir um die Schönheit wetteifern konnten, sie sich niemals in der Glut des Empfindens mir zu vergleichen vermöchten. ... Aber wohin bin ich geraten? Wohin führt mich diese eitle Erzählung? Es ist ein Unglück, nicht geliebt zu werden; aber die Liebe verloren zu haben, das ist eine Schmach! Du verlässest uns, Usbek, um barbarische Himmelsstriche zu in durchwandern. Wie? Du rechnest es für Nichts, Dich geliebt zu wissen? Ach, Du weißt nicht einmal, was Du verlierst! Ich stoße Seufzer aus, die ungehört bleiben! Meine Thränen fließen, und Du hast nicht die Genugthuung, sie zu sehen! Das ganze Serail scheint Liebe zu atmen, und in Deiner Unempfindlichkeit entfernst Du Dich immer weiter von demselben. Ach, mein lieber Usbek, wüßtest Du doch Dein Glück zu ergreifen!

Fatmehs Serail, am 21. des Mondes Maharram, 1711.

Vierter Brief

Zephis an Usbek in Erzerum

Endlich hat jenes schwarze Ungetüm beschlossen, mich zur Verzweiflung zu bringen. Er will mich mit aller Gewalt meiner Sklavin Zelide berauben. Zelide, die mir mit so vieler Anhänglichkeit dient, und deren geschickte Hände überall Schönheit und Liebreiz zu schaffen wissen. Es genügt ihm nicht daran, daß diese Trennung schmerzlich ist; er will auch noch, daß sie entehrend sei. Das Scheusal will die Beweggründe meiner Vertraulichkeit als verbrecherisch hinstellen; und weil er hinter der Thür, wohin ich ihn immer schicke, Langeweile empfindet, so wagt er sich den Anschein zu geben, als habe er Dinge gehört oder gesehen, die ich mir nicht einmal vorstellen kann. Ich bin sehr unglücklich! Weder meine strenge Zurückgezogenheit noch meine Tugend konnten mich vor seinem albernen Verdachte schützen; ein niedriger Sklave streut seine Beschuldigungen in Dein Herz, und ich muß mich noch dagegen verteidigen. Doch nein, ich habe zu viel Selbstachtung, um mich durch Rechtfertigungen zu erniedrigen; ich will keinen andren Bürgen meiner Ausführung als Dich selbst, Deine Liebe, die meinige und, wenn ich es Dir sagen muß, lieber Usbek, meine Thränen.

Fatmehs Serail, am 29. des Mondes Maharram, 1711.

Fünfter Brief

Rustan an Usbek in Erzerum

Du bist der Gegenstand aller Gespräche in Ispahan; man redet von Nichts als von Deiner Abreise. Die Einen suchen ihre Ursache im Leichtsinn, die Andren in irgend einem Kummer. Nur Deine Freunde verteidigen Dich; aber sie überzeugen Niemanden. Man kann nicht begreifen, daß Du Deine Frauen, Deine Eltern, Deine Freunde, Dein Vaterland verlassen konntest, um Himmelsstriche zu besuchen, die den Persern unbekannt sind. Rica's Mutter ist untröstlich; sie fordert ihren Sohn von Dir, von dem sie sagt, daß Du ihn ihr geraubt habest. Was mich anbelangt, mein lieber Usbek, so bin ich von Natur immer bereit, Deine

Schritte zu billigen; aber es ist mir unmöglich, Dir Deine Abwesenheit zu vergeben; und mit welcherlei Gründen Du sie auch verteidigen möchtest, mein Herz wird dieselben niemals gutheißen. Lebe wohl und erhalte mir Deine Liebe.

Ispahan, am 28. des ersten Mondes Rebiab, 1711.

Sechster Brief

Usbek an seinen Freund Nessir in Ispahan

Eine Tagereise von Erivan verließen wir Persien und gelangten in die unter türkischer Herrschaft stehenden Provinzen. Zwölf Tage später trafen wir in Erzerum ein, wo wir uns drei oder vier Monate lang aufhalten werden.

Ich muß es Dir gestehen, Nessir, ich empfand einen geheimen Schmerz, als ich Persien aus den Augen verlor und mich mitten unter den treulosen Osmanen sah. Je weiter ich in das Land dieser Gottlosen eindrang, desto mehr schien es mir, als ob ich selbst gottlos würde.

Mein Vaterland, meine Familie, meine Freunde traten mir vor die Seele; lebhaft erwachte meine zärtliche Sehnsucht; eine eigentümliche Unruhe machte das Maß meines seelischen Zwiespalts voll und ließ mich erkennen, daß ich mehr unternommen habe, als für meinen Frieden gut ist.

Am meisten aber trauert mein Herz um meine Frauen. Ich kann nicht an sie denken, ohne daß der Kummer an mir nagt.

Nicht als ob ich sie liebte, Nessir; in dieser Hinsicht bin ich unempfindlich geworden, und die Begierden haben mich verlassen. In dem weiberreichen Serail, in welchem ich gelebt, bin ich der Liebe zuvorgekommen und habe sie durch sich selbst zerstört; aber gerade meine Kälte erzeugt eine geheime Eifersucht, die mich verzehrt. Ich sehe eine Schaar von Frauen, die sich beinahe selbst überlassen sind; nur sklavische Seelen sind mir für sie verantwortlich. Selbst wenn meine Sklaven treu wären, würde ich mich schwerlich sicher fühlen; aber wie erst, wenn sie es nicht sind? Welche traurigen Nachrichten über alles dies können mir in die fernen Länder, die ich bereisen will, nachfolgen! Das ist ein Leiden, für welches meine Freunde kein Heilmittel haben; das ist ein wunder

Fleck, von dessen traurigen Geheimnissen sie Nichts wissen dürfen. Und was könnten sie auch dagegen thun? Würde ich nicht verborgene Straflosigkeit einer auffallenden Züchtigung tausendmal vorziehen? In Dein Herz, mein lieber Nessir, schütte ich allen meinen Kummer aus; das ist der einzige Trost, der mir in meinem gegenwärtigen Zustande geblieben ist.

Erzerum, am 10. des zweiten Mondes Rebiab, 1711.

Siebenter Brief

Fatmeh an Usbek in Erzerum

Nun sind schon zwei Monate seit Deiner Abreise vergangen, mein lieber Usbek, und noch immer kann ich in meiner Niedergeschlagenheit nicht daran glauben. Ich durchsuche das ganze Serail, als ob Du noch hier wärest, und lasse mich eines Besseren nicht belehren. Was soll aus einer Frau werden, welche Dich liebt; welche an Deine Umarmungen gewöhnt war; deren ganzes Sinnen sich darauf richtete, Dir ihre Zärtlichkeit zu beweisen; die, obwohl frei geboren, durch die Gewalt ihrer Liebe Deine Sklavin wurde?

Als ich Dich heiratete, hatten meine Augen noch niemals das Angesicht eines Mannes erblickt, und noch jetzt bist Du der Einzige, dessen Anblick mir verstattet war; denn diese scheußlichen Eunuchen zähle ich nicht zur Klasse der Männer; daß sie keine Männer sind, ist von ihren Unvollkommenheiten nur die geringste. Wenn ich die Schönheit Deiner Gesichtszüge mit der Mißgestalt der ihrigen vergleiche, so kann ich nicht umhin, mich glücklich zu schätzen. Meine Einbildungskraft zaubert mir keine reizvollere Vorstellung als die bestrickenden Reize Deiner Person. Ich schwöre Dir, Usbek, wenn es mir freistünde, diesen Ort, wo ich durch die Gesetze meiner Stellung eingeschlossen bin, zu verlassen; wenn ich mich der Wache entziehen könnte, die mich umgiebt; wenn ich unter allen Männern, die in dieser Hauptstadt der Nationen leben, die Wahl hätte; ja,Usbek, ich schwöre es Dir, ich würde nur Dich wählen. Außer Dir kann Niemand in der Welt sein, der es verdiente, geliebt zu werden.

Glaube nicht, daß ich über Deiner Abwesenheit jene Schönheit vernachlässigt habe, welche Dir teuer ist. Obgleich mich Niemand sehen darf, und die

Geschmeide, mit denen ich mich schmücke, nicht zu Deinem Glücke dienen, übe ich mich doch noch immer in der Kunst, zu gefallen. Ich gehe nicht zur Ruhe, ohne mich mit dem Wohlgeruch der köstlichen Essenzen bedeckt zu haben. Ich gedenke der glücklichen Zeit, wenn Du in meine Arme eiltest; ein schmeichlerischer Traum verführt mich und gaukelt mir den teuren Gegenstand meiner Liebe vor; meine Einbildung verliert sich in ihren Wünschen, wie sie sich mit ihren Hoffnungen schmeichelt. Manchmal denke ich, daß Du, des beschwerlichen Reisens müde, zu uns zurückkehren wirst; die Nacht vergeht in Träumen, die weder dem Wachen noch dem Schlafe angehören; ich suche Dich an meiner Seite, und es ist mir, als fliehest Du von mir; und endlich zerstreut gerade die Glut, die mich verzehrt, jene Bezauberung und ruft mich zur Besinnung zurück. Ich fühle mich dann so erregt ... Du hast keine Vorstellung davon, Usbek; es ist unmöglich, in diesem Zustande zu leben; das Feuer strömt durch meine Adern. Warum kann ich Dir nicht ausdrücken, was ich so lebhaft fühle? Und wie kann ich so lebhaft fühlen, was ich Dir nicht ausdrücken kann? In solchen Augenblicken, Usbek, würde ich die Herrschaft der Welt für einen einzigen Deiner Küsse dahingeben Wie elend ist eine Frau daran mit so heftigen Begierden, wenn sie dessen beraubt ist, der allein dieselben befriedigen kann; wenn sie, sich selbst überlassen, nichts hat, das sie zerstreuen könnte, und unter beständigen Seufzern in der Wut einer aufgeregten Leidenschaft leben muß; wenn sie, weit entfernt, selbst glücklich zu sein, nicht einmal des Vorteils genießt, dem Glücke eines andern zu dienen: das unnütze Prunkstück eines Serails, zur Ehre, aber nicht zum Glücke ihres Gemahls bewacht!

Ihr seid höchst grausam, Ihr Männer! Es freut Euch, daß wir Begierden haben, die wir nicht befriedigen können; Ihr behandelt uns, als ob wir gefühllos wären; und doch würdet Ihr sehr aufgebracht sein, wenn wir es wirklich wären; Ihr glaubt, daß unsere Begierden, nachdem wir sie so lange unterdrückt, bei Eurem Anblick erwachen werden. Es kostet Mühe, sich Liebe zu erwerben; es ist weniger langwierig, von unserem Temperament zu empfangen, was Ihr von Eurem Verdienste nicht zu hoffen wagt.

Lebe wohl. mein lieber Usbek, lebe wohl. Zähle darauf, daß ich nur lebe, um Dich anzubeten: meine Seele ist ganz von Dir erfüllt; und Deine Abwesenheit, weit entfernt, Dich in Vergessenheit zu bringen, würde meine Liebe noch vermehren, wenn sie an Heftigkeit zunehmen könnte.

Im Serail zu Ispahan, am 13. des ersten Mondes Rebiab, 1711.

Achter Brief

Usbek an seinen Freund Rustan in Ispahan

Dein Brief ist mir in Erzerum, wo ich mich augenblicklich aufhalte, zugegangen. Ich hatte es mir wohl gedacht, daß meine Abreise Aufsehen erregen würde, und habe mich darum nicht weiter bekümmert. Meinst Du nicht, daß ich besser thue, der Richtschnur meiner eigenen Einsicht, als der meiner Feinde zu folgen?

Ich kam schon in frühester Jugend an den Hof, und ich darf wohl sagen, daß mein Herz dort nicht verdorben wurde: ja, ich faßte sogar einen großen Entschluß, ich wagte es, daselbst tugendhaft zu sein. Sobald ich das Laster kennen lernte, floh ich es; aber ich näherte mich ihm in der Folge, um es zu entlarven. Ich trug die Wahrheit bis zu den Stufen des Thrones; ich redete daselbst eine Sprache, die bis dahin unbekannt gewesen war; ich brachte die Schmeichelei außer Fassung, und setzte zu gleicher Zeit die Anbetenden und ihren Abgott in Erstaunen.

Als ich aber sah, daß meine Aufrichtigkeit mir Feinde geschaffen hatte; daß ich mir die Eifersucht der Minister zugezogen, ohne die Gunst des Fürsten zu besitzen; daß ich mich an einem korrumpierten Hofe nur noch durch eine schwache Tugend aufrecht erhielt, so entschloß ich mich, ihn zu verlassen Ich schützte eine große Neigung zu den Wissenschaften vor; und durch mein Vorgehen bildete sie sich in Wirklichkeit. Ich mischte mich in keinerlei Geschäfte mehr und zog mich in ein Landbaus zurück. Aber selbst dieser Weg hatte seine Unzuträglichkeiten: ich blieb der Mißgunst meiner Feinde fortdauernd ausgesetzt, und fast hatte ich mich der Mittel beraubt, mich davor zu sichern. Etliche geheime Winke brachten mich zu ernstlichem Nachdenken über meine Lage: ich beschloß, mich aus meinem Vaterlande zu verbannen, und gerade meine Entfernung vom Hofe lieferte mir dafür einen plausiblen Vorwand. Ich ging zum König, eröffnete ihm meinen Wunsch, mich in den Wissenschaften des Abendlandes zu unterrichten, gab ihm zu verstehen, daß er von meinen Reisen Nutzen ziehen könne, fand Gnade vor seinen Augen, machte mich auf den Weg und beraubte meine Feinde eines Opfers.

Hier, Rustan, hast du den wirklichen Beweggrund zu meiner Reise. Laß Ispahan schwatzen und verteidige mich nur vor denen, die mich lieb haben. Laß meinen Feinden ihre boshaften Auslegungen: ich bin zu glücklich, daß dies das einzige Übel ist, welches sie mir anthun können.

Gegenwärtig redet man von mir: vielleicht werde ich nur zu sehr vergessen werden, und meine Freunde ... Nein, Rustan, ich will mich diesem traurigen Gedanken nicht hingeben: ich werde ihnen immer teuer sein; ich zähle auf ihre Treue wie auf die Deinige.

Erzerum, am 20. des zweiten Mondes Gemmadi, 1711.

Neunter Brief

Der Ober-Eunuch an Ibbi in Erzerum

Du begleitest Deinen alten Herrn auf seinen Reisen; Du durchziehst Provinzen und Königreiche; der Kummer kann keinen Eindruck auf Dich machen; denn jeder Augenblick zeigt Dir etwas Neues; alles, was Du siehst, ergötzt Dich und vertreibt Dir die Zeit, ohne daß Du es gewahr wirst.

Ganz anders steht es mit mir, der ich, eingesperrt in einem scheußlichen Gefängnis, ohne Unterlaß von den nämlichen Gegenständen umgeben und von dem nämlichen Kummer gequält werde. Ich seufze unter der erdrückenden Bürde fünfzigjähriger Sorgen und Befürchtungen; und ich kann nicht sagen, daß mir während meiner langen Lebenszeit ein heiterer Tag und ein ruhiger Augenblick zuteil geworden.

Als mein erster Herr den grausamen Plan gefaßt, mir seine Frauen anzuvertrauen, und mich durch Versprechungen, denen er durch tausend Drohungen Nachdruck verlieh, gezwungen hatte, mich auf ewig von mir selbst zu trennen, da gedachte ich, müde, mich immerfort mit den beschwerlichsten Arbeiten zu placken, der Ruhe und dem Glücke meine Leidenschaften zum Opfer zu bringen. Unglücklicher, der ich war! Meine bestochene Phantasie zeigte mir die Entschädigung und nicht den Verlust; ich hoffte, daß ich von den Trieben der Liebe befreit werden würde durch die Ohnmacht, sie zu befriedigen.

Ach! Man erstickte in mir die Wirkung der Leidenschaften, ohne ihre Ursache zu ersticken; und, weit entfernt, davon befreit zu sein, fand ich mich vielmehr von Gegenständen umgeben, die sie unaufhörlich reizten. Ich kam in das Serail, wo alles die Trauer um meinen Verlust in mir belebte: in jedem Augenblicke fühlte ich mich erregt; tausend natürliche Reize schienen sich meinem Anblick nur zu enthüllen, um mich trostlos zu machen; und, um mein Unglück zu vollenden, hatte ich einen glücklichen Mann fortgesetzt vor meinen Augen. In jener kummervollen Zeit habe ich niemals eine Frau in das Bett meines Herrn geführt, niemals sie entkleidet, ohne mit Wut im Herzen und einer gräßlichen Verzweiflung in der Seele zurückzukehren.

Auf solche Weise habe ich meine elende Jugendzeit verlebt. Ich hatte nur mich selbst zum Vertrauten; all' meinen Unmut, all' meine Schmerzen mußte ich hinunterschlucken.

Und gerade diese Frauen, die ich mich versucht fühlte mit so zärtlichen Augen anzusehen, betrachtete ich nur mit strengen Blicken; ich wäre verloren gewesen, wenn sie mich durchschaut hätten; welchen Vorteil würden sie nicht daraus gezogen haben.

Ich erinnere mich noch, wie ich eines Tages, da ich einer Frau in das Bad half, mich dermaßen hingerissen fühlte, daß ich völlig die Vernunft verlor und eine verbotene Stelle mit meiner Hand zu berühren wagte. Beim ersten Nachdenken glaubte ich, daß dies der letzte meiner Tage sein würde. Doch war ich glücklich genug, einem tausendfältigen Tode zu entrinnen; aber die Schönheit, die ich zur Vertrauten meiner Schwäche gemacht hatte, verkaufte mir ihr Stillschweigen um teuren Preis; ich verlor völlig meine Autorität über sie; und sie hat mich in der Folge zu Zugeständnissen gezwungen, welche mich tausendmal in Gefahr brachten, das Leben zu verlieren.

Endlich ist das Feuer der Jugend erloschen; ich bin alt und finde mich in dieser Hinsicht in einem ruhigen Zustand; ich betrachte die Frauen mit Gleichgültigkeit und erstatte ihnen reichlich alle die Geringschätzung und alle die Qualen, die sie mich haben leiden lassen, zurück. Ich denke immer daran, daß ich geboren wurde, um sie zu beherrschen, und es scheint mir, als ob ich wieder ein Mann werde bei den Gelegenheiten, wo ich ihnen noch befehle. Ich hasse sie, seit ich sie mit kaltem Blute betrachte, und meine Vernunft mich alle ihre Schwächen sehen läßt. Obwohl ich sie für einen Andern bewache, gewährt mir das Vergnügen, sie zum Gehorsam zu zwingen, eine heimliche Freude; wenn ich sie in allem beschränke, so scheint es mir, als ob das für mich selbst geschehe, und ich finde darin immer eine indirekte Genugthuung: ich gebiete in dem Serail wie in einem kleinen Reiche, und mein Ehrgeiz, die einzige Leidenschaft, die mir noch geblieben ist, sättigt sich daran ein wenig. Ich sehe mit Vergnügen, daß alles sich um mich dreht, und daß ich in jedem Augenblicke notwendig bin; ich nehme gern den Haß aller dieser Frauen auf mich, da er mich auf meinem Posten befestigt. Auch haben sie es nicht mit einem Undankbaren zu thun: sie finden in mir ein Hindernis ihrer unschuldigsten Vergnügungen; stets zeige ich mich vor ihnen als eine unerschütterliche Schranke; sie entwerfen Pläne, und ich thue ihnen plötzlich Einhalt; ich rüste mich mit Verweigerungen; ich sträube mich mit Bedenklichkeiten; ich habe nur immer die Worte Pflicht, Tugend, Schamhaftigkeit, Bescheidenheit im Munde. Ich setze sie in Verzweiflung, indem ich ihnen unablässig von der Schwachheit ihres Geschlechts und von der Autorität des Herrn spreche; ich beklage dann, daß ich zu so großer Strenge verpflichtet bin; und ich erwecke den Schein, als wolle ich ihnen begreiflich machen, daß nur ihr eigenes Interesse und eine große Zuneigung zu ihnen mein Verhalten bestimmt.

Doch habe ich auch meinerseits eine unendliche Zahl von Unannehmlichkeiten zu ertragen, und alle diese rachsüchtigen Weiber streben nur danach, die, welche ich ihnen bereite, noch zu überbieten. Sie zeigen mir eine schreckliche Kehrseite. Es besteht zwischen uns gleichsam eine Ebbe und Flut von Herrschaft und Unterwerfung: sie lassen mir stets die erniedrigendsten Geschäfte zufallen; sie affektieren eine beispiellose Verachtung; und, ohne Rücksicht auf mein Alter, lassen sie mich des Nachts zehnmal wegen der geringsten Kleinigkeit aufstehen; unaufhörlich bin ich mit Aufträgen, Befehlen, Geschäften und Launen überhäuft; es hat den Anschein, als ob sie sich gegenseitig ablösen, um mich zu ermüden, und als ob ihre Grillen sich regelmäßig folgen. Zuweilen macht es ihnen Vergnügen, mich zu verdoppelter Sorgfalt zu nötigen; sie lassen mir falsche Mitteilungen zugehen: bald sagt man mir, es habe sich ein junger Mann in der Umgebung dieser Mauern gezeigt; ein andres Mal, daß man Lärm gehört habe, oder auch daß ein Brief eingeschmuggelt werden solle. Alles dies beunruhigt mich; und sie lachen dieser Unruhe; sie sind entzückt, daß ich mich auf solche Weise selbst quäle. Ein andres Mal binden sie mich hinter ihrer Thür an und fesseln mich daselbst Tag und Nacht. Sie verstehen sich gut darauf, Krankheiten zu erheucheln, Ohnmachten, Schreckanfälle; es fehlt ihnen an keinem Vorwande, um mich dahin zu bringen, wohin sie mich haben wollen. Bei solchen Gelegenheiten ist ein blinder Gehorsam und eine grenzenlose Willfährigkeit nötig: eine Weigerung im Munde eines Mannes von meinem Stande würde etwas Unerhörtes sein; und wenn ich zauderte, ihnen zu gehorchen, so würden sie das Recht haben, mich zu züchtigen. Ich würde eben so gern das Leben verlieren, mein lieber Ibbi, als zu dieser Erniedrigung hinabsinken.

Das ist noch nicht alles: niemals bin ich sicher, einen Augenblick die Gunst meines Herrn zu besitzen; denn so viele ihrer sind, so viele Feindinnen habe ich in seinem Herzen, die nur darauf sinnen, mich zu verderben: sie haben ihre Viertelstunden, wo ich nicht gehört werde, Viertelstunden, wo man nichts verweigert, Viertelstunden, wo ich immer Unrecht habe. Ich führe in das Bett meines Herrn Frauen, die mir zürnen: glaubst Du, daß man dort für mich wirke, und daß meine Partei die stärkere sei? Ich habe alles zu fürchten von ihren Thränen, von ihren Seufzern, von ihren Umarmungen und selbst von ihrer Wollust. Sie sind an der Stätte ihrer Triumphe; ihre Reize werden mir schrecklich; die gegenwärtigen Dienste verlöschen in einem Augenblicke allen Dank für meine vergangene Pflichterfüllung; und nichts kann mir für einen Herrn bürgen, der sich nicht mehr selbst gehört.

Wie oft ist es mir begegnet, daß ich mich im Besitze seiner Gunst zur Ruhe legte und in Ungnaden wieder aufstand! Was hatte ich denn begangen an jenem Tage, da ich so unwürdig um das Serail gepeitscht wurde? Ich ließ eine Frau in den Armen meines Herrn: sobald sie ihn entzündet sah, vergoß sie einen Strom von Thränen; sie beklagte sich und brachte ihre Anklagen mit solcher Geschicklichkeit vor, daß sie in demselben Maße zunahmen wie die Liebe, welche sie erweckte. Wie hätte ich mich in einem so kritischen Augenblick halten können? Ich war verloren, als ich mich dessen am wenigsten versah; ich wurde das Opfer eines verliebten Handels und eines Vertrags, den die Seufzer zustande gebracht hatten. Das, lieber Ibbi, ist der grausame Zustand, in welchem ich fort und fort gelebt habe.

Wie glücklich Du bist! Deine Sorgen beschränken sich einzig auf Usbeks Person. Es ist Dir leicht, ihm zu gefallen und Dich bis zum letzten Deiner Tage in seiner, Gunst zu erhalten.

Im Serail zu Ispahan, am letzten des Mondes Saphar, 1711.

Zehnter Brief

Mirza an seinen Freund Usbek in Erzerum

Du bist der Einzige, der mich für Ricas Abwesenheit entschädigen könnte; und nur Rica vermöchte mich über die Deinige zu trösten. Du fehlst uns, Usbek; Du warst die Seele unserer Gesellschaft. Welcher gewaltsame Riß muß sich vollziehen. damit die Bande sich lösen, die von Herz und Geist geknüpft wurden!

Wir disputieren hier viel, und zwar gewöhnlich über Gegenstände der Moral. Gestern wurde die Frage aufgeworfen, ob das menschliche Glück im Vergnügen und sinnlichem Genusse oder in Ausübung der Tugend bestehe. Oft habe ich Dich sagen hören, die Menschen seien geboren, um tugendhaft zu sein, und die Gerechtigkeit gehöre ebenso notwendig zu ihrem Wesen wie die Existenz. Ich bitte Dich, mir zu erklären, wie Du das verstehst.

Ich habe mit Mollahs gesprochen, die mich mit ihren Citaten aus dem Koran in Verzweiflung setzen; denn ich rede nicht wie ein wahrhaft Gläubiger zu ihnen, sondern als Mensch, als Bürger, als Familienvater. Lebewohl.

Ispahan, am Letzten des Mondes Saphar, 1711.

Elfter Brief

Usbek an Mirza zu Ispahan

Du verzichtest auf den Gebrauch Deines Verstandes, um den meinigen auf die Probe zu stellen; Du lässest Dich so weit herab, mich um Rat zu fragen; Du hältst mich für fähig, Dich zu belehren. Mein lieber Mirza, eins schmeichelt mir noch mehr als Deine hohe Meinung von mir: nämlich Deine Freundschaft, der sie entspringt.

Um Deinen Wunsch zu erfüllen, hielt ich es nicht für angezeigt, mich auf eine sehr abstrakte Darlegung einzulassen. Gewisse Wahrheiten werden nicht durch bloße Überredung annehmbar, sondern man muß sie auch fühlbar machen: und von dieser Art sind die moralischen. Vielleicht wird das folgende Stückchen Geschichte Dich tiefer bewegen als philosophische Argumente.

In Arabien gab es einmal ein kleines Volk, Troglodyten genannt, welches von jenen urzeitlichen Troglodyten abstammte, die, wenn wir den Geschichtschreibern glauben dürfen, den Tieren ähnlicher waren als den Menschen. Die aber, von denen ich erzähle, waren nicht so mißgestaltet; sie waren weder zottig wie die Bären, noch zischten sie, und sie hatten Augen. Aber sie waren so bösartig und wild, daß es Grundsätze der Billigkeit und Gerechtigkeit bei ihnen nicht gab.

Sie hatten einen König von ausländischer Abstammung, der, in der Absicht, ihre Bösartigkeit zu mildern, ihnen mit Strenge begegnete; aber sie verschworen sich gegen ihn, ermordeten ihn und vertilgten das ganze königliche Haus.

Sobald dieser Streich vollführt war, versammelten sie sich zur Wahl einer Regierung, und nach langer Uneinigkeit setzten sie Obrigkeiten ein. Kaum aber hatten sie dieselben gewählt, als sie ihnen schon wieder unerträglich wurden; und so metzelten sie auch diese nieder.

Von dem neuen Joche befreit, folgte dieses Volk nur noch seiner wilden Natur. Sie kamen alle darin überein, daß sie niemandem mehr gehorchen wollten; jeder solle einzig seine eigenen Interessen im Auge behalten, ohne sich um die der andren zu bekümmern.

Durch diesen einmütigen Beschluß fühlte sich jeder Einzelne höchlichst geschmeichelt. „Warum soll ich“, sagten sie, „mich noch länger für Leute, die mich nichts angehen, halb zu Tode arbeiten? Ich werde nur noch an mich selbst denken. Leb' ich glücklich, was frage ich dann danach, ob es auch die andren sind? Ich werde für die Befriedigung aller meiner Bedürfnisse sorgen, und wenn mir das gelingt, so ist es mir höchst gleichgültig, ob alle andern Troglodyten im Elend sitzen.“

Es war gerade in dem Monat, da man die Saat bestellt. Jeder sagte also: „Nun werd' ich nur noch soviel von meinem Acker bebauen, um das zu meiner Nahrung nötige Korn zu ernten; was darüber ist, würde mir ganz unnütz sein, und für nichts will ich mich nicht plagen.“

Allein die Bodenbeschaffenheit dieses kleinen Reiches war nicht überall die nämliche; einige Gegenden waren wasserarm und gebirgig, andere, tief gelegene wurden von mehreren Strömen durchflossen In diesem Jahre herrschte eine sehr große Trockenheit, und die hochgelegenen Distrikte hatten infolge davon durch eine absolute Mißernte zu leiden, während die, welche bewässert werden konnten, ausnehmend fruchtbar waren. So kam es, daß die Bewohner der Gebirge, bei der Hartherzigkeit der anderen, die sich weigerten, ihre Ernte mit ihnen zu teilen, fast sämtlich, Hungers starben.

Das nächste Jahr war sehr regnerisch. Die Gebirgslandschaften erfreuten sich einer außerordentlichen Fruchtbarkeit, und die Thäler standen unter Wasser. So wurde zum zweitenmale die Hälfte der Bevölkerung von Hungersnot heimgesucht; und diese Elenden fanden die übrigen ebenso hartherzig, wie sie es vorher selbst gewesen waren.

Einer der vornehmsten Bürger hatte eine sehr schöne Frau. Sein Nachbar verliebte sich in dieselbe und entführte sie. Ein großer Streit war die Folge, bis man nach vielen beiderseitigen Beschimpfungen und Thätlichkeiten übereinkam, sich dem Schiedsgericht eines Troglodyten zu unterwerfen, der zur Zeit der Republik ein gewisses Ansehen genossen hatte. Sie begaben sich zu ihm und wollten ihm ihre Ansprüche vortragen. „Ei," versetzte dieser Mann, „was geht es mich an, ob die Frau dir gehört oder dir? Ich muß jetzt meinen Acker pflügen; soll ich etwa meine Zeit damit verschwenden, euren Streit beizulegen und eure Geschäfte zu verrichten, während ich die meinigen vernachlässige? Ich bitt' euch, laßt mich in Ruhe und belästigt mich nicht weiter mit eurem Gezänk." Dann verließ er sie und ging an seine Feldarbeit. Nun schwor der Räuber, welcher der Stärkere war, er werde lieber sterben als jenes Weib zurückgeben; und der andre, ganz zerschmettert von der Ungerechtigkeit seines Nachbarn und der Hartherzigkeit des Richters, machte sich in Verzweiflung auf den Heimweg, als er einer jungen, schönen Frau begegnete, die von einer Quelle kam. Er hatte keine Frau mehr, und diese gefiel ihm: und sie gefiel ihm um so mehr, als er erfuhr, daß ihr Mann der nämliche war, der sich, als er ihn zum Schiedsrichter machen wollte, gegen sein Unglück so gefühlslos bewiesen hatte. Er entführte sie daher und schleppte sie in sein Haus.

Ein Mann war im Besitze eines sehr fruchtbaren Feldes, welches er mit vieler Sorgfalt bebaute. Zwei seiner Nachbarn thaten sich zusammen, vertrieben ihn aus seinem Hause und bemächtigten sich seines Feldes. Sie schlossen ein Bündnis miteinander, um sich gegen alle zur Wehr zu setzen, die es gelüsten sollte, es ihnen wegzunehmen; und wirklich konnten sie sich auf diese Art mehrere Monate lang in ihrer Stellung behaupten. Zuletzt aber verdroß es einen von beiden, zu teilen, was er allein haben konnte, daher er den Andren tötete und einziger Herr des Feldes wurde. Doch auch seine Herrschaft hatte keine Dauer: Zwei andre Troglodyten überfielen ihn, und da er zu schwach war, sich zu verteidigen, so wurde er erschlagen.

Ein fast nackter Troglodyt sah Wolle, die zu verkaufen war, und fragte nach dem Preise derselben. „Eigentlich," dachte der Kaufmann bei sich, „dürfte ich für meine Wolle nur gerade soviel Geld erwarten, als zum Einkauf von zwei Maß Getreide gehört. Aber nun will ich sie um das Vierfache verkaufen, damit ich acht Maß erhalte." Der Andre mußte sich's gefallen lassen und den geforderten Preis bezahlen. „Nun bin ich aber froh", sagte darauf der Kaufmann; „jetzt bin ich doch imstande, mir Korn zu beschaffen." „Was Ihr da sagt!" versetzte der Fremde „Korn gebraucht Ihr? Ich habe ja gerade welches zu verkaufen; nur wird Euch der Preis vielleicht ein wenig überraschen; denn Ihr wißt ja, daß das Getreide jetzt überaus teuer ist, da fast überall Hungersnot herrscht. Indessen, wenn Ihr mir mein Geld zurückgebt, sollt Ihr dafür ein Maß Getreide haben. Nur unter dieser Bedingung will ich es ablassen, und müßtet Ihr darüber verhungern."

Unterdessen stiftete eine grausame Epidemie im Lande; ihre Verheerungen. Ein geschickter Arzt eilte aus dem Nachbarstaat herbei und behandelte seine Kranken mit so gutem Erfolge, daß alle, die sich seinen Händen anvertrauten, geheilt wurden. Als die Gewalt der Krankheit gebrochen war, ging er zu allen durch seine Behandlung Genesenen, um sein Honorar zu empfangen; aber es wurde ihm überall verweigert. Er kehrte in seine Heimat zurück, wo er ganz erschöpft von den Anstrengungen einer so weiten Reise eintraf. Bald darauf aber erfuhr er, daß die nämliche Krankheit von neuem ausgebrochen sei und mehr denn jemals das undankbare Land verwüste. Diesmal kamen die Leute zu ihm und warteten nicht erst auf seine Wiederkunft. „Hinweg mit euch, unredliches Volk," antwortete er ihnen. „Ihr tragt in der Seele ein tödlicheres Gift, als das, wovon ihr geheilt werden wollt. Ihr verdient keinen Platz auf der Erde, weit ihr keine Menschlichkeit besitzt, und die Regeln der Billigkeit euch unbekannt sind: Ich würde fürchten, die Götter, die euch strafen, zu beleidigen, wenn ich mich ihrer zürnenden Gerechtigkeit widersetzte."

Erzerum, am 3. des zweiten Mondes Gemmadi, 1711.

Zwölfter Brief

Usbek an denselben nach Ispahan

Du hast gesehen, mein lieber Mirza, wie die Troglodyten gerade durch ihre Schlechtigkeit zu Grunde gingen und die Opfer ihrer eigenen Ungerechtigkeit wurden. Von so vielen Familien blieben nur zwei übrig, die von dem Unglück ihres Volkes verschont wurden. In jenem Lande bildeten nämlich zwei Männer ganz eigene Ausnahmen: sie besaßen Menschlichkeit, kannten die Gerechtigkeit und liebten die Tugend. Ebenso eng durch die Redlichkeit ihres eigenen Herzens wie durch die Korruption des Sinnes ihrer Mitbürger miteinander verbunden, sahen sie das allgemeine Elend und empfanden nur Mitleid darüber: und dies wurde ihnen zur Grundlage einer neuen Vereinigung. Mit gemeinsamem Eifer wirkten sie für ihr gemeinsames Wohl; sie kannten keinen Widerspruch, als solchen, der einer innigen und zärtlichen Freundschaft entsprang; und in der abgelegensten Gegend des Landes, fern von ihren Landsleuten, die ihrer Nähe unwürdig waren, führten sie ein glückliches und friedliches Leben: der Boden, durch diese tugendhaften Hände bebaut, schien von selbst seine Erzeugnisse herzugeben.

Sie liebten ihre Frauen und wurden auch von diesen zärtlich geliebt. All' ihr Denken war darauf gerichtet, ihre Kinder zur Tugend zu erziehen. Sie schilderten ihnen unablässig das Unglück ihrer Mitbürger und lenkten ihre Blicke auf dies ergreifende Beispiel; und besonders nährten sie in ihnen das Gefühl, daß das Wohl des Einzelnen immer von dem Gemeinwohl abhängt; daß sich von diesem absondern wollen sich dem Untergange nähern heißt; daß die Tugend uns nicht als ein Opfer erscheinen darf; daß man sie nicht als eine schmerzliche Anstrengung betrachten soll; und daß die Gerechtigkeit gegen andre eine Wohlthat für uns selbst ist.

Bald hatten sie denn auch den Trost tugendhafter Väter, Kinder zu besitzen, die ihnen ähnlich waren. Das junge Volk, das unter ihren Augen heranwuchs, vermehrte sich durch glückliche Ehebündnisse: ihre Zahl vervielfältigte sich, während ihre Einigkeit immer die nämliche blieb; und die Tugend, weit entfernt in der Masse schwach zu werden, stärkte sich im Gegenteil durch die größere Menge guter Beispiele.

Wer vermöchte das Glück dieser Troglodyten recht zu schildern? Ein so gerechtes Volk mußte von den Göttern geliebt werden Sobald ihm die Augen für die Erkenntnis derselben ausgingen, lernte es sie fürchten; und die Religion milderte in ihren Sitten, was die Natur darin an Rohheit zurückgelassen hatte.

Zur Ehre der Götter setzten sie Feste ein. Mädchen im Blumenschmuck und Knaben feierten sie durch ihre Tänze und durch den Wohllaut einer ländlichen Musik; und Festgelage folgten darauf, wo der Frohsinn nicht minder herrschte als die Mäßigkeit Es war die naive Natur, welche in diesen Versammlungen Sprache fand; da lernte man sein Herz hingeben und Herzen finden; da machte die jungfräuliche Scham errötend ein überraschtes Geständnis, das bald vom Segen der Väter bestätigt wurde; da war es eine Herzensfreude zärtlicher Mütter, süße und treue Bündnisse ahnend im Werden zu belausche.

Man ging in den Tempel, um die Huld der Götter zu erflehen. Doch nicht Reichtum und die Last des Überflusses erbaten sie; denn solche Wünsche wären des glücklichen Troglodyten unwürdig gewesen; nicht für sich, nur für andre konnten sie dieselben hegen. Nur die Gesundheit ihrer Eltern, die Eintracht ihrer Brüder, die Treue ihrer Frauen, die Liebe und den Gehorsam ihrer Kinder erflehten sie vor den Altären. Die Mädchen brachten dort ihre Herzen als sein liebliches Opfer dar und beteten um keine andere Gnade, als einen Troglodyten glücklich machen zu können.

Abends, wenn die Herden von der Weide heimkehrten, und die ermüdeten Stiere den Pflug zurückgebracht hatten, versammelten sie sich und besangen bei einem einfachen Mahle die Ungerechtigkeit der ersten Troglodyten und ihr schlimmes Ende, die Wiedergeburt der Tugend in einem neuen Volke und ihr Glück. Weiter sangen sie dann von; der Größe der Götter, von ihrer Huld, die stets denen, die sie anrufen, zuteil wird, und von ihrem unvermeidlichen Zorn, welcher die betrifft, die sie nicht fürchten. Danach schilderten sie die Freuden des Landlebens und das Glück, eines Lebens, dessen dauernder Schmuck die Unschuld ist. Früh überließen sie sich dann einem Schlafe, der von Sorgen und Kummer niemals unterbrochen wurde.

Die Natur befriedigte ihre Wünsche nicht weniger als ihre Bedürfnisse. In diesem glücklichen Lande war die Habsucht unbekannt. Sie erfreuten sich durch Geschenke, bei welchen der Geber stets im Vorteil zu sein glaubte Das Volk der Troglodyten betrachtete sich als eine einzige Familie, die verschiedenen Herden waren fast immer vermischt, und die einzige Mühe, die daraus erwuchs, die man sich aber für gewöhnlich sparte, bestand darin, sie wieder abzusondern

Erzerum, am 6. des zweiten Mondes Gemmadi, 1711.

Dreizehnter Brief

Usbek an denselben

Ich könnte Dir niemals genug von der Tugend der Troglodyten berichten. Einer von ihnen sagte eines Tages: „Mein Vater muß morgen sein Feld bestellen; ich werde zwei Stunden vor ihm aufstehen; wenn er dann hinauskommt, wird er schon alles besorgt finden."

Ein Andrer sprach zu sich: „Es scheint mir, daß meine Schwester für einen jungen Troglodyten aus unserer Verwandtschaft Neigung gefaßt hat; da muß ich doch mit meinem Vater reden und ihn dahin bringen, diese Heirat zu gestatten."

Einem Andern wurde berichtet, daß Diebe seine Herde hinweggetrieben hätten, und er rief: „Das thut mir doch recht leid; denn es war eine schneeweiße Färse dabei, die ich den Göttern opfern wollte!"

Einen Vierten hörte man sagen: „Ich muß nun in den Tempel gehen und den Göttern meinen Dank bringen; denn mein Bruder, den mein Vater so lieb hat, und der mir selbst so teuer ist, hat seine Gesundheit wiedergewonnen."

Oder auch: „Auf dem Felde, welches dem meines Vaters benachbart ist, sind die Arbeiter täglich der Sonnenglut ausgesetzt. Ich will doch zwei Bäume an die Grenze setzen, damit jene armen Leute manchmal in ihrem Schatten der Ruhe pflegen können."

Eines Tages, als mehrere Troglodyten beieinander waren, sprach ein Greis von einem jungen Menschen, den er im Verdacht einer Übelthat hatte, und überhäufte ihn deswegen mit Vorwürfen. Die jungen Troglodyten aber antworteten: „Wir glauben es nicht, daß er dies Verbrechen begangen hat. Hat er es aber gethan, so möge er seine ganze Familie überleben."

Ein Troglodyt erhielt die Nachricht, daß Fremde sein Haus geplündert und alles geraubt hätten. „Wenn sie nicht ungerecht wären“, versetzte er, „so würde ich wünschen, daß die Götter ihnen verstatten möchten, es länger zu genießen, als ich selbst es durfte.“

So viel Glück konnte dem Neide nicht entgehen. Die benachbarten Völkerschaften versammelten sich und verabredeten unter einem nichtigen Vorwande, ihnen ihre Herden zu rauben. Sobald dieser Beschluß ihnen bekannt geworden, schickten die Troglodyten eine Gesandtschaft an sie ab, welche folgendermaßen zu ihnen sprach:

„Was haben euch die Troglodyten gethan? Haben sie eure Weiber entführt, euer Vieh geraubt, eure Fluren verwüstet? Nein, wir sind gerecht und fürchten die Götter. Was fordert ihr also von uns? Begehrt ihr Wolle, um euch Kleider zu machen? Wollt ihr Milch von unsren Herden oder Früchte von unsren Feldern? Legt die Waffen nieder, kommt zu uns, und alles dies soll euch werden. Aber wir schwören bei allem, was heilig ist, daß wir, wenn ihr als Feinde unser Land betretet, euch als ein ungerechtes Volks betrachten und wie wilde Tiere behandeln werden.“

Diese Worte wurden mit Verachtung zurückgewiesen. Bewaffnet überfielen die wilden Völker das Land der Troglodyten, von denen sie meinten, daß die Unschuld ihre einzige Verteidigung sei.

Aber diese waren zur Abwehr wohl vorbereitet. Ihre Weiber und Kinder hatten sie in ihre Mitte genommen. Nur die Ungerechtigkeit ihrer Feinde, nicht ihre Überzahl setzte sie in Erstaunen. Eine neue Begeisterung war über ihre Herzen gekommen. Der eine wollte für seinen Vater sterben, der andre für Gattin und Kinder, dieser für seine Brüder, jener für seine Freunde, alle für das Volk der Troglodyten War einer gefallen, so nahm sogleich ein andrer seinen Platz ein, der außer der gemeinsamen Sache noch einen besonderen Tod zu rächen hatte.

Solcher Art war der Kampf zwischen Ungerechtigkeit und Tugend. Jene feigen Stämme, die nur auf Beute bedacht waren, schämten sich nicht, zu fliehen; sie unterlagen der Tugend der Troglodyten, selbst ohne sie empfunden zu haben.

Erzerum, am 9. des zweiten Mondes Gemmadi, 1711.

Vierzehnter Brief

Usbek an denselben

Da die Zahl des Volkes sich fortgesetzt vermehrte, so hielten es die Troglodyten für angebracht, sich einen König zu wählen. Sie kamen darin überein, daß man die Krone dem Gerechtesten anbieten müsse; und aller Augen richteten sich auf einen durch Alter und langjährige Tugend ehrwürdigen Greis. Er aber hatte ihrer Versammlung nicht beiwohnen wollen, sondern hatte sich mit tiefbetrübtem Herzen in sein Haus zurückgezogen.

Als nun eine Gesandtschaft bei ihm erschien, um ihn von seiner Wahl zu benachrichtigen, antwortete er: „Das wolle Gott verhüten, daß ich das Unrecht begehe, die Meinung der Troglodyten zu bestärken, es gebe unter ihnen keinen Gerechteren als mich! Ihr bietet mir die Krone, und wenn ihr darauf besteht, so muß ich sie wohl annehmen. Aber seid versichert, daß der Schmerz mich töten wird, heut die Troglodyten, die bei meiner Geburt ein freies Volk waren, in der Knechtschaft zu sehen." Als er dies gesagt hatte, vergoß er einen Strom von Thränen. „O Tag des Unglücks!" rief er aus; „warum habe ich das erleben müssen?" Dann fuhr er mit strengem Tone fort: „Ich sehe wohl, wie es steht, o Troglodyten! Eure Tugend beginnt euch lästig zu werden. In eurem jetzigen Verhältnis, wo niemand über euch gebietet, müßt ihr tugendhaft sein, ob ihr es wollen mögt oder nicht; denn ohne dies würdet ihr nicht bestehen können, sondern dem traurigen Schicksal eurer Vorfahren verfallen. Aber dies Joch scheint euch zu hart. Lieber wollt ihr einem Fürsten dienen und seinen Gesetzen gehorchen, die weniger streng sind als eure Sitten. Ihr wißt, daß ihr dann euren Ehrgeiz werdet befriedigen, Reichtümer erwerben und in weichlicher Wollust dahinleben können, und daß ihr der Tugend nicht mehr bedürfen werdet, wenn ihr nur keine großen Verbrechen begeht." Er hielt einen Augenblick inne, und seine Thränen brachen noch reichlicher hervor. „Und was erwartet ihr von mir? Wie kann ich einem Troglodyten Befehle erteilen? Soll er tugendhaft handeln, weil ich es ihm befehle, da er es doch, nach seinem natürlichen Triebe, ebensowohl ohne mich thun würde?

O Troglodyten, ich stehe am Ende meiner Tage, das Blut in meinen Adern ist schon kalt geworden, und bald werde ich eure verewigten Ahnen wiedersehen: warum fordert ihr, daß ich sie betrübe und ihnen die Nachricht bringe, daß ich euch unter einem andren Joche, als unter dem der Tugend zurückgelassen habe?“

Erzerum, am 10. des zweiten Mondes Gemmadi, 1711.

Fünfzehnter Brief

Der oberste Eunuch an den schwarzen Eunuchen Jaron zu Erzerum

Ich flehe zum Himmel, daß er Dich hierher zurückführe und Dich in allen Gefahren behüte.

Obgleich ich kaum jemals jenen Bund, den man Freundschaft nennt, gekannt, sondern mich immer einsam in mich selbst zurückgezogen, habe ich doch unter Deinem Einflusse empfunden, daß ich noch ein Herz besitze; und während dies Herz gestählt war gegen alle jene Sklaven, die unter meinen Gesetzen lebten, beobachtete ich mit Freuden Deinen jugendlichen Entwicklungsgang.

Dann kam die Zeit, wo mein Gebieter seine Augen auf Dich warf. Noch hatte die Natur in Dir nicht gesprochen; als das Operationsmesser Dich für immer von ihr trennte. Ich will Dir nicht davon reden, ob ich Dich mehr beklagte oder mich freute, Dich zu mir erhoben zu sehen. Ich stillte Deine Thränen und Deine Wehklagen. Es war mir, als sähe ich Dich zum zweitenmale geboren werden und einer Knechtschaft, in der Du immer gehorchen mußtest, entrinnen, um in ein Verhältnis einzutreten, wo Du befehlen durftest. Ich nahm mich mit Sorgfalt Deiner Erziehung an. Die Strenge, des Unterrichts unzertrennliche Begleiterin, verbarg Dir lange meine Liebe zu Dir. Dennoch warst Du mir lieb; ja, ich darf sagen, daß ich Dich liebte wie ein Vater seinen Sohn, wenn sich die Namen Vater und Sohn auf unsern Zustand anwenden ließen.

Du stehst vor einer Reise in die Länder der Christen, welche niemals den Glauben gekannt haben. Mancherlei Befleckung wird dabei unvermeidlich sein; denn wie könnte der Prophet Dich inmitten so vieler Millionen seiner Feinde immer beschützen? Ich wünschte, mein Gebieter machte nach seiner Heimkehr eine Pilgerfahrt nach Mekka; im Lande der Engel würdet Ihr Alle wieder rein werden.

Im Serail zu Ispahan, am 10. des zweiten Mondes Gemmadi. 1711.

Sechzehnter Brief

Usbek an den Mollah Mehemet Ali, Hüter der drei Gräber zu Kom

Warum bringst Du Dein Leben unter Gräbern hin, göttlicher Mollah, da Du doch würdig bist, auf den Sternen zu wohnen? Gewiß verbirgst Du Dich aus Furcht, die Sonne zu verdunkeln; es haftet kein Flecken an Dir, wie an diesem Gestirn, und doch verbirgst Du Dich gleich, ihm hinter Wolken.

Dein Wissen ist ein Abgrund, tiefer als der Ocean; Dein Geist ist schneidiger als Zufagar, Alis zweischneidiges Schwert; Du weißt, was in den neun Chören der himmlischen Mächte geschieht; Du liesest den Alkoran auf der Brust des göttlichen Propheten; und wenn Dir eine Stelle darin dunkel bleibt, so entfaltet auf sein Geheiß ein Engel seine eilenden Schwingen und senkt sich vom Throne herab, um Dir ihr Geheimnis zu offenbaren.

Durch Dich könnte ich mit den Seraphim in vertrautem Verkehr stehen; denn berühren sich nicht in Dir, dreizehnter Imam, Himmel und Erde; bist Du nicht die Vermittlung zwischen dem Abgrund und dem Empyräum?

Ich verweile inmitten eines unheiligen Volkes. Gestatte, daß ich mich bei Dir reinige; laß mich mein Angesicht gegen die heilige Stätte kehren, die Du bewohnst; unterscheide mich von den Bösen, wie man im Glanz der Morgenröte den weißen Faden von dem schwarzen unterscheidet; stehe mir bei mit Deinem Rat; nimm Dich meiner Seele an; berausche sie mit dem Geiste der Propheten; sättige sie mit der Erkenntnis des Paradieses; und vergönne, daß ich ihre Wunden Dir zu Füßen lege. Richte Deine heiligen Briefe nach Erzerum, wo ich mich einige Monate aufhalten werde.

Erzerum, am 11. des zweiten Mondes Gemmadi,1711.

Siebzehnter Brief

Usbek an denselben

Göttlicher Mollah, nicht länger kann ich meine Ungeduld niederhalten, und es übersteigt meine Kräfte, Deine erhabene Antwort in Ruhe abzuwarten. Zweifel bedrängen mich, und ich suche ihre Lösung. Ich fühle, wie meine Vernunft in die Irre geht; führe Du sie zurück auf den rechten Weg; erleuchte mich, Du Quell des Lichts. Zerschmettre mit Deiner göttlichen Feder die Bedenken, die ich Dir vorlegen will. Erfülle mich mit Mitleid gegen mich selbst und mache mich über meine Frage erröten.

Wie kommt es doch, daß unser Gesetzgeber uns den Genuß des Schweinefleisches und alles dessen, was er unrein nennt, verbietet? Warum untersagt er uns die Berührung von Leichnamen? Und warum befiehlt er uns zur Reinigung der Seele unaufhörliche Waschungen des Leibes? Mir will es scheinen, daß die Dinge an sich weder rein noch unrein sind; ich vermag mir keine in ihrem Wesen begründete Eigenschaft vorzustellen, die sie dazu machen könnte. Der Koth erscheint uns nur darum schmutzig, weil sein Anblick uns widerlich ist, oder weil er einen andren unsrer Sinne beleidigt; an sich aber ist er nicht unreiner als Gold und Diamanten. Die Vorstellung, daß die Berührung eines Leichnams uns verunreinige, erklärt sich aus jener Art von natürlichem Widerwillen, den wir dabei empfinden. Und was endlich die ungewaschenen Leute betrifft, wie würde man darauf verfallen sein, sie für unrein zu halten, wenn ihr Äußeres nicht Geruch und Auge beleidigte?

Sollte wirklich, o göttlicher Mollah, der Sinnenschein allein über Reinheit und Unreinheit der Dinge entscheiden? Die Gegenstände wirken doch nicht auf jedermann in gleicher Weise ein; das, was dem einen eine angenehme Empfindung bereitet, erregt dem anderen Ekel: und so ergiebt sich die Folgerung, daß das Zeugnis der Sinne hier nicht als Richtschnur angenommen werden darf. Sonst würde man zugeben müssen, daß jeder diesen Punkt nach seiner eigenen Laune entscheiden und den Unterschied von Rein und Unrein nach persönlichem Gutdünken bestimmen dürfe.

Aber würde nicht gerade dies, o heiliger Mollah, die von unsrem göttlichen Propheten festgestellten Unterscheidungen über den Haufen werfen und die

Grundlagen des Gesetzes erschüttern, welches die Hände der Engel geschrieben haben?

Erzerum, am 20. des zweiten Mondes Gemmadi, 1711.

Achtzehnter Brief

Mehemet Ali, Diener des Propheten, an Usbek

Immer wieder behellige uns die Menschen mit Fragen, die man tausendmal an unsren heiligen Propheten gerichtet hat. Warum leset ihr nicht die Überlieferungen der Schriftgelehrten? Warum schöpft ihr nicht aus diesem klaren Born aller Erkenntnis? Dort würdet ihr die Lösung aller eurer Zweifel finden.

Unselige, die ihr, ewig irregeführt von irdischen Dingen, niemals ernstlich das Auge zu den himmlischen erhoben habt; die ihr den Stand der Mollahs verehrt und es doch nicht wagt, in denselben einzutreten oder seinem Beispiele zu folgen!

Unheilige, die ihr niemals in die Geheimnisse des Ewigen dringt, euer Licht gleicht der Finsternis des Abgrunds, und was euer Geist spitzfindig ergrübelt, ist wie der Staub, den eure Füße aufwirbeln, wenn im heißen Monat Chahban die Sonne im Mittag steht.

Auch reicht der Zenith eures Geistes nicht an den geistigen Nadir des geringsten unter den Imams. Eure eitle Philosophie ist wie ein Blitz, dessen Leuchten die Gewitternacht verkündet. Mitten im Sturme seid ihr und irrend dem Spiele der Winde preisgegeben.

Es ist sehr leicht, Deine Zweifel zu lösen. Ich brauche Dir zu diesem Zwecke nur zu erzählen, was unsrem heiligen Propheten eines Tages widerfuhr, als er, von den Christen versucht, von den Juden auf die Probe gestellt, beide Teile zugleich verstummen machte.

Der Jude Abdias Ibesalon fragte ihn, warum Gott den Genuß von Schweinefleisch verboten habe. „Nicht ohne Ursache," versetzte der Prophet. „Das Schwein ist ein unreines Tier, und ihr sollt den Beweis davon sehen." Er formte mit seiner Hand aus Schlamm eine menschliche Gestalt, warf sie auf die

Erde und rief ihr zu: „Steh auf!“ Sogleich erhob sich ein Mann und sagte: „Ich bin Japhet, der Sohn Noahs.“ „War dein Haar bei deinem Tode so weiß wie jetzt?“ fragte ihn der heilige Prophet. „Nein,“ entgegnete er; „aber als du mich erwecktest, glaubte ich, der Tag des Gerichts sei gekommen. Das hat mich so in Schrecken gesetzt, daß meine Haare plötzlich weiß geworden sind.“

„Erzähle mir jetzt,“ gebot ihm der Sendbote Gottes, „die ganze Geschichte der Arche Noahs.“ Japhet gehorchte und berichtete umständlich alles, was sich in den ersten Monaten zugetragen hatte. Darauf erzählte er folgendes:

„Wir warfen den Unrat sämtlicher Tiere auf die eine Seite der Arche; dadurch aber legte sie sich so stark auf diese Seite, daß wir in Todesfurcht gerieten, ganz besonders unsere Weiber, die in Heulen und Wehklagen ausbrachen. Unser Vater Noah wandte sich ratsuchend zu Gott, und dieser gebot ihm, den Elephanten herbeizuführen und ihn mit dem Kopfe gegen die sinkende Seite zu kehren. Darauf entledigte sich dies große Tier einer solchen Masse von Unrat, daß ein Schwein daraus entstand.“

Glaubst Du wohl, Usbek, daß wir seit jener Zeit uns seines Fleisches enthalten und es als ein unreines Tier betrachtet haben?

„Aber da nun das Schwein den Mist täglich umwühlte, so verbreitete sich ein derartiger Gestank in der Arche, daß es selber davon niesen mußte, und infolge der Erschütterung sprang aus seinem Rüssel eine Ratte, die alles, was ihr in den Wurf kam, zu zernagen begann. Dies wurde für Noah so unerträglich, daß er sich entschloß, noch einmal Rat von Gott zu erflehen. Als Antwort erhielt er den Befehl, dem Löwen einen starken Schlag auf die Stirn zu versetzen. Darauf nieste auch dieser, und aus seinen Nüstern schlüpfte eine Katze hervor.“

Glaubst Du nun wohl, daß auch diese Tiere unrein sind? Wie denkst Du darüber?

Wenn Du also nicht begreifst, warum gewisse Dinge, unrein sind, so rührt das daher, daß Du über vieles andre in Unwissenheit bist und keine Kenntnis von dem besitzest, was sich zwischen Gott, den Engeln und den Menschen zugetragen hat. Die Geschichte der Ewigkeit ist Dir unbekannt, Du hast die Bücher nicht gelesen, die im Himmel geschrieben sind; was Dir davon offenbart worden, umfaßt nur einen geringfügigen Teil des Schatzes göttlicher Urkunden;

und selbst diejenigen, welche, wie wir, demselben allmählich näher kommen, befinden sich doch während ihrer Lebenszeit noch immer in Dunkel und Finsternis. Lebewohl. Möge Muhamed Dein Herz erfüllen.

Kom, am Letzten des Mondes Chahban, 1711.

Neunzehnter Brief

Usbek an seinen Freund Rustan zu Ispahan

Wir haben uns nur acht Tage in Tokat aufgehalten und sind nach einer Reise von fünfunddreißig Tagen in Smyrna eingetroffen.

Nicht eine einzige Stadt „auf dem Wege von Tokat bis Smyrna verdient der Erwähnung. Mit Erstaunen habe ich die Schwäche des osmanischen Reiches wahrgenommen. Dieser kranke Körper erhält sich nicht durch eine milde und maßvolle Verwaltung, sondern durch gewaltsame Mittel, die ihn erschöpfen und unaufhörlich untergraben.

Die Paschas, welche ihre Ämter nur um schweres Geld erlangen, kommen ruiniert in die Provinzen und plündern sie aus wie eroberte Länder. Eine freche Militärbesatzung kennt kein Gesetz als ihre Launen. Die Festungen sind geschleift, die Städte ausgestorben, die Felder verwüstet, Ackerbau und Handel völlig außer Betrieb.

Und doch herrscht Straflosigkeit unter diesem Drucke der Regierung; denn die Christen, welche das Land bestellen, und die Juden, welche die Steuern eintreiben, sind tausendfachen Gewaltthätigkeiten ausgesetzt.

Der Grundbesitz ist unsicher und folglich das Bestreben, ihn zu verwerten, sehr gering. Weder Besitzurkunden noch Rechtstitel fallen gegen die Laune der Mächtigen ins Gewicht.

Diese Barbaren sind so ganz von allen Künsten abgefallen, daß sie selbst die Kriegskunst vernachlässigen. Während die europäischen Nationen sich täglich reicher entwickeln, verbleiben sie in ihrer hergebrachten Unwissenheit und bequemen sich erst dann, die neuen Erfindungen von jenen selbst einzuführen, wenn dieselben schon tausendmal zu ihrem Schaden gegen sie ins Treffen geführt sind.

Es fehlt ihnen Erfahrung zur See wie geschickte Taktik. Man erzählt, daß eine kleine Schar von Christen, die aus irgend einem Felsenneste stammen, allen Ottomanen saure Arbeit verursachen und ihr Reich ermüden.

Unfähig, selbst Handel zu treiben, dulden sie nur widerwillig, daß die immer thätigen und unternehmenden Europäer sich zum Betriebe desselben bei ihnen einfinden. Sie glauben diesen Ausländern eine Gunst zu erweisen, indem sie sich von ihnen bereichern lassen.

In dem ganzen weiten Ländergebiet, welches ich durchreist, habe ich außer Smyrna keine einzige Stadt angetroffen, die man reich und mächtig nennen könnte. Aber gerade diese verdankt den Europäern ihren Aufschwung, und die Türken haben kein Verdienst dabei, daß sie nicht allen übrigen gleich ist.

Dies, lieber Rustan, genügt, um Dir einen angemessenen Begriff von diesem Reiche zu geben, welches der Schauplatz der Triumphe eines Eroberers sein wird, ehe noch zwei Jahrhunderte vergehen.

Smyrna, am 2. des Mondes Rhamazan, 1711.

Zwanzigster Brief

Usbek an seine Gemahlin Zachi im Serail zu Ispahan

Du hast mich beleidigt, Zachi, und ließe meine Abwesenheit Dir nicht Zeit, Dein Betragen zu ändern und die heftige Eifersucht; welche mich quält, zu besänftigen, so würdest Du zu zittern haben vor dem Zorn, den ich im Herzen trage.

Ich erfahre, daß man Dich mit dem weißen Eunuchen Nadir allein betroffen hat. Mit seinem Kopfe soll er seine Treulosigkeit und Falschheit entgelten. Aber Du, wie konntest Du vergessen, daß es Dir nicht gestattet ist, Dein Zimmer einem weißen Verschnittenen zu öffnen, während schwarze für Deine Bedienung bestimmt sind? Es wäre eitel, mir zu antworten, daß Eunuchen keine Männer seien, und daß Deine Tugend Dich über Gelüste erhebe, welche eine unvollkommene Ähnlichkeit in Dir erregen könnte. Weder für Dich, noch für mich ist das hinreichend. Für Dich nicht, weil Du etwas thust, was die Gesetze des Serails Dir verbieten; für mich, weil Du mich entehrst, indem Du Dich dem Anblick, (aber was sage ich? Nur dem Anblick?) vielleicht gar den Angriffen eines Ruchlosen aussetzest, der Dich durch seine Frevel und mehr noch durch, seine ohnmächtigen Begierden und die Verzweiflung seiner Impotenz besudelt hat.

Vielleicht wirst Du mir antworten, daß Du mir immer treu gewesen bist. Ei! War Dir das Gegenteil etwa möglich? Wie hättest Du die Wachsamkeit der schwarzen Eunuchen zu täuschen vermocht, die über Deinen Lebenswandel jetzt so erstaunt sind? Wie hättest Du jene Schlösser und Thore durchbrechen können, die Dich eingeschlossen halten? Du rühmst Dich einer Tugend, die nicht frei ist; und vielleicht haben schon tausendmal Deine unkeuschen Begierden Dir das Verdienst und den Wert dieser vielgerühmten Tugend geraubt.

Aber selbst wenn ich annehme, Du habest nicht alles das begangen; was ich argwöhnen muß; jener Schurke habe Dich nicht mit seinen ruchlosen Händen berührt; Du habest Dich geweigert, seinen Blicken die Wonne seines Gebieters zu entschleiern; Du habest Dein Gewand, diese schwache Schranke zwischen ihm und Dir, nicht fallen lassen, oder er selbst habe, von heiliger Ehrfurcht ergriffen, die Augen gesenkt; habe, von seiner Tollkühnheit verlassen, vor dem Gericht gezittert, das er über sich heraufbeschwört: wenn auch alles dies wahr wäre, so ist es doch nicht minder wahr, daß Du Deine Pflicht mißachtet hast. Und hast Du sie umsonst verletzt, ohne Deine verbotenen Begierden zu befriedigen, was würdest Du erst gethan haben, um ihnen genugzuthun? Ja was würdest Du noch thun, wenn Du die geweihte Stätte verlassen könntest, die Du wie einen schwer erträglichen Kerker betrachtest, während sie für Deine Gefährtinnen ein freundlicher Zufluchtsort vor den Angriffen des Lasters ist, ein heiliger Tempel, wo Dein Geschlecht von seiner Schwäche befreit wird und sich trotz aller natürlichen Nachteile unüberwindlich findet? Was würdest Du thun, wenn Du, Dir selbst überlassen, zu Deiner Verteidigung nur Deine Liebe für mich besäßest, die Du so tief gekränkt, und Deine Pflicht, die Du so unwürdig gebrochen hast? Wie heilig sind die Sitten des Landes, in welchem Du lebst, da sie Dich der lüsternen Gewaltthätigkeit der niedrigsten Sklaven entreißen! Du solltest mir Dank wissen, daß ich Deinem Dasein diese Beschränkung auferlege, da Du nur durch sie noch zu leben verdienst.

Du kannst den Obereunuchen nicht leiden, weil er für Dein Betragen stets ein wachsames Auge hat und Dir verständigen Rat erteilt. Du sagst, seine

Häßlichkeit sei so groß, daß sein Anblick Dir Widerwillen errege: als ob man solche Ämter von schön gestalteten Menschen verwalten ließe. Was Dich erbittert, ist vielmehr das Bedauern, an seiner Stelle nicht den weißen Verschnittenen zu haben, der Dich entehrt.

Aber was hat Dir Deine erste Sklavin gethan? Sie hat Dir gesagt, daß die Vertraulichkeiten, welche Du Dir gegen die junge Zelide erlaubst, gegen die Sittsamkeit verstoßen: das ist die Ursache Deines Hasses.

Zachi, ich sollte Dir ein strenger Richter sein; aber ich bin nur ein Gatte, der Dich unschuldig zu finden wünscht. Die Liebe für meine neue Gattin Roxane hat meine Zärtlichkeit für Dich nicht vermindert; denn Du bist so schön wie sie. Ich teile meine Liebe zwischen Euch beiden; und wenn Roxane etwas vor Dir voraus hat, so ist es nur der höhere Wert, den die Tugend der Schönheit verleiht.

Smyrna, am 12. des Mondes Zilkadeh,1711.

Einundzwanzigster Brief

Usbek an den Obersten der weißen Verschnittenen

Du wirst zittern, wenn Du diesen Brief erbrichst; aber Du hättest schon zittern sollen, als Du Nadirs Frevel geschehen ließest. Wenn selbst Du in Deinem frostigen, abgelebten Alter Deine Augen nicht ungestraft zu den Schauer der Ehrfurcht heischenden Gegenständen meiner Liebe erheben darfst; Du, dem es niemals gestattet war, mit sündlichem Fuße die Schwelle des schrecklichen Ortes zu betreten, der sie jedem Blicke verbirgt: wie konntest Du zulassen, daß die Deiner Aufsicht anvertrauten Sklaven sich einer That erfrechten, für welche Dir der Mut gefehlt haben würde? Spürst Du nicht den Blitz, der sie und Dich zu vernichten droht?

Und was seid Ihr denn anders, als elende Werkzeuge, die ich nach meiner Laune zerbrechen kann? Ihr lebt nur, solange Ihr gehorchen könnt; Ihr seid nur in der Welt, um meinen Gesetzen unterthan zu sein oder um zu sterben, sobald ich es befehle; Ihr atmet nur, solange mein Behagen, meine Liebe oder selbst meine Eifersucht Eurer Niedrigkeit bedarf; kurz, Ihr könnt kein andres Los haben, als die Unterwürfigkeit, keine andre Seele als meinen Willen, keine andre Hoffnung, als mein Glück.

Ich weiß sehr wohl, daß einige meiner Frauen die strengen Gebote der Pflicht nur widerwillig ertragen; daß die stete Anwesenheit eines schwarzen Eunuchen sie verdrießlich macht, daß sie der abschreckenden Geschöpfe müde sind, deren Amt es ist, sie ihrem Gemahl zuzuführen. Ja, ich weiß es sehr wohl. Dich aber, der Du solche Unordnung noch begünstigst, Dich soll eine Strafe treffen, daß alle, die mein Vertrauen mißbrauchen, vor Furcht erbeben.

Ich schwöre bei allen Propheten des Himmels, und bei Ali, dem größten von allen: wenn Du von Deiner Pflicht weichst, so werde ich Dein Leben nicht höher achten, als das des Wurms, der sich unter meinem Fuße krümmt.

Smyrna, am 12. des Mondes Zilkadeh, 1711.

Zweiundzwanzigster Brief

Jaron an den Ober-Eunuchen

Je weiter Usbek sich vom Serail entfernt, desto lebhafter zieht ihn die Sehnsucht zu seinen angebeteten Gemahlinnen zurück. Er seufzt; er vergießt Thränen; sein Schmerz gewinnt an Bitterkeit; sein eifersüchtiger Verdacht mehrt sich. Er will die Zahl ihrer Aufseher verstärken und wird mich deswegen mit allen Schwarzen seines Gefolges heimsenden. Für seine eigne Person hegt er keine Besorgnis mehr; seine Sorge gilt nur dem, was ihm tausendmal lieber ist, als sein eignes Selbst.

So werde ich also wieder unter Deinen Gesetzen leben und an Deinen Sorgen teilnehmen. Großer Gott, welch' ein Aufwand gehört doch dazu, um einen einzigen Menschen glücklich zu machen!

Es scheint, als habe die Natur die Frauen zuerst in einen Zustand der Abhängigkeit versetzt und sie dann wieder daraus befreit. Die beiden Geschlechter besaßen damit gegenseitige Rechte, und dadurch gerieten sie in Zwiespalt. Da sind wir die Werkzeuge zur Wiederherstellung der Harmonie geworden, indem wir den Haß der Frauen auf *uns* zogen, sodaß den Männern nur noch ihre Liebe blieb.

Meine Stirn wird sich in strenge Falten legen, und ich werde finster um mich blicken. Meinen Lippen wird die Freude fremd werden. Mein Äußeres wird ruhig erscheinen, während Unruhe das Innere bewegt. Ich werde schon die Leiden des Alters kennen, ehe noch die Runzeln desselben sich einfinden.

Es würde mir viel Vergnügen bereitet haben, meinen Gebieter in das Abendland zu begleiten; aber mein höchster Wunsch ist sein Wohlergehen. Er will, daß ich seine Frauen bewache, und mit Treue werde ich ihm gehorchen. Ich weiß, wie man mit diesem Geschlecht verfahren muß, das stolz wird, wenn man ihm die Befriedigung der Eitelkeit versagt, und das sich leichter vernichten als demütigen läßt. Ich beuge mich vor Deinen Blicken.

Smyrna, am 12. des Mondes Zilkadeh, 1711.

Dreiundzwanzigster Brief

Usbek an seinen Freund Ibben

Wir sind nach einer vierzigtägigen Seereise in Livorno eingetroffen. Diese noch junge Stadt zeugt von dem Unternehmungsgeiste der Herzoge von Toscana, die ein sumpfiges Dorf zur blühendsten Stadt Italiens umgeschaffen haben.

Die Weiber erfreuen sich hier großer Freiheit. Sie dürfen nach den Männern in den Straßen durch eine Art Fenster, die man Jalousien nennt, hinausschauen, können täglich in Begleitung einiger Matronen ins Freie gehen und tragen nur *einen* Schleier. Ihre Schwäger, Onkel und Neffen dürfen sie besuchen, fast ohne daß der Gatte sich darum bekümmert.

Für einen Muhamedaner ist es ein großartiges Schauspiel, zum erstenmale eine christliche Stadt zu sehen. Ich denke dabei nicht so sehr an das, was zu allererst in die Augen fällt, wie der Unterschied der Architektur, der Tracht und der gewöhnlichsten Gebräuche: sondern in allem und jedem, selbst in den geringfügigsten Kleinigkeiten, ist etwas Besonderes, was ich empfinde, ohne es nennen zu können.

Morgen schiffen wir uns nach Marseille ein, werden uns aber nicht lange daselbst aufhalten. Rica wie ich beabsichtigen, uns von dort unverzüglich nach Paris, der Metropole des europäischen Reiches, zu begeben. Die Reisenden streben immer nach den großen Städten; denn diese sind gleichsam ein gemeinsames Vaterland aller Fremden. Lebewohl und bleibe meiner steten Liebe gewiß.

Livorno, am 12. des Mondes Saphar, 1712.

Vierundzwanzigster Brief

Rica an Ibben in Smyrna

Seit einem Monat befinden wir uns in Paris, und die ganze Zeit sind wir in beständiger Bewegung gewesen. Es kostet viele Mühe, bis man sich wohnlich eingerichtet und die Leute gefunden, an die man empfohlen ist, und bis man sich die vielerlei Dinge verschafft hat, die einem hier notwendig sind und samt und sonders fehlen.

Paris ist so groß wie Ispahan. Die Häuser sind so hoch, daß man fast glauben möchte, sie seien von lauter Sterndeutern bewohnt. Du kannst Dir wohl vorstellen, daß eine Stadt, die hoch in die Luft hinaufgebaut ist, und wo immer sechs bis sieben Häuser übereinander stehen, äußerst dicht bevölkert sein muß. So entsteht denn auch jedesmal ein ergötzlicher Wirrwarr, wenn alles in die Straße hinabgestiegen ist.

Es wird Dir kaum glaublich erscheinen, daß ich in dem Monat seit meiner Ankunft noch fast niemand habe zu Fuß gehen sehen. Kein Volk der Welt hat besseres Fuhrwerk, als die Franzosen; das eilt, das fliegt nur so! Mit den langsamen asiatischen Gefährten, bei dem gemessenen Schritt unserer Kameele würden sie in Ohnmacht fallen. Ich, der ich für solche Hast nicht zugeschnitten bin und oft zu Fuß gehe, ohne meinen Gang zu ändern, werde zuweilen wütend wie ein Christ. Es mag noch hingehen, daß man mich vom Kopf bis auf die Füße mit Kot bespritzt; aber die Rippenstöße, die man mir in regelmäßigem Takte versetzt, sind unverzeihlich. Jemand, der hinter mir geht und an mir vorüber will, zwingt mich, eine halbe Wendung zu machen; und ein Zweiter, der mir von der andren Seite entgegen kommt, schiebt mich plötzlich dahin zurück, wo der Erste mich fortgedrängt hatte; und bevor ich noch hundert Schritt gegangen, fühle ich mich ärger zerstoßen, als wenn ich zehn Meilen zurückgelegt hätte.

Erwarte nicht, daß ich Dir jetzt schon gründlich über die europäischen Sitten und Gebräuche Auskunft geben könnte. Ich habe selbst erst eine schwache Ahnung davon, und kaum habe ich bisher nur zum Staunen Zeit gehabt.

Der König von Frankreich ist der mächtigste Fürst in Europa. Er hat keine Goldminen wie sein Nachbar, der König von Spanien; aber er besitzt größere Reichtümer als dieser, weil er sie von der Eitelkeit seiner Unterthanen empfängt, welche unerschöpflicher ist als die Bergwerke. Man hat erlebt, wie er große Kriege ohne andere Mittel als käufliche Ehrentitel unternahm und fortführte; durch das Wunder menschlichen Stolzes sahen sich seine Truppen besoldet, seine Festungen ausgerüstet und seine Flotten bemannt.

Übrigens ist dieser König ein großer Zauberer; seine Herrschaft erstreckt sich selbst auf den Geist seiner Unterthanen; er macht sie denken wie er will. Hat er nur eine Million Thaler in seinem Schatze und bedarf ihrer zwei, so braucht er ihnen nur einzureden, daß ein Thaler zwei gilt, und sie glauben es. Hat er einen kostspieligen Krieg, zu führen, und es fehlt ihm an Gelde, so braucht er ihnen nur in den Kopf zu setzen, ein Stück Papier sei Geld, und augenblicklich sind sie davon überzeugt. Ja, er geht so weit, sie glauben zu machen, er könne sie durch seine Berührung von allerlei Krankheiten heilen, so groß ist seine Macht über die Geister der Menschen.

Aber was ich Dir von diesem Fürsten berichte, darf Dich nicht wundern; giebt es doch noch einen anderen Zauberer, welcher mächtiger ist als der König und nicht minder den Geist des letzteren beherrscht, als dieser die Geister aller Übrigen. Dieser Zauberer heißt der Papst. Bald macht er ihn glauben, drei sei nur eins; bald wieder, das Brot, welches man ißt, sei kein Brot, und der Wein, den man trinkt, sei kein Wein; und tausend ähnliche Seltsamkeiten.

Um ihn aber stets in Atem zu erhalten und zu verhüten, daß er die Gewohnheit des Glaubens verliere, giebt er ihm von Zeit zu Zeit zur Übung gewisse Glaubensartikel. So schickte er ihm vor zwei Jahren ein großes Schriftstück, welches er „Constitution“ nannte, und wollte den Fürsten und seine Unterthanen unter Androhung schwerer Strafen zwingen, alles zu glauben, was darin geschrieben stand. Er erreichte auch seinen Zweck bei dem Fürsten, der sich alsbald unterwarf und damit seinen Unterthanen ein Beispiel gab. Unter den letzteren aber zeigten sich einige widerspenstig, indem sie erklärten, von allem, was die „Constitution“ behaupte, wollten sie garnichts glauben. Und zwar waren es die Frauen, welche als Triebfedern dieses Widerstandes wirkten, der bei Hofe, im ganzen Königreich und in allen Familien Zwietracht gestiftet hat. Diese Constitution verbietet ihnen, ein Buch zu lesen, von welchem alle Christen sagen, daß es ihnen vom Himmel selbst gegeben sei; es ist eigentlich ihr Alkoran. Außer sich über die ihrem Geschlechte widerfahrene Beleidigung, setzen die Frauen alles gegen die Constitution in Bewegung; auch die Männer, welche in dieser Angelegenheit keine Vorrechte haben wollen, haben sie für sich gewonnen.

Man muß jedoch zugeben, daß dieser Mufti gar nicht so übel kalkuliert; und beim großen Ali! er muß die Grundwahrheiten unsres heiligen Gesetzes studiert haben. Denn da die Weiber auf einer niedrigeren Stufe stehen, als wir, und da wir von unsren Propheten wissen, daß sie nicht in das Paradies kommen werden: warum sollten sie sich mit dem Lesen eines Buches befassen, das nur dazu geschrieben ist, den Weg zum Paradiese zu weisen?

Ich habe Dinge über den König erzählen hören, die an das Fabelhafte streifen, und ich zweifle nicht, daß Du Bedenken tragen wirst, sie zu glauben.

So sagt man, daß während eines Krieges mit seinen Nachbarn, die sich alle gegen ihn verbündet hatten, eine unzählige Menge von unsichtbaren Feinden in seinem Reiche ihn überall umgeben habe. Man fügt hinzu, daß er sie mehr als dreißig Jahre gesucht und ungeachtet der unermüdlichen Sorgen gewisser Derwische, die seine Vertrauten sind, ihrer keinen einzigen habe finden können. Sie leben mit ihm; sie sind an seinem Hofe, in seiner Hauptstadt, in seinem Heere, in seinen Gerichtshöfen; und dennoch wird er wohl den Kummer haben, sterben zu müssen, ohne daß es ihm gelungen wäre, sie zu entdecken. Man möchte sie für einen allgemeinen Begriff halten, dem die konkrete Existenz fehlt, für einen Körper ohne Glieder. Augenscheinlich will der Himmel diesen Fürsten dafür strafen, daß er gegen seine besiegten Feinde nicht genug Mäßigung bewiesen hat; darum umgiebt er ihn mit unsichtbaren deren Geist und Bestimmung größer sind, als seine eigenen.

Ich werde fortfahren, Dir zu schreiben, und Du wirst vieles erfahren, was dem persischen Geist und Charakter außerordentlich fremd ist. Es ist freilich dieselbe Erde, die uns beide trägt; aber die Einwohner des Landes, in welchem ich verweile und diejenigen des Landes, wo Du lebst, sind ganz verschiedene Menschen.

Paris, am 4. des zweiten Mondes Rebiab, 1712.

Fünfundzwanzigster Brief

Usbek an Ibben in Smyrna

Ich habe einen Brief von Deinem Neffen Rhedi empfangen. Er benachrichtigt mich, daß er Smyrna verlasse, um Italien zu sehen. Sein Bildungsbedürfnis sei das einzige Motiv dieser Reise, und er hoffe, sich Deiner dadurch noch würdiger zu machen. Ich preise Dich glücklich, einen Eli Neffen zu besitzen, der einst der Trost Deines Alters sein Ei wird.

Rica schreibt Dir einen langen Brief; er sagt, daß er Dir darin viel von diesem Lande erzähle. Sein lebhafter Geist verarbeitet alle Eindrücke schnell. Ich meinerseits denke langsamer und bin noch nicht imstande, Dir etwas zu schildern.

Du bist der Gegenstand unserer herzlichsten Gespräche; nicht oft genug können wir uns der gastlichen Aufnahme, die wir bei Dir in Smyrna gefunden, und Deiner täglichen Freundschaftsdienste erinnern. Möchtest Du, hochherziger Ibben, überall so dankbare und so treue Freunde finden wie uns!

Daß es mir vergönnt wäre, Dich bald wiederzusehen, um noch einmal jene glücklichen Tage mit Dir zu genießen, die für zwei Freunde so sanft dahingleiten! Lebewohl.

Paris, am 4. des zweiten Mondes Rebiab, 1712.

Sechsundzwanzigster Brief

Usbek an Roxane im Serail zu Ispahan

Wie gut bist Du daran, Roxane, in dem lieblichen Persien zu leben, anstatt in der Pestluft dieses Landes, wo man weder Scham noch Tugend kennt! Wie bist Du so glücklich! Du lebst in meinem Serail wie in der Heimstätte der Unschuld, sicher vor jedem Frevel der Menschen. Freudig empfindest Du das beglückte Los, keinem Falle ausgesetzt zu sein. Niemals haben eines Mannes lüsterne Blicke Dich befleckt; niemals hat selbst Dein Schwiegervater in der Freiheit der Feste Deinen schönen Mund erblickt; denn niemals bist Du erschienen, ohne ihn mit der geweihten Binde zu verhüllen. Glückliche Roxane! so oft Du vom Lande zurückkehrtest, haben Dich immer Eunuchen begleitet, die vor Dir herschritten, um jeden Verwegenen niederzustrecken, der sich von Deinem Anblick nicht abwendete. Ja ich selbst, dem der Himmel Dich beschert hat, um mich glücklich zu machen, wieviel Mühe hat es gekostet, um mir diesen Schatz zu erobern, den Du mit solcher Standhaftigkeit verteidigtest! Welchen Kummer empfand ich in den ersten Tagen unserer Ehe, Dich nicht zu sehen, und welche Ungeduld, nachdem ich Dich gesehen hatte! Aber dennoch stilltest Du sie nicht; vielmehr reiztest Du sie durch den beharrlichen Widerstand einer erschreckten Schamhaftigkeit; Du behandeltest mich wie alle jene Männer, denen Du Deinen Anblick ewig verbirgst. Erinnerst Du Dich noch des Tages, da ich Dich inmitten Deiner Sklavinnen verlor, die mich täuschten und Dich vor allen meinen Nachforschungen versteckt hielten? Erinnerst Du Dich noch jenes anderen, da Du die Ohnmacht Deiner Thränen erkanntest und das Ansehen Deiner Mutter zu Hilfe riefst, um der Wut meiner Liebe Einhalt zu thun? Denkst Du noch an die Waffe, die Du in Deinem Mute fandest, als alle andren Mittel Dir versagt schienen? Mit gezücktem Dolche drohtest Du, einen Gatten, der Dich liebte, zu opfern, wenn er fortführe, von Dir zu begehren, was Du werter hieltest als selbst den Gatten. Zwei Monate verstrichen in diesem Kampfe zwischen Liebe und Tugend. Ja noch länger dauerte der Widerstand Deiner Keuschheit; selbst nachdem Du besiegt warst, ergabst Du Dich noch nicht: bis auf das Äußerste verteidigtest Du die sterbende Jungfräulichkeit. Du betrachtetest mich wie einen Feind, der Dir einen Schimpf angethan, nicht wie einen Gemahl, der Dich geliebt hatte. Mehr als drei Monate wagtest Du mich nicht anzublicken, ohne zu erröten: Deine Verwirrung schien mir den Vorteil, den ich über Dich errungen, zum Vorwurf zu machen. Und nicht einmal ein ruhiger Besitz war mir vergönnt; denn Du verhülltest mir soviel Du vermochtest von jenen Reizen Deiner Schönheit, und ich war von den höchsten Gunstbezeugungen berauscht, als mir noch die kleinsten versagt blieben.

Hättest Du Deine Erziehung in diesem Lande empfangen, so würdest Du weniger Besorgnis empfunden haben; denn hier haben die Frauen alle Zurückhaltung verloren. Sie zeigen sich den Männern mit unverhülltem Angesicht, als ob sie ihre Niederlage verlangen wollten; sie suchen sie mit ihren Blicken; sie sehen sie in den Moscheen, auf den Spaziergängen und in ihren Behausungen; der Brauch, sich von Eunuchen bedienen zu lassen, ist ihnen unbekannt.

Statt jener edlen Einfachheit und liebenswürdigen Verschämtheit, die unter Euch herrscht, sieht man hier eine brutale Unverschämtheit, an die man sich unmöglich gewöhnen kann.

Ja, Roxane, wenn Du hier wärest, so würdest Du Dich tief beleidigt fühlen durch den schmachvollen Zustand, zu dem Dein Geschlecht hinabgesunken ist; Du würdest diese abscheuliche Stätte fliehen und nach jenem trauten Zufluchtsorte seufzen, wo Du die Unschuld findest, wo Du Deiner selbst sicher bist, wo Du vor keiner Gefahr zu zittern hast, ja, wo Du mich lieben kannst, ohne zu fürchten, daß Du die Liebe, welche Du mir schuldest, jemals verlieren wirst.

Wenn Du den Glanz Deiner Haut durch die schönsten Farben erhöhst; wenn Du Deinen ganzen Leib mit den köstlichsten Wohlgerüchen salbst; wenn Du Dich mit den schönsten Gewändern schmückst; wenn Du Dich vor Deinen Gefährtinnen durch die Anmut des Tanzes und den Wohllaut Deines Gesanges auszuzeichnen suchst; wenn Du in anmutigem Wettstreit mit ihnen um die Palme der Reize, der Lieblichkeit, des Frohsinns ringst: so kann ich mir nicht denken, daß Dich etwas andres treibt, als der Wunsch, mir zu gefallen. Und wenn ich Dich bescheiden erröten sehe, wenn Deine Blicke die meinigen suchen, wenn Du mir durch holde Schmeichelreden das Herz bestrickst, so vermöchte ich, o meine Roxane, an Deiner Liebe nicht zu zweifeln.

Aber was läßt sich von den europäischen Frauen denken? Die Kunst, ihre Haut zu schminken, der Schmuck, mit dem sie sich aufputzen, die Sorgfalt, die sie auf ihr Äußeres verwenden, die Gefallsucht, die sie in beständiger Erregung hält, alles dies sind eben so viele Besudlungen ihrer Tugend und Beschimpfungen ihrer Gatten.

Indessen glaube ich nicht, Roxane, daß ihr frevelhaftes Spiel so weit ginge, als man aus einer derartigen Aufführung schließen könnte, und daß ihre Entsittlichung sich bis zu jenem gräßlichen, schaudererregenden Extrem verstiege, bis zur thatsächlichen Verletzung der ehelichen Treue. Wenige Frauen geraten bis zu diesem Abgrund des Verbrechens; in ihrem Herzen tragen sie alle ein gewisses Abbild der Tugend, welches dort eingegraben ist, weil die Geburt es ihnen verleiht, und welches die Erziehung wohl entstellen, aber nicht gänzlich zerstören kann. Sie mögen sich vielleicht von den äußeren Pflichten, welche die Schamhaftigkeit fordert, entbinden; wenn es sich aber um die letzten Schritte handelt, so setzt sich die Natur zur Wehr. So auch geschieht es nicht aus Furcht vor dem höchsten Grade des Treubruchs, daß wir euch so ängstlich einschließen, euch von so vielen Sklaven bewachen lassen, euren Wünschen, wenn sie zu weit fliegen, einen so starken Zwang anlegen; sondern weil wir wissen, daß die Reinheit niemals zu groß sein, und daß der geringste Flecken sie verderben kann.

Ich bedaure Dich, Roxane. Deine Keuschheit, die sich so lange bewährt hat, verdiente einen Gatten, der Dich niemals verlassen hätte und selbst die Begierden unterdrücken könnte, welche allein Deine Tugend zu bewältigen Kraft hat.

Paris, am 7. des Mondes Rhegeb, 1712.

Siebenundzwanzigster Brief

Usbek an Nessir in Ispahan

Wir befinden uns gegenwärtig in Paris, dieser stolzen Rivalin der Sonnenstadt.

Bei meiner Abreise von Smyrna beauftragte ich meinen Freund Ibben, Dir eine Kiste zukommen zu lassen, in welcher einige Geschenke für Dich enthalten waren. Auf demselben Wege erhältst Du diesen Brief. Trotz einer Entfernung von fünf- oder sechshundert Meilen tausche ich gerade so leicht mit ihm die beiderseitigen Neuigkeiten aus, als wäre er in Ispahan und ich in Kom. Ich sende meine Briefe nach Marseille, wo es beständige Schiffsverbindung mit Smyrna giebt. Von da schickt er die nach Persien bestimmten mit den Armenierkarawanen weiter, welche täglich nach Ispahan abgehen.

Rica erfreut sich vortrefflicher Gesundheit. Seine kräftige Konstitution, seine Jugend und seine natürliche Heiterkeit helfen ihm über alle Schwierigkeiten.

Von mir dagegen kann ich nicht sagen, daß ich mich wohl befinde. Ich bin niedergedrückt an Leib und Seele und hänge Grübeleien nach, die mit jedem Tage trauriger werden. Meine angegriffene Gesundheit disponiert mich zum Heimweh und macht mir dies Land hier noch fremder.

Aber ich beschwöre Dich, lieber Nessir, halte meinen Zustand vor meinen Frauen geheim. Wenn sie mich lieben, so wünsche ich ihnen die Thränen zu ersparen; lieben sie mich aber nicht, so will ich ihrer Dreistigkeit keine Nahrung geben.

Wenn meine Verschnittenen meinen Zustand für gefährlich hielten und hoffen dürften, sich ungestraft eine schwächliche Willfährigkeit erlauben zu können, so würden sie bald aufhören, taub gegen die Schmeichelreden dieses Geschlechtes zu sein, welches sich die Felsen dienstbar zu machen und die leblosen Dinge zu bewegen versteht.

Lebewohl, Nessir; es freut mich, Dir mein Vertrauen bezeigen zu können.

Paris, am 5. des Mondes Chahban, 1712.

Achtundzwanzigster Brief

Rica an ***

Gestern habe ich etwas höchst Sonderbares gesehen, obwohl es sich in Paris täglich wiederholt.

Die ganze Bevölkerung kommt gegen Ende des Nachmittags zusammen, um eine Art Scene aufzuführen, welche ich Komödie habe nennen hören. Die Hauptbewegung spielt sich auf einer Erhöhung ab, die das Theater heißt. Zu beiden Seiten derselben sieht man in kleinen Zellen, sogenannten Logen,

Männer und Frauen, welche stumme Pantomimen miteinander spielen, ganz ähnlich denjenigen, welche bei uns in Persien gebräuchlich sind.

Bald ist es eine betrübte Liebhaberin, welche ihre Sehnsucht auszudrücken sucht; bald sendet eine andere mit brennenden Augen und dem Ausdruck des Verlangens verzehrende Blicke zu ihrem Geliebten, der ihr mit gleichem Augenspiel antwortet. Alle Leidenschaften sind auf diesen Gesichtern ausgesprochen, und zwar mit einer Beredsamkeit, die nur um so verständlicher wirkt, weil sie stumm ist. Dort oben sieht man nur den Oberkörper der Schauspieler, und die Frauen sind gewöhnlich aus Anstandsrücksichten mit einem Muff versehen, in dem sie ihre Arme verstecken. Unten steht eine Anzahl von Leuten, welche sich über die oben auf der Bühne lustig machen, und diese letzteren lachen wieder über die Untenstehenden.

Die größte Mühe aber geben sich einige junge Leute, die für diese Aufgabe einer Altersstufe entnommen sind, welche großen Anstrengungen noch gewachsen ist. Ihnen liegt es ob, überall zugleich zu sein. Sie bedienen sich verborgener Durchgänge, von denen nur sie allein Kenntnis haben; mit überraschender Geschwindigkeit steigen sie von einem Geschoß in das andere; sie sind oben, unten, in allen Logen; sie tauchen plötzlich unter; man verliert sie aus dem Gesicht; mit einemmale sind sie wieder da. Oft verlassen sie sogar das Schauspielhaus und begeben sich in ein anderes, um daselbst weiter zu spielen. Man sieht sogar Leute, die durch eine Art Wunder, welches man ihren Krücken nicht zugetraut hätte, gehen und kommen wie die Anderen. Endlich begiebt man sich in Säle, wo man eine besondere Komödie spielt. Man beginnt mit Verbeugungen und fährt fort mit Umarmungen. Man sagt, daß die flüchtigste Bekanntschaft jedem das Recht verleihe, den andren mit seinen Umschlingungen zu ersticken; es scheint, als sei die Zärtlichkeit ein natürliches Ergebnis dieser Umgebung. In der That sollen die Fürstinnen, welche dort die Herrschaft führen, nicht eben grausam sein; nimmt man zwei oder drei Stunden täglich aus, wo sie, sich ziemlich grimmig geberden, so kann man sagen, daß sie die übrige Zeit recht umgänglich sind, und daß jener Rausch sehr leicht bei ihnen verfliegt.

Alles, was ich Dir hier geschildert habe, spielt sich fast in gleicher Weise an einem andren Orte ab, welchen man die Oper nennt, mit dem einzigen Unterschiede, daß man in der letzteren singt, während man am ersteren spricht. Ein Freund von mir nahm mich neulich mit sich in die Loge, wo die Schauspielerin aus einer der Hauptrollen sich gerade auskleidete. Wir wurden so gut miteinander bekannt, daß ich am nächsten Tage folgenden Brief von ihr empfing:

„Mein Herr!

Ich bin das unglücklichste Mädchen von der Welt. Stets war ich die tugendhafteste von den Darstellerinnen unserer Oper. Vor etwa sieben oder acht Monaten jedoch, als ich in der Loge, wo ich gestern Ihren Besuch empfing, mich gerade als Priesterin der Diana kostümierte, suchte mich ein junger Abbé daselbst auf und raubte mir, ohne Rücksicht auf mein weißes Gewand, meinen Schleier und meine priesterliche Binde, die Unschuld. So nachdrücklich ich ihm auch wiederhole, welch' ein Opfer ich ihm gebracht; habe, er lacht mir ins Gesicht und behauptet, er habe mich sehr unheilig gefunden. Indessen bin ich nun so hochschwanger, daß ich mich nicht mehr auf der Bühne zu zeigen wage; denn wo es sich um den Punkt der Ehre handelt, bin ich erstaunlich zartfühlend; und ich denke immer, daß ein Mädchen von gutem Herkommen leichter ihre Tugend, als ihre Züchtigkeit verlieren kann. Sie können sich wohl vorstellen, daß der junge Abbé bei diesem meinem Zartgefühl niemals zum Ziel gekommen wäre, hätte er mir nicht die Ehe versprochen. Eine so ehrenvolle Absicht verführte mich, auf die gewöhnlichen kleinen Formalitäten zu verzichten und mit dem anzufangen, was das Ende hätte sein sollen. Aber da mich seine Treulosigkeit entehrt hat, so habe ich keine Lust, länger bei der Oper zu bleiben, wo man mir auch, unter uns gesagt, kaum genug zum Leben giebt. Denn jetzt, wo meine Reize mit der fliehenden Jugend verschwinden, scheint meine Gage, die sich immer gleich bleibt, täglich unzureichender. Nun habe ich von jemandem aus Ihrem Gefolge erfahren, daß man in Ihrem Lande von einer guten Tänzerin viel Aufhebens mache, und daß mein Glück alsbald gemacht sein würde, wenn ich in Ispahan wäre. Wenn Sie sich daher geneigt finden ließen, mir Ihre Protektion zu gewähren und mich mit sich in jenes Land zu nehmen, so würden Sie das edle Bewußtsein ernten, einem Mädchen Gutes zu thun, die sich durch ihren tugendhaften Lebenswandel Ihrer Güte würdig zeigen würde. Ich bin“ ...

Paris, am 2. des Mondes Chalval, 1712.

Neunundzwanzigster Brief

Rica an Ibben in Smyrna

Der Papst ist das Oberhaupt der Christen. Er ist ein alter Götze, dem man aus Gewohnheit Weihrauch streut. Ehemals übte er selbst über die Fürsten eine bedrohliche Macht; denn es war ihm ebenso leicht, sie abzusetzen, wie unsere erhabenen Sultane die Könige von Irimetta und Georgien vom Thron stoßen. Aber jetzt fürchtet man ihn nicht mehr. Er nennt sich Nachfolger eines der ersten Christen, Namens Sankt Peter: und augenscheinlich besitzt er dadurch eine reiche Erbschaft; denn seine Schätze sind unermeßlich, und ein großes Land ist ihm unterthan.

Die Bischöfe sind Rechtskundige und stehen unter seiner Oberhoheit. In seinem Namen haben sie zwei sehr stark von einander unterschiedene Ämter zu versehen. Wenn sie versammelt sind, so machen sie, wie er selbst, Glaubensartikel. Sind sie aber allein, so liegt ihnen weiter nichts ob, als die Leute von der Erfüllung des Gesetzes zu dispensieren. Denn Du mußt wissen, daß die christliche Religion mit einer Unmenge sehr schwieriger Pflichtübungen überladen ist. Und da man zu der Einsicht kam, es sei schwerer, seine Pflichten zu erfüllen, als Bischöfe zu haben, durch die man davon entbunden wird: so hat man zum allgemeinen Besten die letzterwähnte Methode eingeführt. Will man also den Rhamazan nicht halten oder sich den Formalitäten des Eheschlusses nicht unterziehen; will man seine Gelübde nicht erfüllen oder sich trotz gesetzlicher Hindernisse verheiraten; ja sogar manchmal, wenn man seinen Eid brechen will: so geht man zum Bischof oder zum Papst, der Einem sofort den Dispens erteilt.

Die Bischöfe stellen ihre neuen Glaubenssätze nicht aus eigenem Antriebe auf. Es giebt eine Unzahl von Schriftgelehrten, meist Derwische, welche tausenderlei neue Streitfragen über die Religion unter sich aufwerfen. Man läßt sie geraume Zeit darüber disputieren, und der Streit dauert so lange, bis ein Machtspruch ihn entscheidet.

Ich kann Dir auch die Versicherung geben, daß niemals in einem Reiche so viele Bürgerkriege stattgefunden haben wie in dem Reiche Christi.

Diejenigen, welche irgend ein neues Dogma aufstellen, werden sofort Ketzer genannt. Jede Ketzerei hat ihren Namen, welcher denen, die ihr beitreten, gleichsam als Feldgeschrei dient. Aber keiner gilt als Ketzer, der es nicht will. Er braucht nur eine Hälfte seines Dogmas zu verleugnen und denen, die ihn der Ketzerei anklagen, eine Darlegung des Restes zu geben: und welcher Art diese Darlegung auch sei, verständlich oder nicht: sie macht einen weiß wie Schnee, und er darf sich einen Rechtgläubigen nennen lassen.

Doch gilt das Gesagte nur für Frankreich und Deutschland; denn ich habe gehört, daß es in Spanien und Portugal Derwische giebt, die keinen Spaß verstehen und Menschen verbrennen wie Stroh. Wer diesen Herren in die Hände fällt, darf sich glücklich preisen, wenn er immer mit kleinen Holzkugeln in der Hand zu Gott gebetet, zwei Tuchstückchen an zwei Bändern bei sich getragen und manchmal die Provinz Galizien besucht hat. Ohne das geht es einem armen Teufel schlecht. Und sollte er schwören wie ein Heide, daß er ein Rechtgläubiger sei, man könnte doch leicht über seine Eigenschaften im Zweifel bleiben und ihn als Ketzer verbrennen. Es würde ihm wenig helfen, das Unterscheidende seines Standpunktes darzulegen. Keinen Unterschied! Er wäre schon zu Asche geworden, ehe man nur daran gedacht hätte, ihn, zu hören.

Sonst nehmen die Richter die Unschuld eines Angeklagten an; diese halten aber jeden für schuldig. In zweifelhaften Fällen befolgen sie die Regel, sich für das Schlimmste zu entscheiden; augenscheinlich, weil sie die Menschen für schlecht halten. Auf der andren Seite jedoch haben sie eine so gute Meinung von ihnen, daß sie ihnen niemals eine Lüge zutrauen; denn sie hören auf das Zeugnis von Todfeinden, liederlichen Weibspersonen und Leuten, die ein ehrloses Gewerbe treiben. Wenn sie ihr Urteil sprechen, so machen sie dem, der im schwefelgelben Hemde vor ihnen steht, ein kleines Kompliment. Sie sagen ihm, wie leid es ihnen thue, ihn so schlecht bekleidet zu sehen; denn sie seien milde, verabscheuten das Blutvergießen und fühlten sich in Verzweiflung darüber, daß sie ihn hätten verurteilen müssen. Doch zu ihrem Troste konfiscieren sie die gesamte Habe solcher Unglücklichen zu ihrem Vorteil.

Glücklich das Land, wo die Kinder des Propheten wohnen. Solche traurigen Schauspiele sind daselbst unbekannt. Die heilige Religion, welche die Engel dahin gebracht haben, verteidigt sich durch die ihr innewohnende Kraft der Wahrheit; sie bedarf zu ihrer Erhaltung keiner solchen gewaltsamen Mittel.

Paris, am 4. des Mondes Chalval, 1712.

Dreißigster Brief

Rica an denselben, zu Smyrna

Die Neugier der Bewohner von Paris streift an Narrheit. Als ich hier ankam, wurde ich angestaunt, als ob ich vom Himmel gesandt wäre; Greise, Männer, Weiber, Kinder, alle wollten sie mich sehen. So oft ich ausging, stürzte jedermann ans Fenster; in den Tuilerien bildete sich immer gleich ein Kreis um mich; selbst die Frauen umgaben mich wie ein tausendfarbiger Regenbogen. War ich im Theater, so richteten sich augenblicklich hundert Operngucker nach meinem Gesicht: kurz, niemals hat man sich einen Menschen so oft besehen wie mich. Ich konnte mich manchmal eines Lächelns nicht enthalten, wenn ich Leute, die kaum aus ihrem Zimmer gekommen waren, unter sich sagen hörte: „Ja, das muß man zugeben, er sieht wie ein richtiger Perser aus." Und, merkwürdig, überall fand ich da mein Bild ausgestellt. In allen Läden, auf jedem Kaminsims sah ich mich vervielfältigt – so sehr fürchtete man, mich noch nicht genug gesehen zu haben.

Soviel Ehre wird Einem endlich zur Last. Ich habe mich früher niemals für einen so absonderlichen und seltenen Menschen gehalten, und obwohl ich eine recht gute Meinung von mir habe, würde mir doch niemals der Gedanke gekommen sein, daß ich einmal eine ganze große Stadt, wo niemand mich kennt, in ihrer Ruhe stören sollte. Ich entschloß mich deswegen, die persische Tracht aufzugeben und europäische Kleider anzulegen, um zu sehen, ob meine Gesichtszüge alsdann noch etwas Auffälliges behalten würden. Durch diesen Versuch kam ich zur Erkenntnis meines wirklichen Wertes. Alles ausländischen Schmuckes entkleidet, sah ich mich nach meinem Verdienste gewürdigt. Ich hätte mich wohl über meinen Schneider beklagen dürfen, durch den ich in einem Augenblicke die allgemeine Achtung und Beachtung verloren hatte; denn plötzlich verschwand ich im großen Nichts. Ich verweilte manchmal stundenlang in einer Gesellschaft, ohne daß man mich eines Blickes gewürdigt oder mir Gelegenheit geboten hätte, meinen Mund aufzuthun. Aber wenn zufällig jemand in der Gesellschaft erfuhr, daß ich ein Perser sei, so entstand alsbald ringsumher ein Geflüster: „Ah, in der That! Der Herr ist ein Perser? Das ist ja außerordentlich! Wie kann man denn ein Perser sein?"

Paris, am 6. des Mondes Chalval, 1712.

Einunddreißigster Brief

Rhedi an Usbek in Paris

Ich bin jetzt in Venedig, mein lieber Usbek. Sollte man auch alle Städte der Welt gesehen haben, man wird doch überrascht sein, wenn man nach Venedig kommt.

Man muß Erstaunen empfinden, sieht man eine Stadt, die sich mit Türmen und Moscheen aus dem Wasser erhebt, und eine zahllose Volksmenge da, wo es eigentlich nur Fische geben sollte.

Aber dieser unheiligen Stadt fehlt der köstlichste Schatz der Welt, frisches Wasser; es ist unmöglich, hier eine einzige der vorgeschriebenen Waschungen zu verrichten. Darum ist sie auch der Abscheu unsres heiligen Propheten, und niemals kann er von seinen Himmelshöhen ohne Zorn auf sie herniederblicken.

Ohne dies Hindernis, mein lieber Usbek, würde ich entzückt sein, in einer Stadt zu leben, wo mein Geist sich täglich bereichert. Ich studiere die Geheimnisse des Handels, die Wirksamkeit der Fürsten und die Form ihrer Regierung; ich vernachlässige nicht einmal, mich mit dem europäischen Aberglauben bekannt zu machen; ich unterrichte mich in der Heilkunde, in den Naturwissenschaften und in der Sternkunde; ich betreibe das Studium der Künste: kurz, ich befreie mich von dem Wolkenschleier, der mir im Lande meiner Geburt die Augen verhüllte.

Venedig, am 16. des Mondes Chalval, 1712.

Zweiunddreißigster Brief

Rica an***

Neulich habe ich mir ein Haus angesehn, wo etwa dreihundert Personen eine ziemlich dürftige Versorgung finden. Es war bald genug gethan; denn weder die Kirche noch die übrigen Baulichkeiten sind der Betrachtung wert. Die Bewohner des Hauses waren recht heiter; mehrere von ihnen spielten Karten oder andere Spiele, die ich nicht kannte. Als ich mich wieder entfernte, ging auch gerade einer von diesen Leuten aus, und als er hörte, daß ich die Richtung nach dem Marais, dem entlegensten Viertel von Paris, zu erfahren wünschte, so sagte er: „Das ist gerade auch mein Weg, und ich will Sie führen; folgen Sie mir nur." Er führte mich vortrefflich, half mir durch alle Schwierigkeiten und bewahrte mich geschickt vor Kutschen und anderen Fuhrwerken. Als wir beinahe am Ziele waren, wurde ich neugierig. „Guter Freund," wendete ich mich zu ihm, „wollt Ihr mir nicht sagen, wer Ihr seid?" – „Ich bin ein Blinder, mein Herr," antwortete er. „Wie!" rief ich aus, „Ihr seid blind? Warum habt Ihr da nicht den braven Mann, mit dem Ihr Karten spieltet, gebeten, uns zu führen?" – „Der ist gleichfalls blind," versetzte er. „Seit vierhundert Jahren befinden sich unser immer dreihundert Blinde in dem Hause, wo Sie mich getroffen haben. Aber ich muß Sie hier verlassen; dort ist die Straße, nach der Sie fragten. Ich will mich unter das Volk mischen; ich gehe in jene Kirche, und, mein Wort darauf! ich werde die Leute dort mehr in Verlegenheit setzen, als sie mich."

Paris, am 17. des Mondes Chalval, 1712.

Dreiunddreißigster Brief

Usbek an Rhedi in Venedig

Der Wein ist in Paris durch die darauf gelegten Steuern so verteuert, als hätte man es darauf abgesehen, hier die Vorschriften des göttlichen Alkoran, welcher den Genuß desselben verbietet, zur Ausführung zu bringen.

Wenn ich an die unheilvollen Wirkungen dieses Getränkes denke, kann ich nicht umhin, es als das verhängnisvollste Geschenk zu betrachten, welches die Natur den Menschen gegeben. Hat irgend etwas das Leben und den Ruhm unserer Monarchen untergraben, so war es ihre Unmäßigkeit; diese ist die giftigste Quelle ihrer Ungerechtigkeiten und ihrer Grausamkeiten.

Zur Schande der Menschheit muß ich es sagen: Das Gesetz verbietet unseren Fürsten den Genuß des Weines, und sie trinken ihn in einem Übermaße, das sie unter die Menschheit herabwürdigt. Den christlichen Fürsten dagegen ist dieser Genuß gestattet, und man kann nicht behaupten, daß sie dadurch zu Ausschreitungen verführt würden. Der menschliche Geist ist ein ewiger Widerspruch. In schrankenloser Völlerei verachtet man mit wildem Trotze die Gebote, und das Gesetz, welches uns besser machen soll, dient oft nur dazu, unsere Schuld zu vermehren.

Aber wenn ich den Genuß dieses Getränkes mißbillige, welches uns den Verstand raubt, so spreche ich damit nicht zugleich solchen das Urteil, die unser Herz erfreuen. Das ist ein Zeichen von der Weisheit des Morgenlandes, daß wir mit gleichem Eifer nach einer Arzenei für die Traurigkeit suchen, wie für die gefährlichsten Krankheiten. Wird ein Europäer von einem Unglück betroffen, so bleibt ihm keine andere Zuflucht, als die Lektüre eines Philosophen namens Seneca. Da sind wir Asiaten doch vernünftiger, und bessere Ärzte; wir nehmen einen Trank, der den Menschen fröhlich macht und die Erinnerung unserer Leiden verscheucht.

Das sind die leidigsten Trostgründe, die sich auf die Notwendigkeit des Übels, die Nutzlosigkeit der Heilmittel, die Unabwendlichkeit des Verhängnisses, den Willen der Vorsehung und das allgemeine menschliche Elend berufen. Es klingt wie Spott, einen Schmerz durch die Erwägung, daß man zum Leiden geboren sei, besänftigen zu wollen; besser, den Geist seinen düsteren Betrachtungen zu entreißen und den Menschen als ein sinnliches Wesen zu betrachten, anstatt ihn wie eine Verstandesmaschine anzusehen.

Solange die Seele mit dem Körper verbunden ist, wird sie stets von ihm tyrannisiert. Ist der Kreislauf des Blutes zu langsam, sind die Lebensgeister nicht rein genug, oder sind sie nicht in ausreichender Menge vorhanden, so verfallen wir in Ermattung und Traurigkeit. Aber wenn wir Arzneien zu uns nehmen, welche diesen Körperzustand zu ändern vermögen, so wird unsere Seele wieder fähig, Eindrücke zu empfangen, welche sie erheitern, und sie empfindet ein geheimes Vergnügen, ihre Maschine sozusagen Bewegung und Leben wiederaufnehmen zu sehen.

Paris, am 25. des Mondes Zilkadeh, 1713.

Vierunddreißigster Brief

Usbek an Ibben in Smyrna

Die persischen Frauen sind schöner als die Französinnen; aber die Französinnen sind niedlicher. Es ist schwer, die ersteren nicht zu lieben und an den letzteren nicht sein Vergnügen zu haben; die einen sind zärtlicher und züchtiger; die andren sind heitrer und kurzweiliger.

Es ist das geregelte Leben der Perserinnen, was sie so gesund und schön erhält; denn sie spielen nicht, noch durchschwärmen sie die Nächte; sie trinken keinen Wein und setzen sich fast niemals der Luft aus. Man muß gestehen, daß das Leben im Serail mehr der Gesundheit als dem Vergnügen dient; es hat etwas Einförmiges und entbehrt der prickelnden Reize; überall spürt man Gehorsam und Pflicht; selbst das Vergnügen ist ernst und die Freude gehalten; und man genießt sie fast nur als den Tribut unfreier Abhängigkeit.

Selbst die Männer haben in Persien keinen so heitern Charakter wie die Franzosen; es fehlt ihnen jene Unbefangenheit des Geistes, jener Ausdruck von Zufriedenheit, dem ich hier in allen Ständen und Lebenslagen begegne.

In der Türkei ist es noch weit schlimmer. Dort kann man Familien antreffen, in denen vom Vater auf den Sohn seit Begründung der Monarchie niemand gelacht hat.

Dieses ernsthafte Wesen der Asiaten erklärt sich aus der geringen Geselligkeit, die unter ihnen besteht; sie sehen sich nur, wenn ihr Ceremoniell sie dazu zwingt. Die Freundschaft, dieser beglückende Herzensbund, welcher hier das Leben versüßt, ist ihnen fast unbekannt; sie halten sich zurückgezogen in ihren Häusern, wo sie immer eine Gesellschaft finden, von der sie erwartet wurden. Auf diese Weise ist jede Familie sozusagen von allen anderen isoliert.

Ein Franzose, mit dem ich mich über diese Dinge unterhielt, sagte zu mir: „Am anstößigsten unter allen euren Sitten erscheint mir die Notwendigkeit, in der ihr euch befindet, mit Sklaven zu leben, denen die Empfindung ihrer Niedrigkeit unablässig Herz und Gedanken erfüllen muß. Diese erbärmlichen Menschen schwächen in euch den angeborenen Trieb zur Tugend, und sie beginnen dies Zerstörungswerk bereits in früher Kindheit, weil sie schon da euch stets zur Seite sind.

Denn, aufrichtig, wenn Sie die Sache einmal ohne Vorurteile ansehen: Was kann man von der Erziehung erwarten, die man von einem Elenden empfängt, welcher es als ein Ehrengeschäft betrachtet, die Weiber eines anderen zu bewachen, und sich gar noch brüstet mit dem verächtlichsten Amte, das ein Mensch bekleiden kann; der selbst wegen seiner Treue, die seine einzige Tugend ist, Verachtung verdient, weil Neid, Eifersucht und Verzweiflung ihn dazu veranlassen; der danach dürstet, sich an beiden Geschlechtern, deren Auswurf er ist, zu rächen, aber bereit ist, sich von dem stärkeren tyrannisieren zu lassen, vorausgesetzt, daß er wenigstens das schwächere quälen darf; der alles Ansehen seiner Stellung nur seiner Nichtigkeit, seiner Häßlichkeit und seiner Mißgestalt verdankt und nur deswegen Achtung genießt, weil er ihrer unwürdig ist; der endlich, für immer an das Thor geschmiedet, das er zu hüten hat, härter als die Angeln und Riegel, welche es verwahren, sich eines fünfzigjährigen Lebens auf diesem unwürdigen Posten rühmt, wo er, als das Werkzeug der Eifersucht seines Herrn, seine ganze Niederträchtigkeit bethätigt hat?“

Paris, am 14. des Mondes Zilhageh, 1713.

Fünfunddreißigster Brief

Usbek an seinen Vetter Gemschid, Derwisch des hochberühmten Klosters zu Tauris

Wie denkst Du über die Christen, erhabener Derwisch? Glaubst Du, daß es ihnen am Tage des Gerichts wie den ungläubigen Türken ergehen wird, die den Juden als Esel dienen und von diesen in vollem Trabe in die Hölle geritten werden sollen? Ich weiß wohl, daß sie nicht zu den Propheten eingehen werden, und daß der große Ali nicht für sie gekommen ist. Aber glaubst Du, daß sie deswegen, weil sie nicht so glücklich waren, Moscheen in ihrem Lande zu finden, zu ewigen Qualen verdammt sind, und daß Gott sie dafür strafen wird, daß sie einer Religion nicht dienten, die er ihnen nicht offenbart hat? Ich kann Dir sagen, daß ich diese Christen oftmals ins Verhör genommen; ich habe sie ausgeforscht, um zu sehen, ob sie denn gar keine Ahnung besäßen von dem großen Ali, dem schönsten aller Menschen; aber ich fand, daß ihnen niemals etwas von ihm zu Ohren gekommen ist.

Sie gleichen nicht jenen Ungläubigen, welche unsere heiligen Propheten über die Klinge springen ließen, weil sie sich weigerten, an die Wunder des Himmels zu glauben; sie sind vielmehr wie die Unglücklichen, welche in der Finsternis des Götzendienstes schmachteten, ehe die göttliche Klarheit das Angesicht unseres großen Propheten erleuchtete.

Wenn man übrigens ihre Religion näher betrachtet, so wird man darin etwas wie den Samen unserer Glaubenssätze erkennen. Oftmals habe ich die Geheimnisse der Vorsehung bewundert; denn es scheint, als habe diese sie dadurch auf die allgemeine Bekehrung vorbereiten wollen.

Ich hörte von einem Buche ihrer Gelehrten reden, welches den Titel führt: „Der Triumph der Polygamie;“ Theophili Alethei polygamia triumphatrix. darin wird nachgewiesen, daß die Vielweiberei ein christliches Gebot ist. Ihre Taufe ist ein Seitenstück zu unseren vorgeschriebenen Waschungen, und die Christen irren nur darin, daß sie dieser ersten Waschung eine übertriebene Wirkung zuschreiben, indem sie glauben, daß durch sie alle weiteren überflüssig werden. Ihre Priester und Mönche beten wie wir täglich siebenmal. Sie hoffen auf ein Paradies, wo sie durch die Auferstehung des Fleisches zum Genusse von tausendfachen Entzückungen gelangen werden. Gleich uns haben sie gesetzliche Fasttage und Kasteiungen, durch welche sie die göttliche Barmherzigkeit zu rühren hoffen. Sie erzeigen den guten Engeln religiöse Verehrung und scheuen sich vor den bösen Geistern. Mit gläubiger Ehrfurcht betrachten sie die Wunder, welche Gott durch die Vermittelung seiner Diener wirkt. Gleich uns erkennen sie die Unzulänglichkeit ihrer Verdienste und ihr Bedürfnis eines Mittlers vor Gott. Überall sehe ich Muhamedanismus, obwohl ich keinen Muhamed bei ihnen finde. Was man auch thun mag, die Wahrheit bricht sich Bahn und durchdringt die Finsternis weit umher. Der Tag naht, wo der Ewige nur noch wahre Gläubige auf der Erde erblicken wird. Die Zeit, welche alles vernichtet, wird auch die Irrtümer zerstören. Alle Menschen werden mit Staunen sich um die nämliche Fahne geschaart finden. Dann wird alles vergehen, selbst das

Gesetz, und die Bücher der göttlichen Gebote werden von der Erde in die himmlischen Archive emporgetragen werden.

Paris, am 20. des Mondes Zilhageh, 1713.

Sechsunddreißigster Brief

Usbek an Rhedi in Venedig

Der Kaffee ist in Paris ein sehr beliebtes Getränk; es giebt hier eine große Zahl von öffentlichen Häusern, wo er ausgeschenkt wird. In einigen dieser Lokale erzählt man sich Neuigkeiten, in anderen spielt man Schach. In einem derselben bereitet man den Kaffee auf solche Art, daß jeder, der ihn trinkt, dadurch geistreich wird; wenigstens verläßt nie jemand das Lokal, ohne zu glauben, daß er viermal soviel Geist habe, als bei seinem Eintritt.

Anstößig aber ist es mir bei diesen Schöngeistern, daß sie sich ihrem Vaterlande nicht nützlich machen, sondern ihre Talente mit kindischem Zeug unterhalten. Bei meiner Ankunft in Paris traf ich sie zum Beispiel in der Hitze eines Streites, wie man ihn sich kleinlicher nicht vorstellen kann. Es handelte sich nämlich um den Ruhm eines alten griechischen Dichters, dessen Geburtsstadt sowohl wie sein Todesjahr seit zweitausend Jahren unbekannt geblieben sind. Beide Parteien gestanden zu, daß er ein vortrefflicher Dichter sei; es handelte sich nur darum, ob man ihm ein bißchen mehr oder weniger Verdienst zuerkennen solle. Jeder wollte seinen Zoll entrichten: aber unter diesen Ruhmverleihern gaben die einen besseres Gewicht als die anderen – und darum drehte sich der Streit. Es ging dabei mit großer Lebhaftigkeit her; denn auf beiden Seiten sagte man sich frei heraus so beleidigende Grobheiten und erging sich in so bitterem Spott, daß ich nicht weniger die Art ihres Streites als den Gegenstand desselben bewunderte. Man würde übel anlaufen, sagte ich zu mir, wenn man die Unbesonnenheit hätte, vor einem dieser Verteidiger des griechischen Dichters den guten Ruf eines braven Bürgers anzutasten; und ich möchte glauben, daß dieser Eifer, welcher die Ehre der Toten mit so viel Zartgefühl behütet, sich hell entflammen würde, wenn die Ehre der Lebenden ihrer Verteidigung bedürfte. Aber wie dem auch sei, fügte ich hinzu, Gott bewahre mich, daß ich mir niemals die Feindschaft der Richter jenes Sängers zuziehe, den seine zweitausendjährige Grabesruhe nicht hat vor so unversöhnlichem Hasse beschützen können! Jetzt fechten sie nur mit der Luft; aber was sollte daraus werden, wenn ihre Wut durch die Gegenwart eines wirklichen Feindes erregt würde?

Die genannten Leute disputieren in gewöhnlicher Sprache, und man muß sie von einer anderen Gattung von Streitlustigen unterscheiden, welche sich einer barbarischen Sprache bedienen, wodurch die Wut und die Halsstarrigkeit der Kämpfenden scheinbar noch gesteigert wird. In einzelnen Stadtteilen sieht man diese Menschenart in schwarzen, dichtgedrängten Massen versammelt. Sie nähren sich von Haarspaltereien; sie leben von dunklen Klügeleien und von Trugschlüssen. Dies ist ein einträgliches Geschäft, obwohl man eigentlich dabei verhungern müßte. Man hat es erlebt, wie eine ganze Nation, die aus ihrem Lande vertrieben war, über die Meere segelte, um sich in Frankreich niederzulassen; sie brachte nichts mit sich, um den Kampf mit der Lebensnot zu bestehen, als das furchtbare Talent, zu disputieren. Lebewohl.

Paris, am Letzten des Mondes Zilhageh, 1713.

Siebenunddreißigster Brief

Usbek an Ibben in Smyrna

Der König von Frankreich ist ein alter Mann. Unsere Geschichte besitzt kein Beispiel eines Monarchen, der so lange regiert hätte. Er soll es besonders gut verstehen, sich Gehorsam zu verschaffen; sein Geist beherrscht in gleichem Maße Familie, Hof und Staat. Man hat ihn oftmals sagen hören, daß unter allen Regierungsformen von der Welt die der Türken oder die unseres erhabenen Sultans ihm am besten gefallen würde: so hoch ist seine Meinung von der orientalischen Staatskunst.

Ich habe seinen Charakter studiert und darin Widersprüche entdeckt, die ich nicht zu lösen vermag. So hat er z. B. einen Minister, welcher erst achtzehn, und eine Maitresse, Frau von Maintenon.die bereits achtzig Jahre alt ist. Er liebt seine Religion; aber die Leute, welche sagen, daß man sie streng beobachten müsse, sind ihm verhaßt. Obgleich er den Lärm der Städte flieht und sich nur wenig mitteilsam zeigt, ist er doch vom Morgen bis zum Abend nur damit beschäftigt, der Welt Stoff zum Gespräch zu liefern. Er liebt Trophäen und Siege; aber er fürchtet gerade so sehr, einen tüchtigen Feldherrn an der Spitze seiner Truppen zu sehen, als er Ursache haben würde, ihn zu fürchten, wenn derselbe ein feindliches Heer befehligte. Ich glaube, daß bis auf ihn niemand in der sonderbaren Lage gewesen ist, mit mehr denn fürstlichen Reichtümern überhäuft zu sein und sich dabei doch in einer drückenden Armut zu befinden, wie sie selbst ein Privatmann nicht aushalten könnte.

Es macht ihm Vergnügen, empfangene Dienste durch Gnadengeschenke zu belohnen; aber er vergilt ebenso freigebig die Thätigkeit, oder richtiger die Unthätigkeit seiner Höflinge wie die mühseligen Feldzüge seiner Heerführer, Nicht selten zieht er einen Menschen, der ihn auskleidet oder ihm die Serviette reicht, wenn er sich zur Tafel setzt, einem anderen vor, welcher ihm Städte erobert oder Schlachten gewinnt. Er glaubt nicht, daß die souveräne Größe mit ihren Gnadenerweisungen sparsam schalten dürfe; und ohne zu prüfen, ob der, welchen er mit Gunstbezeigungen überhäuft, ein verdienstvoller Mann sei, meint er, daß seine Wahl ihn dazu machen werde. So hat man auch erlebt, daß er einem Menschen, welcher zwei Meilen weit vor dem Feinde ausgerissen war, eine kleine Pension aussetzte, und einem andern, der vier Meilen weit davongelaufen, eine schöne Statthalterschaft verlieh.

Er ist prachtliebend, besonders hinsichtlich seiner Bauten; in den Gärten seines Palastes giebt es mehr Statuen, als Bürger in einer großen Stadt. Seine Leibwache ist so stark wie die des Fürsten, vor welchem alle Throne niederstürzen; seine Heere sind ebenso zahlreich, seine Hülfsmittel ebenso groß und seine Finanzen ebenso unerschöpflich.

Paris, am 7. des Mondes Maharram, 1713.

Achtunddreißigster Brief

Rica an Ibben in Smyrna

Es ist eine Frage von großer Bedeutung für die Männer, ob es vorteilhafter sei, die Frauen ihrer Freiheit zu berauben oder sie ihnen zu lassen. Beide Ansichten scheinen mir Manches für sich zu haben. Wenn die Europäer es für ungroßmütig halten, die Personen, welche man liebt, elend zu machen, so antworten ihnen unsere Asiaten, daß sich die Männer erniedrigen würden, wenn sie dem ihnen von der Natur verliehenen Übergewicht über die Weiber entsagen wollten. Sagt man ihnen, die große Zahl von eingesperrten Frauen sei eine Last; so erwidern sie, daß zehn gehorsame Frauen nicht so lästig seien wie eine einzige, die nicht gehorcht. Wenden wir Asiaten dagegen ein, daß die Europäer mit Frauen nicht glücklich sein können, die ihnen nicht treu sind, so entgegnet man uns, das die Treue, von der wir so viel Aufhebens machen, den Überdruß nicht verhindere, der immer auf die Befriedigung der Leidenschaften folgt; daß unsere Frauen uns zu ausschließlich gehören; daß uns bei einem so ruhigen Besitze weder etwas zu wünschen, noch zu fürchten übrigbleibe; daß ein wenig Koketterie wie das Salz wirke, welches reizt und der Fäulnis vorbeugt. Auch einem weiseren Manne, als ich es bin, würde es vielleicht schwer werden, diese Widersprüche zu lösen; denn wenn die Asiaten klug verfahren, indem sie ihre Unruhe durch geeignete Mittel zu beschwichtigen suchen, so verfahren die Europäer nicht weniger klug, indem sie solche Unruhe gar nicht aufkommen lassen.

Sollten wir auch wirklich als Ehemänner Unglück haben, sagen sie, so würden wir doch immer noch Mittel finden, uns als Liebhaber schadlos zu halten. Damit ein Mann sich mit Recht über die Untreue seiner Frau beklagen könnte, müßte es nur drei Personen in der Welt geben; giebt es vier, so findet jeder, daß für ihn gesorgt ist.

Eine andere Frage ist es, ob das Naturgesetz die Frauen von den Männern abhängig gemacht habe. „Nein," sagte neulich ein sehr galanter Philosoph zu mir, „niemals hat die Natur ein solches Gesetz gegeben; unsere Herrschaft über die Frauen ist eine wahre Tyrannei; nur darum haben sie uns dieselbe überlassen, weil sie mehr Sanftmut und folglich mehr Menschlichkeit und Vernunft besitzen, als wir; diese Vorzüge, welche ihnen ohne Zweifel den Vorrang verleihen müßten, wenn wir vernünftig wären, haben sie desselben beraubt, weil wir es nicht sind."

Ist es nun wahr, daß unsere Macht über die Frauen nur eine tyrannische, so ist es nicht weniger wahr, daß sie eine natürliche Herrschaft über uns ausüben, die Herrschaft der Schönheit, die unwiderstehlich ist. Die unsrige besteht nicht in allen Ländern; die Schönheit aber beherrscht die Welt. Warum also haben wir ein Vorrecht? Etwa weil wir die Stärkeren sind? Aber das wäre ja eine offenbare Ungerechtigkeit. Wir wenden allerlei Mittel an, um ihren Mut zu brechen; aber bei gleicher Erziehung würden auch die Kräfte gleich sein. Stellen wir sie einmal mit den Talenten auf die Probe, welche die Erziehung nicht geschwächt hat, und wir werden sehen, ob wir so stark sind.

Wiewohl es unseren Sitten widerstreitet, müssen wir doch einräumen, daß bei den gebildetsten Völkern die Frauen immer großen Einfluß auf ihre Männer ausgeübt haben; er war bei den Ägyptern zu Ehren der Isis, bei den Babyloniern zu Ehren der Semiramis gesetzlich bestimmt. Von den Römern pflegte man zu sagen, daß sie über alle Nationen die Herrschaft führten, aber ihren Frauen gehorchten. Die Sauromaten will ich hier nicht erwähnen, welche thatsächlich unter dem Joche des weiblichen Geschlechts lebten; sie waren zu tief im Zustande der Barbarei, um neben Kulturvölkern genannt zu werden.

Du siehst, mein lieber Ibben, daß ich von der Neigung dieses Landes angesteckt bin, wo man gern immer außergewöhnliche Behauptungen aufstellt und alles bis zum Paradoxen steigert. Der Prophet hat die Frage entschieden und die Rechte des einen wie des andern Geschlechtes bestimmt. „Die Frauen," sagt er, „sollen ihre Männer ehren, und die Männer sollen ihre Frauen ehren; aber sie haben den Vorzug, eine Stufe höher zu stehen, als die letzteren."

Paris, am 26. des zweiten Mondes Gemmadi, 1713.

Neununddreißigster Brief

Hagi Ibbi an den Juden Ben Josua, einen muhamedanischen Proselyten in Smyrna

Ich glaube, Ben Josua, daß die Geburt außerordentlicher Menschen sich immer durch auffallende Zeichen vorbereitet, als ob die Natur eine Art von Krisis erlitte, und die himmlische Macht nur mit gewaltsamer Anstrengung zu schaffen vermöchte.

Nichts ist so wunderbar wie die Geburt Muhameds. Gott, der nach dem Rate seiner Vorsehung von Anbeginn, beschlossen hatte, den Menschen diesen großen Propheten zu senden, um den Satan zu fesseln, schuf zweitausend Jahre vor Adams Geburt ein Licht, welches sich von einem Erwählten auf den anderen, von einem Ahnen Muhameds auf den folgenden vererbte bis es zuletzt ihn selbst erfüllte, als ein beglaubigtes Zeugnis seiner Abstammung von den Patriarchen.

Um dieses Propheten willen wollte Gott auch nicht, daß ein Kind empfangen würde, ohne daß die Natur des Weibes aufhörte, unrein zu sein, und die Beschneidung an dem männlichen Gliede vollzogen würde.

Er kam beschnitten auf die Welt, und von seiner Geburt an wohnte die Freude auf seinem Angesicht. Dreimal erbebte die Erde, als ob sie selbst in Wehen kreiste; alle Götzenbilder stürzten zu Boden; die Throne der Könige fielen in Trümmer; Lucifer wurde in die Tiefen des Meeres geschleudert, und erst nachdem er vierzig Tage mit den Wellen gerungen, entkam er aus dem Abgrund und flüchtete sich auf den Berg Kabes, von wo er mit schrecklicher Stimme nach den Engeln rief.

In jener Nacht schuf Gott eine Schranke zwischen Mann und Weib, die keins von ihnen überschreiten konnte. Die Kunst der Magier und der Geisterbanner hatte ihre Kraft verloren. Man vernahm eine Stimme vom Himmel, welche die Worte rief: „Ich habe meinen treuen Freund auf die Welt gesandt."

Nach dem Zeugnisse des arabischen Geschichtschreibers Isben Aben versammelten sich die Scharen der Vögel, der Wolken, der Winde und alle die Legionen der Engel, um die Erziehung des Kindes zu übernehmen, und stritten sich, um das Vorrecht. Die Vögel behaupteten in ihrer zwitschernden Sprache, sie könnten ihn auf die bequemste Art erziehen; denn ihnen sei es am leichtesten, vielerlei Früchte aus den verschiedensten Gegenden herbeizubringen. Die säuselnden Winde erwiderten: „Uns kommt es vielmehr zu, weil wir ihm von allen Orten die lieblichsten Düfte zuwehen vermögen." – „Nein, nein," sagten die Wolken; „nein, unsrer Sorge muß er anvertraut werden; denn wir können ihn zu allen Zeiten mit frischem Wasser erquicken." Darüber wurden die Engel unwillig, und sie riefen: „Was wird denn dann für uns zu thun übrig bleiben?" Aber vom Himmel ertönte eine Stimme, die dem Streit ein Ende machte: „Er soll nicht aus den Händen der Sterblichen genommen werden; denn selig sind die Brüste, welche ihn säugen, und die Hände, welche ihn berühren werden; und selig auch das Haus, das er bewohnen, und das Bett, auf dem er ruhen wird.“

Wenn man nach so vielen merkwürdigen Zeugnissen an sein heiliges Gesetz nicht glauben wollte, so müßte man ein Herz von Eisen haben, mein lieber Josua. Was mehr vermochte der Himmel zu thun, um seine göttliche Sendung zu bestätigen; es sei denn, daß er die Schöpfung vernichtet und die Menschen, die er gerade überzeugen wollte, dem Untergang geweiht hätte?

Paris, am 20. des Mondes Rhegeb, 1713.

Vierzigster Brief

Usbek an Ibben in Smyrna

Wenn ein Großer gestorben ist, so kommt man in einer Moschee zusammen, wo ihm eine Leichenpredigt, in Wahrheit eine Lobrede auf ihn, gehalten wird. Es würde eine schwierige Aufgabe sein, auf Grund der letzteren zu einer richtigen Schätzung der Verdienste des Verstorbenen zu gelangen.

Käme es auf mich an, so sollte das Leichengepränge abgeschafft werden. Man muß die Menschen bei ihrer Geburt beweinen, nicht bei ihrem Tode. Was bewirken alle die Ceremonien und Trauerzurüstungen, mit deren Anblick man die letzten Augenblicke eines Sterbenden verdüstert, ja selbst die Thränen seiner Familie und der Schmerz seiner Freunde, als ihm eine übertriebene Empfindung des Verlustes, der ihm bevorsteht, beizubringen?

Wie sind so verblendet, daß wie nicht wissen, wann es Zeit zur Betrübnis oder zur Freude ist; fast immer ergeben wir uns der Traurigkeit oder dem Frohsinn, wenn wir das Gegenteil empfinden sollten.

Wenn ich den Mogul sehe, der sich alle Jahre in seiner Albernheit auf eine Wage setzt und sich wie einen Mastochsen wiegen läßt, und wenn ich dann sehe, wie das Volk darüber vergnügt ist, daß dieser Fürst so viel schwerfälliger, d. h. so viel unfähiger geworden, seine Herrscherpflichten zu erfüllen, dann, lieber Ibben, empfinde ich Mitleid mit der menschlichen Narrheit.

Paris, am 20. des Mondes Rhegeb, 1713

Einundvierzigster Brief

Der Oberste der schwarzen Verschnittenen an Usbek

Ismael, einer Deiner schwarzen Eunuchen, ist soeben gestorben, erlauchter Herr, und ich bin genötigt, ihm einen Nachfolger zu geben. Da die Verschnittenen gegenwärtig überaus selten sind, so hatte ich daran gedacht, einen schwarzen Sklaven, den Du auf dem Lande hast, dazu zu erwählen. Aber bis jetzt habe ich ihn nicht zu bewegen vermocht, sich der Operation zu unterziehen, die ihn diesem Amte weihen sollte. Da ich weiß, daß es schließlich doch zu seinem Besten dienen würde, so wollte ich neulich mit ein wenig Strenge gegen ihn verfahren; und im Einverständnis mit dem Aufseher Deiner Gärten befahl ich, ihn mit Gewalt in den Stand zu setzen, Dir die Dienste zu erweisen, welche Deinem Herzen am liebsten sind, und gleich mir die gefürchtete Stätte zu bewohnen, auf die er jetzt nicht einmal einen Blick zu werfen wagt. Aber er stieß ein Gebrüll aus, als sollte er geschunden werden, und es gelang ihm, aus unsren Händen zu entkommen und dem verhängnisvollen Messer zu entgehen. Soeben wird mir mitgeteilt, daß er Dir schreiben und Dich um Gnade bitten will. Er soll behaupten, nur unersättliche Rachsucht wegen gewisser beißender Spottreden, die er über mich geführt zu haben eingesteht, habe mich zu jenem Plane veranlaßt. Aber ich schwöre Dir bei den hunderttausend Propheten, daß meine Handlungsweise nur von dem Gedanken geleitet war, wie Dir am besten zu dienen sei; denn dies allein liegt mir am Herzen, und alles Übrige hat keinen Wert für mich. Ich werfe mich Dir zu Füßen.

Fatmehs Serail, am 7. der Mondes Maharram, 1713.

Zweiundvierzigster Brief

Pharan an Usbek, seinen Durchlauchtigsten Gebieter

Wenn Du hier wärest, großmächtiger Herr, so würde ich ganz bedeckt mit weißem Papier vor Dein Angesicht treten; und doch würde es noch nicht hinreichen, um allen Schimpf darauf zu schreiben, den Dein schwarzer

Obereunuch, dieser boshafteste der Menschen, seit Deiner Abreise mir angethan hat.

Wegen einiger angeblicher Spottreden, die ich nach seiner Behauptung über seine unglückliche Lage geführt haben soll, ist mein Haupt den Angriffen seiner unerschöpflichen Rache ausgesetzt. Er hat den grausamen Aufseher Deiner Gärten gegen mich aufgereizt; seit Du fort bist, überbürdet mich dieser mit übermenschlichen Arbeiten, unter deren Druck ich tausendmal gemeint habe, sie würden mir das Leben kosten, ohne daß ich darum auch nur für einen Augenblick in meinem Diensteifer für Dich nachgelassen hätte. Wie oft habe ich zu mir gesagt: „Mein Herr ist von Güte erfüllt, und doch bin ich der unglücklichste Sklave auf der Erde!"

Ich gestehe Dir, großmächtiger Herr, ich hätte niemals geglaubt, daß ich noch zu größerem Elend bestimmt sei; aber dieser verruchte Eunuch wollte seiner Bosheit die Krone aufsetzen. Vor einigen Tagen bestimmte mich seine willkürliche Entscheidung zum Hüter Deiner erhabenen Gemahlinnen, d. h. zu einer Verstümmelung, die für mich tausendmal grausamer sein würde als der Tod. Wer schon bei seiner Geburt das Unglück gehabt, von seinen grausamen Eltern einer derartigen Operation unterzogen zu werden, tröstet sich vielleicht darüber, da er niemals einen andern Zustand kennen gelernt hat. Aber wenn man mich meiner Menschenwürde durch Entmannung gewaltsam beraubte, so würde der Schmerz mich töten, wenn ich nicht dieser barbarischen Mißhandlung erläge.

In tiefster Demut, erhabener Gebieter, küsse ich Dir die Füße. O, laß mich die Kraft Deiner allverehrten Tugend empfinden, damit es Dir nicht nachgesagt werde, daß durch Deinen Willen ein Unglücklicher mehr auf Erden weilt.

Fatmehs Gärten, am 7. des Mondes Maharram, 1713.

Dreiundvierzigster Brief

Usbek an Pharan, in den Gärten Fatmehs

Öffne Dein Herz der Freude und erkenne diese geweihten Schriftzüge; bringe sie dem Ober-Eunuchen und dem Aufseher meiner Gärten zum Kusse. Ich verbiete ihnen, bis zu meiner Rückkehr eine Hand an Dich zu legen; sage ihnen, daß sie den fehlenden Eunuchen kaufen sollen. Erfülle Deine Pflicht, als ob Du mich stets vor Augen hättest; denn wisse, je größer meine Güte ist, desto härtere Strafe wird Dich treffen, wenn Du sie mißbrauchst.

Paris, am 25. des Mondes Rhegeb, 1713.

Vierundvierzigster Brief

Usbek an Rhedi in Venedig

In Frankreich giebt es drei Stände: den geistlichen, den Soldaten- und den Richter-Stand. Jeder von ihnen betrachtet die beiden anderen mit souveräner Verachtung; so wird z. B. ein Mensch, der durch seine Dummheit verächtlich ist, oft nur deswegen verachtet, weil er ein Rechtsgelehrter.

Bis auf den niedrigsten Handwerker hinab streiten sich die Leute über den Vorrang ihres Gewerbes; und je höher jemandes Meinung von der Würde seines eigenen Berufes, desto größer ist seine Überhebung über andere Geschäftstreibende.

Alle Menschen gleichen mehr oder minder jener Frau aus der Provinz Erivan, die zum Danke für eine Gnade, welche sie von einem unserer Monarchen empfangen hatte, ihre Segenssprüche mit dem tausendfältigen Wunsche krönte, der Himmel möge ihn zum Statthalter von Erivan machen.

In einer Reisebeschreibung habe ich von einem Schiffe gelesen, das an der Küste von Guinea vor Anker ging und ein paar Leute von der Mannschaft ans Land schickte, um Hammel einzukaufen. Man führte sie vor den König, der gerade unter einem Baume im Kreise seiner Unterthanen eine Gerichtssitzung abhielt. Er saß so stolz auf seinem Throne, d. h. auf einem Holzblock, als säße er auf dem Throne des Großmoguls. Es umgab ihn eine Leibwache von drei oder vier Mann mit hölzernen Spießen. Ein Schirm, der wie ein Traghimmel aussah, beschützte ihn vor der Sonnenhitze. Ihre schwarze Haut und einige Ringe waren sein und seiner königlichen Gemahlin ganzer Schmuck. Aber die Eitelkeit dieses Fürsten war noch größer;als seine Armseligkeit; darum erkundigte er sich bei den fremden Besuchern, ob man nicht in Frankreich viel von ihm redete. Er bildete sich ein, sein Name sei bekannt von einem Pol bis zum andern; und, im Gegensatze zu jenem Eroberer, von dem man erzählt, er habe die ganze Erde zum Schweigen gebracht, glaubte er seinerseits, er könne das Weltall zum Reden bringen.

Wenn der Tartaren-Khan gespeist hat, so verkündet ein Herold, daß nun alle Fürsten der Erde ihre Mahlzeit beginnen dürfen, wenn es ihnen gutdünke. Und dieser Barbar, dessen ganze Nahrung in Milch besteht, der kein Haus hat und nur vom Raube lebt, betrachtet alle Könige der Welt als seines Sklaven und verhöhnt sie regelmäßig zweimal des Tage

Paris, am 28. des Monats Rhegeb, 1713.

Fünfundvierzigster Brief

Rica an Usbek in ***

Gestern früh, als ich noch im Bette lag, vernahm ich ungestümes Klopfen an meiner Thür, und plötzlich wurde dieselbe von einem Manne, mit dem ich flüchtig bekannt; geworden war, und der mir ganz außer sich zu sein schien, geöffnet oder vielmehr erbrochen.

Sein Anzug war mehr als dürftig; seine Perücke hing ihm ganz schief und war nicht einmal gekämmt; er hatte keine Zeit gehabt, sein schwarzes Wamms ausbessern zu lassen, und für diesen Tag hatte er auf die weisen Vorsichtsmaßregeln verzichtet, durch welche er sonst den abgerissenen Zustand seiner Kleider zu verbergen pflegte.

„Stehen Sie auf!“ rief er mir zu. „Ich brauche Sie heut den ganzen Tag. Ich habe tausend Einkäufe zu machen, und es würde mir sehr lieb sein, wenn Sie mir dabei helfen wollten. Zuerst müssen wir zu einem Notar in der Straße Saint-Honoré; er ist mit dem Verkauf eines Landgutes für fünfhunderttausend Livres beauftragt, und ich will mir das Vorkaufsrecht bei ihm bedingen. Auf dem Wege hierher habe ich mich schon einen Augenblick im Faubourg Saint-Germain aufgehalten und daselbst ein Haus für zweitausend Thaler gemietet; noch heute hoffe ich den Kontrakt abzuschließen".

Ich war noch kaum mit dem Ankleiden fertig, so mußte ich schon in größter Hast mit dem Biedermanne die Treppe hinabsteigen. „Beginnen wir mit dem Ankauf einer Kutsche," sagte er, „damit sogleich für die Equipage gesorgt sei." Und wirklich kauften wir in weniger als einer Stunde nicht allein einen Wagen, sondern auch noch für hunderttausend Francs andere Gegenstände. Alles dies ging so glatt ab, weil der gute Mann weder handelte, noch zahlte, auch nahm er seine Einkäufe nicht mit sich. Dies alles gab mir zu denken, und bei näherer Betrachtung wußte ich wirklich nicht, wie ich mir seine seltsame Mischung von Reichtum und Armut erklären sollte. Endlich aber brach ich das Schweigen nahm ihn bei Seite und fragte: „Wer wird denn alles dies bezahlen, mein Herr?" – „Nun, ich!" erwiderte er. „Kommen Sie mit mir auf mein Zimmer; da will ich Ihnen unermeßliche Schätze zeigen, und Reichtümer, um die mich die größten Monarchen beneiden werden. Sie indessen, Sie sollen zum Neide keinen Grund haben; denn Sie werden alles mit mir teilen." Ich begleite ihn also. Wir klettern zu seinem fünften Stockwerk hinaus, und von dort erklimmen wir auf einer Leiter ein sechstes. Es ist ein Gemach, wo alle vier Winde freies Spiel haben, und alles, was sich darin befindet, sind zwei oder drei Dutzend irdene Gefäße, mit verschiedenen Flüssigkeiten gefüllt. „Ich bin heut Morgen in aller Frühe aufgestanden," sagte er, „und was ich seit fünfundzwanzig Jahren gethan habe, das war auch diesmal mein erstes Geschäft: ich sah nach meinem Werke. Da habe ich erkannt, daß endlich der große Tag gekommen, der mich zum reichsten Manne der Erde machen sollte. Sehen Sie diesen hochroten Saft? Er hat jetzt alle Eigenschaften, welche die Philosophen zur Umwandlung der Metalle für unerläßlich erklären. Diese Stücke hier habe ich herausgenommen; der Farbe nach sind sie jetzt echtes Gold, wenn auch das Gewicht noch nicht ganz stimmt. Dies von Nicholas Flamel entdeckte Geheimnis, nach welchem Raimundus Lullus und Millionen andere vergeblich geforscht haben, hat sich auf mich vererbt, und heut bin ich ein glücklicher Adept. Der Himmel helfe mir, daß ich diese großen Schätze, die er mir bescheert hat, nur zu seinem Ruhme verwende!"

Ich eilte hinaus, stieg oder stürzte vielmehr höchst aufgebracht die Treppe hinunter und ließ den reichen Mann in seinem Narrenhause. Lebewohl, mein lieber Usbek. Morgen komme ich zu Dir, und wenn es Dir recht ist, kehren wir miteinander nach Paris zurück.

Paris, am Letzten des Mondes Rhegeb, 1713.

Sechsundvierzigster Brief

Usbek an Rhedi in Venedig

Ich sehe hier Leute, welche sich unaufhörlich über die Religion herumstreiten; zugleich aber scheinen sie zu wetteifern, wer unter ihnen die Gebote derselben am besten übertreten könne.

Sie sind nicht nur keine besseren Christen, sondern nicht einmal bessere Bürger, und das ist mir höchst anstößig; denn zu welchem Bekenntnis man auch gehören möge, Gehorsam gegen die Gesetze, Liebe zu den Menschen und Ehrfurcht vor den Eltern sind immer die ersten Wirkungen einer religiösen Stimmung.

Sollte es nicht in der That das nächste Ziel eines religiös gesinnten Menschen sein, der Gottheit wohlzugefallen, von der er seine Religion empfangen hat? Um aber dies zu erreichen, ist Achtung vor den Gesetzen der Gesellschaft und den Pflichten der Menschheit zweifellos das sicherste Mittel. Denn hält man eine Religion für wahr, gleichviel welche, so muß man notwendig auch annehmen, daß Gott die Menschen liebe, da er eine Religion zu ihrer Beglückung eingesetzt hat. Liebt er aber die Menschen, so wird man gewiß sein Wohlgefallen erregen, wenn man sie *auch* liebt, mit andren Worten, wenn man alle Pflichten der Liebe und der Menschlichkeit gegen sie übt und die Gesetze, unter denen sie leben, nicht übertritt.

Auf diese Art darf man viel sicherer Gottes Wohlgefallen zu finden hoffen, als wenn man diese oder jene Ceremonie beobachtet; denn die Ceremonien haben an sich nicht das geringste Verdienst; gut werden sie nur durch den Sinn, den man ihnen giebt, durch den Glauben, daß sie von Gott geboten sind. Aber dies ist eine vielbestrittene Frage, wobei man leicht in Irrtümer verfallen kann, denn unter den Ceremonien von zweitausend Religionen hat man die einer einzigen auszuwählen.

Es war einmal ein Mann, der betete täglich folgendermaßen zu Gott: „Herr, ich verstehe nichts von allen den Streitfragen, zu deren Gegenstande man Dich unaufhörlich macht. Ich möchte Dir gern nach Deinem Willen dienen; aber jeder, den ich um Rat frage, fordert, daß ich Dir nach *seinem* Willen diene. Wenn ich zu Dir beten will, so weiß ich nicht, in welcher Sprache ich Dich anreden soll. Ebensowenig weiß ich, welche Stellung ich dabei einzunehmen habe; einer sagt mir, ich müsse stehend zu Dir beten, der andere will, daß ich sitze; der dritte verlangt, daß ich niederkniee. Und noch nicht genug damit, schreiben gewisse Leute mir vor, mich jeden Morgen mit kaltem Wasser abzuwaschen, und andere behaupten, Du werdest mich mit Abscheu betrachten, wenn ich mir nicht ein kleines Stück Fleisch abschneiden lasse. Es traf sich neulich, daß ich in einer Karawanserei ein Kaninchen verzehrte; da setzten drei Männer, die in der Nähe waren, mich in Furcht und Zittern. Alle drei behaupteten, daß ich schwer gegen Dich gesündigt hätte; der erste, Ein Jude.weil das Tier unrein sei, der zweite, Ein Türke.weil es erstickt worden, der dritte Ein Armenier.endlich, weil es kein Fisch. Zufällig kam ein Brahmane vorüber, und ich wollte ihn über die Sache entscheiden lassen. „Sie haben alle Unrecht," erwiderte er; „denn wahrscheinlich hast du das Tier doch nicht selbst getötet!" – „Doch, doch!" antwortete ich. – „Wehe, dann hast du eine Gräuelthat begangen, die Gott dir niemals verzeihen wird," versetzte er mit drohender Stimme. „Wie kannst du wissen, ob nicht die Seele deines Vaters in diesem Tiere wohnte?" – Alle diese Dinge, o Herr, haben mein Herz mit quälender Sorge erfüllt; ich kann den Kopf nicht mehr bewegen, ohne vielleicht Deinen Zorn aufzurufen. Und ich möchte doch so gern Dein Wohlgefallen verdienen und das Leben, welches Dein Geschenk ist, diesem Ziele widmen. Ich weiß nicht, ob ich mich irre; aber ich glaube, daß ich es am besten erreiche, wenn ich als guter Bürger in der Gesellschaft lebe, in der ich nach Deiner Fügung geboren wurde, und als guter Vater in der Familie, die Du mir beschieden hast."

Paris, am 8. des Mondes Chahban, 1713.

Siebenundvierzigster Brief

Zachi an Usbek in Paris

Ich habe Dir eine große Neuigkeit mitzuteilen: ich bin mit Zephis wieder ausgesöhnt, und das Serail, das sich für uns in zwei Parteien zerspalten hatte, ist wieder einig. Nur Du fehlst noch an dieser Stätte, wo der Friede herrscht: komm, mein lieber Usbek, komm, auf daß hier die Liebe triumphiere.

Ich veranstaltete zu Zephis' Ehre ein großes Fest, zu welchem Deine Mutter, Deine Frauen und Deine vornehmsten Konkubinen geladen wurden; auch Deine Tanten und mehrere Deiner Basen nahmen daran teil; sie waren zu Pferde gekommen, verhüllt von dem dunklen Gewölk ihrer Schleier und Gewänder.

Am nächsten Morgen begaben wir uns aufs Land, da wir dort größere Freiheit zu finden hofften; wir bestiegen unsere Kameele und setzten uns je zu Vieren in eine Loge. Da der Ausflug sehr eilig veranstaltet worden, so gebrach es uns an Zeit, der Wache Befehl zu senden, daß sie bei der Runde das Kuruk ansagen möge; aber der Obereunuch, immer von Amtseifer erfüllt, nahm eine andere Vorsichtsmaßregel, indem er die Zeltwand, welche uns vor den Blicken der Leute verbarg, durch einen so dichten Vorhang verwahrte, daß wir durchaus niemand zu sehen vermochten.

Als wir bei dem Flusse angelangt waren, den man passieren muß, ließ sich jede von uns, wie üblich, in einer verdeckten Sänfte auf das Schiff tragen; denn es hieß, daß viele Leute auf dem Wasser seien. Ein Neugieriger, welcher zu nahe an den Ort, wo wir eingeschlossen waren, herankam, empfing einen tödlichen Stoß, der ihm für immer das Licht des Tages raubte, und einen andern, den man fand, wie er sich ganz nackend im Flusse badete, ereilte das nämliche Schicksal. Deine treuen Eunuchen opferten diese beiden unglücklichen Deiner und unserer Ehre.

Aber vernimm nun das Ende unserer Abenteuer. Als wir etwa die Mitte des Stromes erreicht hatten, erhob sich ein so ungestümer Wind, und so drohendes Gewölk überzog den Himmel, daß unsere Schiffsmannschaft zu verzweifeln begann. Die schreckliche Gefahr bewirkte, daß wir fast alle in Ohnmacht fielen. Ich erinnere mich noch, wie ich die streitenden Stimmen unserer Eunuchen vernahm, von denen einige verlangten, man solle uns von der Gefahr benachrichtigen und uns aus unserer Gefangenschaft befreien. Aber ihr Oberster blieb dabei, er wolle lieber sterben, als zulassen, daß seinem Gebieter eine solche

Schmach widerfahre, und er werde jedem die Brust mit dem Dolche durchbohren, der sich erfrechen sollte, noch einmal solche Gedanken laut werden zu lassen. Eine meiner Sklavinnen war ganz außer sich geraten; unbekleidet, wie sie war, eilte sie mir zu Hilfe; aber ein schwarzer Eunuch zwang sie mit rauher Gewalt, an den Ort zurückzukehren, wo sie hergekommen war. Dann vergingen mir die Sinne, und ich kam erst wieder zu mir, als die Gefahr überstanden war.

Welchen Drangsalen sind doch die Frauen auf Reisen ausgesetzt! Für die Männer giebt es nur die Gefahren, welche ihr Leben bedrohen; wir aber müssen immerfort fürchten, nicht nur das Leben, sondern auch die Tugend zu verlieren. Lebewohl, mein lieber Usbek, mein ewig angebeteter Gemahl!

Fatmehs Serail, am 2. des Mondes Rhamazan, 1713.

Achtundvierzigster Brief

Usbek an Rhedi in Venedig

Wer sein Wissen zu bereichern wünscht, ist niemals müßig. Obwohl ich hier nichts von Wichtigkeit zu thun habe, bin ich doch fortwährend beschäftigt. Meine Tage sind der Beobachtung gewidmet, und Abends schreibe ich auf, was ich den Tag über bemerkt, gesehen und gehört habe. Alles interessiert, alles überrascht mich; ich bin wie ein Kind, dessen zarte Sinnesorgane von den geringfügigsten Eindrücken lebhaft erregt werden.

Kaum wirst Du es glauben, wenn ich dir erzähle, daß wir in allen Gesellschaften und Vereinen die angenehmste Aufnahme gefunden haben. Ich vermute, daß wir dies zum großen Teil der geistigen Lebhaftigkeit und natürlichen Heiterkeit Rica's zu verdanken haben; denn sein Charakter bewirkt, daß er gern mit jedermann, und daß jedermann gern mit ihm verkehrt. Unsre ausländischen Sitten sind niemandem mehr anstößig; oft finden wir sogar zu unserer Belustigung, daß die Leute überrascht sind, eine gewisse Höflichkeit bei uns zu entdecken; denn die Franzosen können sich gar nicht vorstellen, daß auch unser Klima Menschen hervorbringt. Indessen muß man gestehen, daß es der Mühe wert ist, ihre Ansicht zu berichtigen.

Ich habe einige Tage in einem Landhause in der Umgebung von Paris bei einem angesehenen Manne verlebt, dem es große Freude macht, Gäste bei sich zu sehen. Er hat eine sehr liebenswürdige Frau, deren weibliche Züchtigkeit sich mit einem heitren Wesen vereint, welches unsre persischen Damen bei ihrer eingezogenen Lebensweise niemals bewahren.

Als ein Fremder hatte ich nichts Besseres zu thun, als nach meiner Gewohnheit an dem Menschenschwarm, der dort unaufhörlich aus- und einging und mir immer neue Charaktere zeigte, meine Studien zu machen. Bald wurde ich auf einen Mann aufmerksam, dessen einfache Art mich anzog; und da auch er an mir Gefallen fand, so waren wir in kurzem unzertrennliche Gesellschafter.

Als wir uns eines Tages abseits von dem großen Kreise der Gäste unterhielten, ohne an dem allgemeinen Gespräche teilzunehmen, sagte ich zu ihm: „Vielleicht werden Sie finden, daß meine Neugier größer ist als meine Höflichkeit; aber ich bitte Sie, mir einige Fragen zu gestatten; denn es ist mir peinlich, überall im Dunklen zu tappen und mit Leuten zu leben, aus denen ich nicht klug werden kann. Schon seit zwei Tagen zerbreche ich mir den Kopf über alle diese Menschen; es ist kein einziger unter ihnen, der mich nicht schon öfter als zweihundertmal auf die Folter gespannt hätte; und doch würde ich sie in tausend Jahren nicht enträtseln; sie sind geheimnisvoller für mich als die Frauen unseres großen Monarchen."

„Sagen Sie mir nur, was Sie zu wissen wünschen," antwortete er; „ich werde Sie über alles aufklären, und um so mehr, da ich überzeugt bin, daß Sie verschwiegen sind und mein Vertrauen nicht mißbrauchen werden."

„Wer ist der Mann dort," fragte ich ihn, „der uns so viel von den Gastmählern erzählte, die er den Großen gegeben hat, der auf so vertrautem Fuße mit Ihren Herzogen lebt und sich so häufig mit Ihren Ministern unterhält, die, wie ich höre, so schwer zugänglich sein sollen? Er muß wohl von vornehmem Stande sein; aber sein Gesichtsausdruck ist so gemein, daß er den Vornehmen keine besondere Ehre macht; und übrigens scheint er mir auch keine Bildung zu haben. Ich bin ein Ausländer; aber ich meine doch, daß es einen gewissen gesellschaftlichen Anstand giebt, der allen Nationen gemeinsam ist; und eben diesen vermisse ich an ihm. Sollten wohl Ihre Vornehmen weniger gebildet sein als andere Leute?"

„Der Mann," versetzte er lachend, „ist ein Generalpächter. Durch seine Reichtümer steht er so hoch über allen andren Leuten, als er durch seine

Herkunft unter ihnen steht. Sein Tisch würde der beste in Paris sein, wenn er sich entschließen könnte, niemals mitzuessen. Er ist ziemlich unverschämt, wie Sie sehen; aber er zeichnet sich durch die Kunst seines Koches aus. Auch ist er gegen diesen nicht undankbar; Sie haben ja gehört, wie er ihn heut den ganzen Tag gelobt hat."

„Und jener Dicke im schwarzen Rock," fuhr ich fort, „den die Dame dort genötigt hat, sich zu ihr zu setzen? Wie stimmt dies Trauerkleid zu seiner fröhlichen Miene und zu seiner blühenden Gesichtsfarbe? Er lächelt huldvoll, so oft man zu ihm spricht, und sein Anzug ist bescheidener, aber zierlicher geordnet, als der Putz Ihrer Frauen."

„Das," war die Antwort, „ist ein Prediger und, was noch schlimmer ist, ein Beichtvater. So wie Sie ihn da sehen, weiß er mehr als die Ehemänner. Er kennt die Schwächen der Weiber; aber sie wissen auch, daß er die seinigen hat."

„Dann spricht er wohl immer von jenem Dinge, welches er die Gnade nennt?" fragte ich.

„Nicht immer," antwortete mein Führer. „Einer hübschen Frau flüstert er noch lieber etwas von ihrem Falle ins Ohr. Öffentlich donnert er; aber im geheimen ist er sanft wie ein Lamm."

„Augenscheinlich," versetzte ich darauf, „zeichnet man ihn sehr aus und behandelt ihn mit vieler Rücksicht."

„Rücksicht? Das wollt' ich meinen! Er ist ja ein unentbehrlicher Mann; er versüßt das zurückgezogene Leben! Hilft er nicht mit guten kleinen Ratschlägen, mit dienstfertiger Fürsorge, mit eigenartigen Besuchen? Der vertreibt den Kopfschmerz besser als der beste Arzt aus der Welt; o, das ist ein ausgezeichneter Mann."

„Aber wenn es Ihnen nicht lästig ist, so sagen Sie mir doch, wer ist das dort gegenüber? Er ist dürftig gekleidet, schneidet zuweilen Gesichter und redet eine ganz besondere Sprache. Es fehlt ihm an Geist, um zu sprechen; aber er spricht doch fortgesetzt, um geistreich zu sein."

„Das ist ein Dichter und eine Karrikatur des menschlichen Geschlechts," berichtete mein gefälliger Erklärer. „Solche Leute sagen, sie seien zu dem, was sie sind, geboren, und das ist wahr; aber nicht nur zu dem, was sie sind, sondern was sie ihr ganzes Leben lang bleiben werden, nämlich fast immer die lächerlichsten aller Menschen. Natürlich schont man sie auch nicht; man überschüttet sie aus vollen Händen mit Verachtung. Diesen hier hat der Hunger in dies Haus getrieben, und der Hausherr wie seine Frau haben ihn freundlich aufgenommen; denn ihre Güte und Höflichkeit wüßte sich gegen niemand zu verleugnen. Als sie sich verheirateten, machte er das Hochzeitsgedicht, und das ist das Beste, was er in seinem Leben gethan hat; denn die Ehe ist wirklich so glücklich geworden, wie er es prophezeit hatte."

„Vielleicht werden Sie es mir nicht glauben wollen" fügte er hinzu, „erfüllt wie Sie sind von den Vorurteilen des Morgenlandes: es giebt wirklich glückliche Ehen bei uns, und Frauen, die in ihrer Tugend einen strengen Hüter finden. Die Leute, von denen wir reden, leben mit einander in einem Frieden, den nichts zu stören vermag, und sie genießen Liebe und Achtung bei aller Welt. Nur eins könnte man an ihnen aussetzen, nämlich die bunte Mischung von allerlei Volk, die sie in ihrer Güte bei sich empfangen; denn so findet man zuweilen schlechte Gesellschaft bei ihnen. Übrigens mache ich ihnen keinen Vorwurf daraus; man muß mit den Menschen leben, wie sie sind. Die Leute, welche man die gute Gesellschaft nennt, zeichnen sich oft nur durch die größere Verfeinerung ihrer Laster aus, und vielleicht verhält es sich mit diesen wie mit den Giften, von denen die feinsten auch die gefährlichsten sind."

„Und dieser Alte, der so mürrisch aussieht?" fragte ich leise. „Ich hielt ihn zuerst für einen Ausländer; denn er ist nicht allein anders gekleidet als die übrigen, sondern er hat auch ein absprechendes Urteil über alles, was in Frankreich geschieht, und mißbilligt die Politik Ihrer Regierung."

„Das ist ein alter Krieger," lautete die Auskunft, „der sich bei allen, die ihm zuhören, durch die langen Schilderungen seiner Heldenthaten denkwürdig macht. Es ist ihm unerträglich, daß Frankreich Schlachten gewonnen haben soll, an denen er nicht teilgenommen, oder daß man eine Belagerung rühmt, bei welcher er nicht den Wall erstieg. Er hält sich für so unentbehrlich in unserer Geschichte, daß er sich einbildet, sie müsse da enden, wo es mit ihm zu Ende war. Einige Wunden, welche er davongetragen, betrachtet er als die Auflösung der Monarchie; und im Gegensatze zu jenen Philosophen, welche behaupten, man genieße nur die Gegenwart, und die Vergangenheit existiere nicht, genießt er nur die Vergangenheit und lebt nur in den Feldzügen, die er mitgemacht hat. Er atmet in verflossenen Zeiten, wie die Helden bei ihrer Nachwelt leben sollen."

„Aber warum hat er den Dienst verlassen?" warf ich ein.

„Er hat nicht den Dienst, sondern der Dienst hat ihn quittiert,“ war die Antwort. „Man hat ihm einen kleinen Ruheposten gegeben, wo er bis ans Ende seiner Tage von seinen Thaten sprechen kann; aber er wird niemals aufrücken; die Bahn der Ehre ist ihm verschlossen.“

„Weswegen denn?“ fragte ich.

„Es ist unser Grundsatz in Frankreich,“ erwiderte er, „keine Offiziere zu höheren Stellen zu befördern, die sich in untergeordneten Diensten aufgerieben haben. Wir betrachten sie als Leute, deren Geist in steter Beschäftigung mit Kleinigkeiten eingeschrumpft ist, und die, an das Kleine gewöhnt, unfähig geworden sind für das Große. Wir glauben, daß ein Mann, der nicht mit dreißig Jahren die Eigenschaften eines Generals besitzt, sie niemals haben wird; daß, wem das überschauende Auge fehlt, welches mit einem Blicke ein meilenweites Gebiet in allen seinen verschiedenen Verhältnissen beherrscht, und wer jener Geistesgegenwart ermangelt, die im Siege alle Vorteile, in der Niederlage alle Hilfsmittel wahrzunehmen weiß, diese Talente nie erwerben wird. Aus diesem Grunde haben wir glänzende Ämter für die großen und erhabenen Männer, die der Himmel nicht nur mit dem Herzen, sondern auch mit dem Genie eines Helden ausgestattet hat; und untergeordnete Ämter für diejenigen, die nur untergeordnete Talente haben. Zu dieser Klasse gehören die Leute, die in einem ruhmlosen Kriege alt geworden sind; alles, wozu sie befähigt sind, ist, zu thun, was sie ihr Leben lang gethan haben; und es ist zu spät, höhere Anforderungen an sie zu stellen, wenn ihre Kräfte nachlassen.“

Bald darauf trieb mich meine Neugierde zu einer anderen Frage. „Ich verspreche Ihnen,“ sagte ich, „Sie weiter nicht zu belästigen, wenn Sie mir nur noch ein Wort gestatten wollen. Wer ist dort der große junge Mann mit langen Haaren, wenig Geist und viel Ungezogenheit? Warum redet er lauter als andere Leute und thut sich so viel darauf zu Gute, daß er auf der Welt ist?“

„Das ist ein Glücksritter,“ entgegnete er. Als er noch sprach, traten neue Gäste herein, andere verabschiedeten sich, man erhob sich, jemand zog meinen Freund ins Gespräch, und ich wußte nicht mehr als zuvor. Gleich darauf aber – ich weiß wirklich nicht, durch welchen Zufall – fand ich den jungen Mann mir zur Seite, und er redete mich an.

„Es ist schönes Wetter,“ sagte er. „Haben Sie keine Lust, mein Herr, einen Gang durch den Garten zu machen?“ Ich antwortete ihm so höflich wie möglich, und wir begaben uns mit einander ins Freie.

„Ich bin aufs Land gekommen," erzählte er mir, „um der Frau vom Hause, mit der ich nicht schlecht stehe, ein Vergnügen zu machen. Eine gewisse Dame in der vornehmen Welt wird freilich etwas darüber brummen; aber was thuts? Ich komme mit den hübschesten Frauen von Paris zusammen; aber ich kette mich an keine und führe sie alle an der Nase herum; denn, unter uns, ich bin ein wenig leichtsinnig."

„Vermutlich, mein Herr," erwiderte ich, „hindern Sie die Pflichten Ihres Amtes, beharrlicher in Ihren Bewerbungen zu sein?"

„Nein, mein Herr," versetzte er, „ich habe weiter kein Geschäft, als Ehemänner wütend zu machen oder Väter zur Verzweiflung zu bringen. Es macht mir Spaß, eine Frau, die mich zu besitzen meint, zu ängstigen, bis sie wähnt, sie habe mich beinahe verloren. Wir sind einige wenige junge Leute, die ganz Paris in Unruhe versetzen; wir wissen es für unsere geringsten Schritte zu interessieren."

„Soweit ich die Sache verstehe," gab ich ihm zur Antwort, „machen Sie also größeres Aufsehen als der tapferste Krieger, und man behandelt Sie mit größerer Rücksicht als eine ehrwürdige Magistratsperson. Wären Sie in Persien, so würden Sie keine solchen Vorzüge genießen; Sie würden sich bald besser dazu eignen, unsere Damen zu hüten, als ihnen zu gefallen." Das Blut stieg mir ins Gesicht, und ich glaube, wenn ich nicht geschwiegen hätte, so würde ich mich nicht haben enthalten können, ihm die bittersten Wahrheiten zu sagen.

Was denkst Du von einem Lande, wo man solche Leute duldet, und wo ein Mensch leben darf, der ein solches Gewerbe betreibt? wo man durch Treulosigkeit, Verrat, Entführung, Eidbruch und Ungerechtigkeit zu Ansehen gelangt? wo man einem Elenden Achtung erweist, weil er einem Vater seine Tochter, einem Manne sein Weib raubt und das süßeste, heiligste Bündnis zerreißt? Glücklich die Kinder Ali's, die ihre Familien vor Schmach und Verführung sichern! Das Licht des Tages ist nicht reiner als das Feuer, welches in dem Herzen unserer Frauen brennt; unsere Töchter denken nur mit Zittern an den Tag, der sie jener Tugend berauben soll, durch welche sie den Engeln und den körperlosen Geistern ähnlich sind. Geliebtes Heimatland, das die ersten Strahlen der Sonne begrüßen, du bist nicht von jenen schauderhaften Verbrechen befleckt, vor welchen dies Gestirn sich verbirgt, sobald es im schwarzen Abendlande erscheint.

Paris, am 5. des Mondes Rhamazan, 1713.

Neunundvierzigster Brief

Rica an Usbek in ***

Neulich trat ein Derwisch in höchst auffallender Kleidung zu mir in mein Zimmer. Der Bart reichte ihm bis auf den Strick, den er um seine Hüften geschlungen hatte; er ging barfuß; sein Gewand war grau, aus grobem Stoffe verfertigt und an einigen Stellen ausgezackt. Die ganze Erscheinung kam mir so drollig vor, daß ich beinahe einen Maler hätte holen lassen, um an dem Manne Studien zu einem Phantasiestück zu machen.

Nachdem er sich tief verbeugt hatte, teilte er mir mit, er sei ein verdienstvoller Mann und obendrein ein Kapuziner. „Ich habe gehört, mein Herr," fuhr er fort, „daß Sie bald an den persischen Hof zurückkehren werden, wo Sie einen hervorragenden Rang bekleiden. Ich möchte Sie daher um Ihre Fürsprache angehen und Sie bitten, uns vom König eine kleine Wohnstätte in der Gegend von Kasbin für zwei oder drei Mönche zu erwirken." – „Wollen Sie denn nach Persien gehen, ehrwürdiger Vater?" fragte ich ihn. – „Ich, mein Herr?" erwiderte er. „Ich werde mich wohl hüten. Ich bin hier Oberaufseher der Ordensprovinz und würde mit keinem Kapuziner der Welt meine Stelle austauschen." – „Aber was, zum Kuckuck, wollen Sie denn von mir?" – „Je nun," antwortete er, „wenn wir dort ein Hospiz hätten, so könnten unsere Ordensbrüder in Italien zwei oder drei Mönche aus ihren Klöstern dorthin senden." – „Dann vermute ich, daß Sie diese Mönche kennen, nicht wahr?" sagte ich darauf. – „Nein, mein Herr, ich kenne sie nicht" – „Ei, der Tausend! welches Interesse hat es denn dann für Sie, ob sie nach Persien gehen? Was für ein großartiger Plan es ist, daß zwei Kapuziner die Luft von Kasbin atmen sollen! Wie folgenreich würde das für Europa und Asien sein! Es ist höchst notwendig, den Beifall von Monarchen für dies Projekt zu gewinnen; denn es handelt sich ja um wichtige Kolonien. Gehen Sie doch, mein Freund! Sie und Ihresgleichen passen für keinen Klimawechsel; Sie werden am besten thun, bei Ihrem Schmarotzerleben in der alten Heimat zu verharren."

Paris, am 15. des Mondes Rhamazan, 1713.

Fünfzigster Brief

Rica an ***

Ich habe Leute gekannt, denen die Tugend etwas so Natürliches war, daß sie sich nicht einmal bemerklich machte. Sie erfüllten ihre Pflicht, ohne daß es ihnen Überwindung gekostet hätte, gleichsam instinktiv. Weit entfernt, sich ihrer seltenen Eigenschaften zu rühmen, schienen sie sich derselben gar nicht bewußt zu sein. Solche Leute gefallen mir, nicht aber jene gespreizten Tugendhaften, die von ihrer eignen Tugend überrascht erscheinen und jede gute Handlung wie ein staunenswertes Wunder ansehen.

Wenn selbst diejenigen der Bescheidenheit bedürfen, denen der Himmel große Talente verliehen hat, was läßt sich dann von jenem Gewürm sagen, welches einen Stolz zur Schau zu tragen wagt, der den größten Männern zur Schande gereichen würde?

Überall sehe ich Leute, die unaufhörlich von sich selbst reden. Ihre Gespräche sind ein Spiegel, aus welchem immerfort ihr anmaßendes Gesicht hervorschaut. Sie erzählen einem ihre geringfügigsten Erlebnisse und erwarten, daß uns dieselben bedeutend vorkommen werden, weil sie ihnen begegnet sind. Sie haben alles gethan, alles gesehen, alles gesagt, alles gedacht; sie sind ein Muster für die ganze Welt, ein unerschöpflicher Stoff zu Vergleichungen, ein unversieglicher Quell guter Beispiele. O, wie schal ist das Lob, wenn es den beleuchten soll, von dem es ausgeht!

Vor einigen Tagen überschüttete uns ein Mensch von diesem Schlage zwei Stunden lang mit solchem Geprahl über sich selbst, seine Verdienste und seine Talente. Aber da nichts in der Welt in beständiger Bewegung bleibt, so erreichte auch sein Geschwätz endlich ein Ende, und es war uns wieder möglich, das Wort zu nehmen.

Es war jemand zugegen, der ziemlich verdrießlich zu sein schien und sich über die langweiligen Unterhaltungen zu beklagen begann. „Was!“ brummte er; „giebt es denn überall Narren, die sich selbst beräuchern und alles auf sich beziehen?“ – „Sie haben Recht,“ erwiderte unser Prahlhans mit lebhaftem Beifall. „Man sollte es machen wie ich; ich lobe mich niemals. Ich bin vermögend, von gutem Herkommen, lasse etwas daraufgehen, und meine Freunde meinen, ich sei nicht ohne Geist; aber von alledem rede ich niemals. Wenn ich einige gute Eigenschaften besitze, so befleißige ich mich doch am meisten der Demut."

Ich bewunderte diese Unverschämtheit, und während er in seiner lauten Weise fortfuhr, flüsterte ich: „Glücklich, wer eitel genug ist, niemals gutes von sich zu sagen; wer Scheu empfindet vor denen, die ihn hören; wer sein Verdienst nicht durch Wetteifer mit dem Dünkel der Andern beeinträchtigt!"

Paris, am 20. des Mondes Rhamazan, 1713.

Einundfünfzigster Brief

Nargum, persischer Gesandter in Moskau; an Usbek, in Paris

Ich erfahre durch Briefe aus Ispahan, daß Du Persien verlassen hast und augenblicklich in Paris verweilst. Warum erhalte ich diese Nachrichten über Dich von anderen, anstatt von Dir selbst?

Nach dem Willen des Königs der Könige befinde ich mich nun schon seit fünf Jahren in diesem Lande, und ich habe hier mehrere wichtige Verträge zustande gebracht.

Wie Du weißt, ist der Czar der einzige unter den christlichen Fürsten, dessen Interessen mit denen Persiens verwandt sind, weil er gleich uns ein Feind der Türken ist.

Sein Reich übertrifft das unsrige an Größe; denn von Moskau bis zum entferntesten Ort in seinen Staaten an der Grenze von China rechnet man zweitausend Meilen.

Er ist unbeschränkter Herr über Leben und Eigentum seiner Unterthanen, welche mit Ausnahme von vier Familien samt und sonders Sklaven sind. Der Statthalter der Propheten, der König der Könige, dessen Fußschemel der Himmel ist, übt seine Macht nicht furchtbarer aus.

Wenn man das schreckliche Klima von Moskau betrachtet, so möchte man nie glauben, daß es eine Strafe sein könnte, von dort verbannt zu werden; und doch wird ein Großer nach Sibirien geschickt, wenn er in Ungnade fällt.

Wie uns das Gesetz unseres Propheten den Genuß des Weines verbietet, so verbietet ihn das Gesetz des Fürsten den Moskowiten.

Die Art, wie sie ihre Gastfreundschaft bezeigen, ist nichts weniger als persisch. Jedem Fremden, welcher in ein Haus tritt, führt der Ehemann sofort seine Frau entgegen, und der Gast giebt ihr einen Kuß. Das gilt als eine Höflichkeit gegen den Mann.

Obwohl sich die Väter im Heiratskontrakt ihrer Töchter gewöhnlich ausbedingen, daß der Gatte sie nicht auspeitschen darf, sollte man es doch kaum glauben, wie gern die Moskowitinnen sich prügeln lassen; es ist ihnen unfaßlich, wie sie das Herz ihres Mannes besitzen können, wenn er sie nicht nach Gebühr mit Schlägen traktiert. Verabsäumt er das letztere, so wird es als ein Beweis unverzeihlicher Gleichgültigkeit aufgefaßt. Lies nur den folgenden Brief, welchen eine Russin kürzlich an ihre Mutter geschrieben hat:

„Meine liebe Mutter!

Ich bin die unglücklichste Frau von der Welt. Ich habe alles gethan, um mir die Liebe meines Mannes zu erwerben; aber es war ganz vergeblich. Gestern hatte ich tausenderlei im Hause zu schaffen; aber ich ging aus und kam den ganzen Tag nicht wieder heim. Als ich zurückkam, dachte ich, er würde mich tüchtig durchprügeln; aber er schwieg ganz still. Da wird doch meine Schwester ganz anders behandelt; alle Tage schlägt ihr Mann sie braun und blau. Sie darf keine Mannsperson ansehen, ohne daß er sie mit einem Schlage zu Boden streckte. Aber freilich, sie heben sich auch sehr lieb und leben miteinander im glücklichsten Frieden.

Das macht sie auch so stolz. Aber lange werde ich ihr keine Ursache mehr geben, mich zu verachten. Ich habe mir vorgenommen, es um jeden Preis dahin zu bringen, daß mein Mann mich lieben soll. Ich werde seine Wut so lange reizen, bis er es unmöglich findet, mir seine Liebesbeweise zu versagen. Es soll nicht heißen, daß ich nicht geprügelt werde und im Hause lebe, ohne daß man an mich denkt. Bei dem kleinsten Nasenstüber, den er mir versetzt, will ich aus Leibeskräften schreien, damit die Leute denken, daß es ordentlich bei uns zugeht; und ich glaube wirklich, wenn ein Nachbar mir zu Hilfe käme, so würde ich ihn erwürgen. Ich bitte Dich inständigst, meine liebe Mutter, führe es doch meinem Manne recht ernstlich zu Gemüte, wie unwürdig er mich behandelt. Wie anders machte es mein Vater, dieser brave Mann! Ich denke noch daran, wie ich als kleines Mädchen manchmal meinte, er liebe Dich ein bißchen gar zu sehr. Ich umarme Dich, meine liebe Mutter."

Die Moskowiten dürfen das Reich nicht verlassen, selbst nicht zum Zwecke einer Reise. So sind sie durch die Gesetze des Landes vom Verkehr mit anderen Nationen ausgeschlossen, und infolge davon haben sie ihre alten Sitten mit um so größerer Zähigkeit bewahrt, als sie es gar nicht für möglich hielten, daß man auch andre haben könne.

Der Fürst, welcher jetzt den Thron einnimmt, hat jedoch alles anders machen wollen. Wegen ihrer Bärte hat er große Streitigkeiten mit ihnen gehabt, und nicht weniger hitzig haben die Geistlichen und Mönche ihre Unwissenheit gegen ihn verfochten.

Er hat es sich in den Kopf gesetzt, die Künste in Flor zu bringen, und versäumt nichts, um in Europa und Asien den Ruhm seines Volkes zu verbreiten, welches bisher vergessen und fast einzig sich selber bekannt war.

Ruhelos und in steter Erregung durchirrt er das weite Gebiet seiner Staaten und hinterläßt überall Spuren von der Strenge seines Wesens.

Er verläßt sie, als wären sie zu klein, ihn zu umfassen, und sucht in Europa andere Provinzen und neue Königreiche.

Sei umarmt, mein lieber Usbek. Ich bitte Dich dringlich um Nachricht.

Moskau, am 2. des Mondes Chalval, 1713.

Zweiundfünfzigster Brief

Rica an Usbek in ***

Neulich habe ich mich in einer Gesellschaft sehr gut unterhalten. Frauen von jedem Alter waren zugegen, eine von achtzig Jahren, eine von sechzig und eine von vierzig. Die letztere war von einer zwanzig- bis zweiundzwanzigjährigen Nichte begleitet. Aus einem gewissen Instinkt näherte ich mich dieser Jüngsten, und sie flüsterte mir ins Ohr: „Wie kommt Ihnen denn meine Tante vor, die in ihrem Alter sich noch nach Liebhabern umschaut und die Schöne spielt?" – „Sie thut Unrecht daran," erwiderte ich ihr; „denn so etwas kommt nur Ihnen zu." – Bald darauf stand ich bei ihrer Tante, und sie sagte zu mir: „Was denken Sie nur von jener Frau dort? Sie ist wenigstens sechzig Jahre alt; aber sie hat heute über eine Stunde auf ihren Putz verwendet." – „O, sie hat ihre Zeit verloren," gab ich ihr zur Antwort. „Man müßte Ihre Reize besitzen, um ein Recht dazu zu haben." – Ich trat darauf zu der armen Sechzigjährigen und bedauerte sie in meiner Seele. Aber sie flüsterte mir zu: „Giebt es etwas Lächerlicheres? Sehen Sie jene achtzigjährige Alte, die sich noch mit feuerroten Bändern behängt? Sie will die Jugendliche spielen und es gelingt ihr auch; denn dieser Aufputz streift ans Kindische" – „Guter Gott," mußte ich denken, „werden wir denn immer nur die Lächerlichkeiten der anderen herausfinden? Aber vielleicht ist es ein Glück," schloß ich meine Betrachtung, „daß uns fremde Schwächen Trost gewähren." Indessen, da ich einmal im Zuge der Unterhaltung war, so sprach ich zu mir: „Habe ich vorher von unten angefangen, so will ich jetzt einmal abwärts steigen und mit der Alten beginnen, die auf dem Gipfel ist." – „Madame," redete ich sie an, „Sie sehen jener Dame, mit der ich soeben im Gespräche war, so ähnlich, daß man Sie für zwei Schwestern halten möchte. Gewiß stehen Sie Beide in dem nämlichen Alter." – „Freilich, es ist wie Sie sagen, mein Herr," lautete ihre Antwort, „Wenn die eine von uns stirbt, wird die andre zittern müssen; ich glaube, daß der Unterschied unseres Alters kaum zwei Tage beträgt." – Als ich diese abgelebte Greisin gefangen hatte, ging ich zu der Sechzigjährigen. „Madame, Sie müssen eine Wette entscheiden, die ich gemacht habe. Nach meiner Behauptung stehen Sie mit jener Dame (hier wies ich auf die Vierzigjährige) in dem nämlichen Alter." – „Meiner Treu," versetzte sie, „ich glaube kaum, daß der Unterschied sechs Monate beträgt." Gut, so weit stimmts; also nun weiter! Wieder stieg ich eine Staffel abwärts und gelangte nun zu der Vierzigerin. „Madame, sagen Sie mir doch gefälligst, ob es ein Scherz ist, wenn Sie jenes Fräulein dort am andern Tische Ihre Nichte nennen! Sie sind ja ebenso jung wie sie, und es liegt sogar etwas Abgeblühtes in ihren Zügen, wovon man bei Ihnen gewiß keine Spur entdeckt. Und wie frisch sind zudem Ihre Farben!" – „Sie haben ganz Recht," unterbrach sie mich. „Allerdings bin ich ihre Tante; aber ihre Mutter war wenigstens fünfundzwanzig Jahre älter als ich; wir waren nicht aus derselben Ehe. Ich habe meine selige Schwester sagen hören, ich sei mit ihrer Tochter in einem Jahre geboren." – „Das dachte ich mir wohl, Madame; ich bin also ganz mit Recht verwundert gewesen."

Mein lieber Usbek, wenn die Frauen an dem Schwinden ihrer Reize merken, daß ihre Zeit bald vorüber ist, so möchten sie sich gern wieder jung machen. Und wie sollten sie auch nicht den Wunsch haben, andre zu täuschen? Suchen sie sich doch unablässig selbst zu betrügen, um dem traurigsten aller Gedanken zu entfliehen!

Paris, am 3. des Mondes Chalval, 1713.

Dreiundfünfzigster Brief

Zelis an Usbek in Paris

Noch nie ist eine Leidenschaft stärker und glühender gewesen, als die, welche der weiße Verschnittene Kosru für meine Sklavin Zelide empfindet. Er bewirbt sich mit solchem Ungestüm um ihre Hand, daß ich sie ihm nicht verweigern kann. Und warum sollte ich ihm auch Schwierigkeiten in den Weg legen, da ihre Mutter keine Einwände macht, und Zelide selbst in dem Gedanken an diese Scheinehe, in diesem leeren Schattenbilde, das sich ihr darbietet, offenbar Befriedigung findet?

Was will sie mit diesem Unglücklichen anfangen, der von einem Ehemanne nichts an sich haben wird, als die Eifersucht; dessen Kälte sich nur zu ohnmächtiger Verzweiflung erwärmen kann; der mit seiner steten Erinnerung an das, was er gewesen, sie nur an das gemahnen wird, was er nicht mehr ist; der, immer bereit, sich hinzugeben, ohne es jemals zu können, sich und sie unaufhörlich täuschen und sie in jedem Augenblick zur Mitleidenschaft mit der ganzen Qual seines Zustandes verdammen wird?

Ist es möglich, immer nur wesenlosen Schein und Phantome zu halten? nur der Einbildung zu leben? stets den Genuß zu begehren und ihn doch niemals zu kosten? in den Armen eines Elenden zu schmachten und, anstatt seine Liebesglut, nur den Schmerz über sein Unvermögen zu erwidern?

Welche Verachtung muß man für einen solchen Menschen empfinden, der einzig zum Hüten, nie zum Besitzen gemacht ist! Ich suche die Liebe, und ich sehe sie nicht.

Ich rede ganz offen zu Dir, weil Du meine Naivetät gern hast und mein unverstelltes Wesen wie meine Empfänglichkeit für den Genuß der erheuchelten Schamhaftigkeit meiner Gefährtinnen vorziehst.

Tausendmal habe ich von Dir gehört, daß die Eunuchen bei den Frauen eine Art Wollust genießen, welche uns unbekannt ist; daß die Natur sie für ihren Verlust schadlos halte; daß sie Mittel haben, die das Unzulängliche ihres Zustandes ausgleichen; daß man wohl ein Mann zu sein aufhören, nicht aber die Empfänglichkeit für sinnlichen Genuß verlieren könne, und daß man in diesem Zustande gleichsam die Sinnlichkeit eines dritten Geschlechts erwerbe und sozusagen nur eine neue Art der Lust eintausche.

Wäre dies der Fall, so würde ich Zelide weniger beklagenswert finden; es ist wenigstens etwas, mit Leuten zu leben, die nicht völlig unglücklich sind.

Sende mir Deine Anordnungen in dieser Sache und laß mich wissen, ob Du gestatten willst, daß die Hochzeit im Serail ausgerichtet werde. Lebewohl.

Serail zu Ispahan, am 5. des Mondes Chalval, 1713.

Vierundfünfzigster Brief

Rica an Usbek in ***

Heut Morgen war ich auf meinem Zimmer, welches, wie Du weißt, von denen der Nachbarn nur durch eine ganz dünne und stellenweise schadhafte Wand getrennt ist, so daß man alles hören kann, was im Nebenzimmer gesprochen wird. Jemand, der mit starken Schritten auf und abging, sagte zu einem andren: „Ich weiß nicht, wie es kommt, alles schlägt mir fehl. Länger als drei Tage habe ich nun schon nichts mehr gesagt, womit ich Ehre eingelegt hätte; bei jeder Unterhaltung verschwand ich in der großen Masse; man schenkte mir nicht die geringste Beachtung und richtete keine zweimal das Wort an mich. Ich hatte einige Witze in Bereitschaft, um meine Rede damit zu würzen; aber immer verhinderte man mich, sie anzubringen. Einer hübschen Geschichte, die ich zu erzählen hatte, wich man wie mit Absicht aus, sobald ich darauf hinlenken wollte. Seit vier Tagen schon gehen mir ein paar Bonmots im Kopfe herum, ohne daß ich den mindesten Gebrauch davon hätte machen können. Ich werde den Verstand darüber verlieren, wenn das so fortgeht. Es scheint mir ein unvermeidliches Schicksal, das in den Sternen geschrieben steht. Noch gestern hatte ich vor drei oder vier alten Weibern zu glänzen gehofft, die mir wahrhaftig nicht imponieren; die schönsten Dinge von der Welt wollte ich ihnen sagen. Über eine Viertelstunde bemühte ich mich, das Gespräch in mein Fahrwasser zu lenken; aber sie blieben niemals bei der Sache und zerschnitten wie die unerbittlichen Parzen immer wieder den Faden meiner Rede. Soll ich Dir sagen, was ich denke? Es ist ein schweres Stück Arbeit, sich den Ruf eines Schöngeistes zu erhalten. Ich weiß nicht, wie es Dir damit gelungen ist."

„Mir fällt etwas ein," versetzte der andere. „Machen wir gemeinschaftliche Sache, um zu Geist zu kommen; associieren wir uns zu diesem Zwecke! Laß uns täglich miteinander ausmachen, worüber wir sprechen wollen; wenn uns dann jemand in unsrem Gedankengange unterbräche, so könnten wir uns so geschickt gegenseitig beispringen, daß er durch uns selbst wieder angelockt würde; und kommt er nicht gutwillig, so braucht man Gewalt. Wir verabreden auch, wann Beifall ausgedrückt, wann gelächelt und wann aus vollem Halse gelacht werden muß. Du sollst sehen, daß wir bald in jedem Gespräch den Ton angeben, und daß alle Leute unsren funkensprühenden Geist und die Schlagfertigkeit unserer Antworten bewundern werden. Dabei helfen wir uns durch ein wechselseitiges Geberdenspiel. Heute lässest Du Deine eignen Farben glänzen; morgen bist Du mein Sekundant. Trete ich mit Dir in ein Haus, so zeige ich auf Dich und rufe laut: „Ich muß Ihnen doch die köstliche Antwort erzählen, die der Herr hier soeben jemandem gab, dem wir auf der Straße begegneten." Dann wende ich mich zu Dir mit der Bemerkung: „Es kam ihm doch ganz unerwartet; er sperrte Mund und Nase auf!" Das nächste Mal trage ich ein paar Verse von mir vor, und Du sagst: „Ich war ja zugegen, als er sie machte. Es war bei einem Abendessen, wo er sie nur so aus dem Ärmel schüttelte." Oft müssen wir uns auch gegenseitig bespötteln. Dann wird es heißen: „Seht doch, wie sie auf einander einhauen, wie sie sich zur Wehr setzen! Sie schonen einander gar nicht. Wie wird sich dieser wohl herausziehen? Ach, wundervoll! Welche Geistesgegenwart! Das ist ja eine wahre Schlacht!" Und niemand wird von den Scharmützeln eine Ahnung haben, in denen wir am Abend vorher uns eingeübt. Zudem müssen wir uns gewisse Bücher kaufen, welche eine Blütenlese von witzigen Gedanken bringen; es giebt nichts Nützlicheres für Leute, welche nicht geistreich *sind,* aber sich geistreich *stellen* wollen: auf gute Vorbilder kommt alles an. Ehe sechs Monate vorüber sind, müssen wir imstande sein, stundenlange Unterhaltungen zu führen, die aus lauter Bonmots bestehen. Aber aufpassen muß man, wenn sie Erfolg haben sollen. Es genügt nicht, ein Bonmot einmal fallen zu lassen; man muß es kolportieren und es überall aussäen; sonst ist es verlorene Mühe. Glaube mir, nichts ist so niederschlagend, als wenn man eine hübsche Geschichte erzählt hat und sehen muß, daß sie in dem Ohr des Dummkopfes, der sie hörte, ihr Grab findet. Allerdings gleicht sich die Sache auch oft wieder aus; Ei denn nicht selten entfährt uns etwas recht Albernes, ohne daß man es merkt; und das ist das einzige, was uns in solchem Falle trösten kann. So müssen wir es machen, mein Lieber. Thu', was ich Dir sage, und ich verspreche Dir einen Platz in der Akademie, ehe noch sechs Monate vorüber sind. Denn Du brauchst nicht zu fürchten, daß die Arbeit sehr langwierig sein wird; bist Du einmal so weit gekommen, so magst Du Deine Kunst getrost an den Nagel hängen; ein Mann von Geist wirst Du bleiben, magst Du welchen haben oder nicht. Es ist eine Erfahrung, daß man in Frankreich, sobald man Mitglied eines Vereins wird, auch den Geist desselben, den sogenannten Vereinsgeist, empfängt. Auch Dir wird es so ergehen, und das einzige, was ich für Dich befürchte, ist die allzustürmische Art, wie man Dir Beifall klatschen wird."

Paris, am 6. des Mondes Zilkadeh, 1714.

Fünfundfünfzigster Brief

Rica an Ibben in Smyrna

Bei den europäischen Völkern macht die erste Viertelstunde der Ehe allen Schwierigkeiten ein Ende, und der nämliche Tag, an welchem unter kirchlicher Einsegnung die Hochzeit vollzogen wird, sieht auch die äußerste Hingebung der Liebe. Hier macht keine Frau ihrem Gatten seine Rechte ganze Monate streitig, wie unsere Perserinnen es zuweilen thun, sondern mit dem Eheschlusse streckt eine jede ihre Waffen. Verliert sie nichts, so liegt es daran, daß sie nichts zu verlieren hat. Aber es ist ein schmachvoller Gedanke, daß man ganz genau den Augenblick ihrer Niederlage kennt; ohne erst die Gestirne zu befragen, kann man die Geburt ihrer Kinder nach Tag und Stunde vorhersagen.

Fast niemals reden die Franzosen von ihren Frauen, und zwar weil sie fürchten müssen, es vor Leuten zu thun, welche dieselben besser kennen, als sie selbst.

Es giebt höchst unglückliche Männer bei ihnen, für welche niemand ein Wort des Trostes findet: das sind die eifersüchtigen Ehemänner; es giebt auch solche, die jedermann haßt: das sind die eifersüchtigen Ehemänner; und es giebt endlich solche, die von allen Menschen verachtet werden: das sind gleichfalls die eifersüchtigen Ehemänner.

Auch ist ihre Zahl in keinem andern Lande so klein wie bei den Franzosen. Ihre Sorglosigkeit gründet sich nicht etwa auf das Vertrauen, das sie in ihre Frauen setzen, sondern ganz im Gegenteil auf die schlechte Meinung, welche sie von ihnen haben. In allen den weisen Vorsichtsmaßregeln der Asiaten, in den Schleiern, die sie verhüllen, in den Gefängnissen, wo sie festgehalten werden, in der Wachsamkeit der Verschnittenen erblicken sie nur Mittel, welche eher geeignet sind, den Widerstand des schwachen Geschlechts zu reizen, als ihn zu ermüden. Hier machen die Männer gute Miene zum bösen Spiel und betrachten den ehelichen Treubruch als unabwendliche Schicksalsfügung. Wollte ein Mann hier den Alleinbesitz seiner Frau beanspruchen, so würde man ihn als einen Störer des öffentlichen Vergnügens und als einen Unsinnigen ansehen, der den Sonnenschein für sich allein haben möchte.

Liebt hier ein Mann seine Frau, so meint man, es fehle ihm an den erforderlichen Eigenschaften, um die Liebe einer andern zu gewinnen; er gilt als ein Mensch, der den Zwang des Gesetzes mißbraucht, um sich für seinen Mangel an persönlichen Vorzügen zu entschädigen; der sich aller seiner Vorteile zum Nachteil einer ganzen Gesellschaft bedient; der sich aneignet, was ihm nur als Unterpfand gegeben war; und der nach bestem Vermögen bemüht ist, ein stillschweigendes Übereinkommen, auf welchem das Glück beider Geschlechter beruht, zu untergraben. Jenen Ruhm, der Gatte einer hübschen Frau zu sein, den man in Asien so ängstlich geheim hält, trägt man hier in Ruhe vor aller Welt zur Schau; denn man weiß, daß man überall sein Vergnügen findet. Sucht doch ein Fürst Trost über den Verlust einer Festung, indem er eine andere einnimmt: machten wir es nicht auch so, als die Türken uns Bagdad entrissen hatten, da wir den Mogul seiner Festung Kandahar beraubten?

Im allgemeinen wird das Verhalten eines Mannes, der die Untreue seiner Frau schweigend hingehen läßt, von niemand gemißbilligt; im Gegenteil, man lobt ihn wegen seiner Klugheit. Entehrend sind nur ganz besondere Fälle.

Nicht, als ob es hier keine tugendhaften Damen gäbe; man kann sogar sagen, daß sie Auszeichnung genießen. Mein Führer machte mich stets auf dieselben aufmerksam; aber sie waren alle so häßlich, daß man ein Heiliger sein müßte, um die Tugend nicht zu hassen.

Nach allem, was ich Dir über die Sitten dieses Landes mitgeteilt habe, wirst Du Dir leicht vorstellen können, daß den Franzosen nicht eben daran gelegen ist, als beständig zu gelten; vielmehr halten sie es für ebenso lächerlich, einer Frau ewige Liebe zu schwören, als wenn einer versprechen wollte, immer gesund und glücklich zu bleiben. Geloben sie einer Frau, sie allezeit zu lieben, so geschieht es unter dem Vorbehalt, daß sie ihrerseits ewige Liebenswürdigkeit verspricht: hält sie dann nicht Wort, so fühlen auch sie sich nicht länger gebunden.

Paris, am 7. des Mondes Zilkadeh, 1714

Sechsundfünfzigster Brief

Usbek an Ibben in Smyrna

Das Spiel ist in Europa eine verbreitete Sitte; die Spieler bilden einen besonderen Stand, und wer ihm angehört, kann gute Herkunft, Vermögen und Rechtschaffenheit ganz gut entbehren und wird ungeprüft unter die achtbaren Leute gerechnet, obwohl jeder weiß, daß sich diese Schätzung oft als trügerisch erwiesen hat: man hält absichtlich seine Augen zu.

Besonders stark ist die Vorliebe der Frauen für dies Laster. Solange sie jung sind, ergeben sie sich demselben freilich meist nur zu Gunsten einer anderen Leidenschaft, die ihnen teurer ist; aber je älter sie werden, desto mehr scheint ihre Leidenschaft für das Spiel sich zu verjüngen, und diese erfüllt dann die ganze Leere, welche die übrigen scheidend zurückließen

Sie legen es darauf an, ihre Männer zu Grunde zu richten, und zu diesem Zwecke haben sie für jede Lebensstufe von der zartesten Jugend bis zum abgelebtesten Alter ein besonderes Mittel; mit Kleidern und Equipagen beginnen sie; ihre Koketterie thut das weitere, und das Spiel vollendet den Ruin.

Oft habe ich neun bis zehn Frauen oder vielmehr neun bis zehn Jahrhunderte um einen Tisch gruppiert gesehen; ich sah sie in ihrer Hoffnung, in ihrer Furcht, in ihrer Freude und vor allem in ihrer Wut. Du würdest geglaubt haben, daß ihre Zeit nicht mehr ausreichen werde, sich wieder zu beruhigen, und daß ihr Leben noch eher erlöschen müsse, als ihre Verzweiflung; Du würdest in Zweifel gewesen sein, ob die, an welche sie auszahlten, ihre Gläubiger oder ihre Erben waren.

Unser heiliger Prophet scheint hauptsächlich darauf bedacht gewesen zu sein, uns alles zu entziehen, wodurch unser Verstand verwirrt werden könnte. Er hat uns den Genuß des Weines verboten, welcher ihn umnachtet; er hat uns durch eine ausdrückliche Vorschrift die Hazardspiele untersagt; und wenn es ihm unmöglich war, die Ursache der Leidenschaften zu beseitigen, so hat er die letzteren gemildert. Die Liebe versetzt uns weder in Aufregung, noch in Raserei; sie ist eine stille Leidenschaft, bei der unsre Seele ihre Ruhe bewahrt. Die Vielweiberei erspart uns die Leiden der weiblichen Herrschsucht und mäßigt die Heftigkeit unserer Begierden.

Paris, am 10. des Mondes Zilhageh, 1714.

Siebenundfünfzigster Brief

Usbek an Rhedi in Venedig

Die Wüstlinge unterhalten hier eine Unzahl von Freudenmädchen, und die Frommen eine zahllose Menge von Derwischen. Diese Derwische sind Männer, welche die drei Gelübde des Gehorsams, der Armut und der Keuschheit abgelegt haben. Das erste sollen sie am besten beobachten; was aber das zweite betrifft, so kann ich bezeugen, daß es nicht gehalten wird; und Du magst selbst entscheiden, wie sie sich mit dem dritten abfinden.

Aber mögen diese Derwische auch noch so reich sein, niemals treten sie aus dem Stande der Armut; eher würde unser ruhmreicher Sultan auf seine erlauchten und erhabenen Titel verzichten. Und sie thun ganz recht daran; denn daß sie arm heißen, schützt sie davor, arm zu sein.

Die Ärzte und einige dieser Derwische, welche man Beichtväter nennt, werden hier immer zu hoch geehrt oder zu tief verachtet. Man sagt indessen, daß die Erben sich besser mit den Ärzten als mit den Beichtvätern verstehen.

Neulich habe ich ein Kloster dieser Derwische besucht. Einer von ihnen, dem sein weißes Haar ein ehrwürdiges Aussehen verlieh, hieß mich mit vieler Artigkeit willkommen. Er ließ mich das ganze Gebäude in Augenschein nehmen und führte mich dann in den Garten, wo sich ein Gespräch zwischen uns entspann. „Ehrwürdiger Vater," fragte ich ihn, „welche Stellung bekleiden Sie in Ihrem Orden?" – Er zeigte sich sehr zufrieden über meine Frage und antwortete mir: „Ich bin ein Casuist, mein Herr." – „Ein Casuist?" rief ich aus. „Von diesem Amte habe ich noch nie gehört, so lange ich in Frankreich bin." – „Wie, Sie wissen nicht, was ein Casuist ist? Nun denn, so schenken Sie mir Ihre Aufmerksamkeit, und ich will Ihnen eine Erklärung davon geben, die Ihnen nichts zu wünschen übrig lassen soll. Es giebt zwei Arten von Sünden: Todsünden, durch welche man des Paradieses durchaus verlustig geht; und Laßsünden, die zwar auch Gottes Zorn erregen, aber doch nicht tief genug, daß er uns deshalb die Seligkeit versagen sollte. Unsere ganze Kunst besteht nun darin, zwischen diesen beiden Arten der Sünde wohl zu unterscheiden; denn mit Ausnahme einiger Freigeister begehren alle Christen, in den Himmel zu kommen; aber fast jeder möchte ihn zu billigerem Preise erwerben, als er zu haben ist. Kennt man die Todsünde zur Genüge, so geht man diesen aus dem Wege, und alles ist in Richtigkeit. Es giebt aber Menschen, die nach keiner so hohen Vollkommenheit streben; da sie keinen Ehrgeiz besitzen, so liegt ihnen nichts an den ersten Plätzen. Auch thun sie alles, um nur gerade mit knapper Not in das Paradies zu gelangen; es genügt ihnen schon, wenn sie nur eben hineinkommen; sie wollen nichts darüber thun und nichts darunter. Solche Leute kommen vielmehr durch Gewalt, als durch Verdienst in den Himmel; sie sprechen zu Gott: „Herr, ich habe alle Bedingungen auf das strengste erfüllt; Du kannst also nicht umhin, mir Dein Versprechen zu halten. Da ich nicht mehr gethan habe, als Du von mir verlangtest, so erlasse ich Dir auch, mir mehr zu geben, als Du versprochen hast."

Wir sind also unentbehrliche Leute, mein Herr. Doch ist dies noch nicht alles; Sie sollen noch ganz andere Dinge hören. Keine Handlung ist in sich selbst ein Verbrechen; sie wird es erst durch das Bewußtsein ihrer Strafbarkeit, mit dem man sie begeht. Wer Böses thut, hat ein ruhiges Gewissen, so lange er nicht weiß, daß es etwas Böses ist; und da es eine Unmenge von zweideutigen Handlungen giebt, so kann ein Casuist ihnen einen Grad von Güte zuschreiben, der ihnen eigentlich nicht zukommt, indem er sie für gut erklärt; und wenn er es so darstellen kann, als ob sie ohne böse Absicht begangen wurden, so spricht er sie ganz davon frei.

Ich weihe Sie hiermit in die Geheimnisse eines Gewerbes ein, bei dem ich alt geworden bin; ich habe Ihnen unsere verborgenen Kniffe aufgedeckt. Alles läßt sich drehen, selbst die Dinge, die es scheinbar am wenigsten vertragen."

„Ehrwürdiger Vater," entgegnete ich ihm, „das hört sich alles recht gut an. Aber wie finden Sie sich dabei mit dem Himmel ab? Wenn der Groß-Sofi Titel des Königs von Persien.an seinem Hofe einen Menschen hätte, der so gegen ihn verführe, wie Sie gegen Ihren Gott; einen Menschen, der zwischen seinen Geboten einen Unterschied machte und seinen Unterthanen in den Kopf setzte, daß es Fälle giebt, in welchen sie dieselben halten müssen, und andere, in welchen sie sie übertreten dürfen: er würde ihn augenblicklich spießen lassen."

Mit diesen Worten grüßte ich meinen Derwisch und verließ ihn, ohne eine Antwort abzuwarten.

Paris, am 32. des Mondes Maharram, 1714.

Achtundfünfzigster Brief

Rica an Rhedi in Venedig

In Paris, mein lieber Rhedi, giebt es vielerlei Gewerbe. Ein gefälliger Mann bietet Dir hier für wenig Geld das Geheimnis der Goldmacherkunst an.

Ein andrer verspricht Dir den Beischlaf mit den Luftgeistern, vorausgesetzt, daß Du Dich nur dreißig Jahre der Weiber enthältst.

Ferner findest Du hier so geschickte Wahrsager, daß sie Dir Deinen ganzen Lebenslauf beschreiben, wenn sie sich vorher nur eine Viertelstunde mit Deinen Dienstboten unterhalten haben.

Verschmitzte Weibsleute machen die Jungfrauschaft zu einer Blume, die täglich welkt und wieder aufblüht und sich beim hundertstenmale unter größeren Schmerzen pflücken läßt, als beim ersten.

Eine andere Klasse besitzt die Kunst, alle Verwüstungen der Zeit wieder auszugleichen, und weiß die absterbende Schönheit neu zu beleben; ja mit ihrer Hilfe kann eine Frau vom Gipfel des Alters wieder bis zur zartesten Jugend hinabsteigen

Alle diese Leute leben oder suchen zu leben in einer Stadt, welche die Mutter der Erfindungen ist.

Das Einkommen der hiesigen Bürger ist unsicher und beruht ganz auf ihrem Verstand und Fleiß; jeder sucht den seinigen nach besten Kräften zu verwerten.

Wer die Zahl von Rechtsgelehrten nennen wollte, die ihre Netze nach den Einkünften einer Moschee auswerfen, könnte ebenso schnell den Sand am Meere und die Sklaven unseres Monarchen zählen.

Zahllose Lehrer der Sprachen, der Künste und der Wissenschaften erteilen Unterricht in Dingen, die sie nicht verstehen, und das erfordert bedeutendes Talent; denn man braucht nicht viel Geist, um zu zeigen, was man weiß; aber man braucht unendlich viel, um zu lehren, was man *nicht* weiß.

Sterben kann man hier nur eines plötzlichen Todes; das ist die einzige Art, wie der Tod seine Macht ausüben kann; denn in allen Winkeln giebt es hier Leute, welche unfehlbare Mittel gegen jede erdenkliche Krankheit besitzen.

Sämtliche Kaufläden sind umspannt mit unsichtbaren Netzen, in welchen alle Käufer hängen bleiben. Doch kann man sich manchmal recht wohlfeil wieder loskaufen; eine junge Verkäuferin umschmeichelt einen Herrn wohl eine Stunde lang, damit er ihr ein Päckchen Zahnstocher abnehme.

Nie verläßt jemand diese Stadt, ohne vorsichtiger geworden zu sein, als er es bei seiner Ankunft war; indem man seinen Besitz mit anderen teilen muß, lernt man, ihn zusammenzuhalten; und das ist der einzige Vorteil eines Fremden in dieser bezaubernden Stadt.

Paris, am 10. des Mondes Saphar, 1714.

Neunundfünfzigster Brief

Rica an Usbek in ***

In einem Hause, das ich neulich besuchte, fand ich eine Gesellschaft von allerlei Leuten. Bei meinem Eintritt führten zwei alte Frauen das Wort, die den ganzen Morgen vergeblich bemüht gewesen waren, sich zu verjüngen. „Man muß gestehen," sagte die eine von ihnen, „daß heutzutage die Männer ganz anders sind, als die, mit welchen wir in unserer Jugend Umgang pflogen; die letzteren waren höflich, artig und gefällig; aber die jetzige Männerwelt finde ich unerträglich roh." – „Alles ist anders geworden," bestätigte ein Herr, den die Gicht zu plagen schien. „Die Zeit ist nicht mehr, wie sie früher war. Vor vierzig Jahren war jedermann bei guter Gesundheit; man tummelte sich, man war lustig und guter Dinge, man wollte nur lachen und tanzen; aber jetzt macht die ganze Welt ein verdrießliches Gesicht." – Bald darauf kam man auf Politik zu sprechen. „Zum Henker," rief ein alter Herr, „der Staat hat ja gar keine Regierung mehr! Wo gäbe es jetzt einen Minister, wie Herr Colbert war? O, ich habe ihn gut gekannt, diesen Herrn Colbert; er war ein Freund von mir; er ließ mir meine Pension immer vor jedem andern auszahlen. Ja, damals, da waren die Finanzen in trefflicher Ordnung, und alle Welt befand sich wohl dabei. Aber heute bin ich ruiniert." – „Mein Herr," sagte darauf ein Geistlicher, „Sie erwähnen da die wundervollste Periode im Leben unseres unüberwindlichen Monarchen; was giebt es größeres, als den Schlag, den er damals führte, um die Ketzerei zu vernichten?" – „Und rechnen Sie die Abschaffung des Duells – „Das ist eine gescheite Bemerkung," flüsterte mir jemand ins Ohr. „Dieser Mann ist entzückt über das Verbot; er beobachtet es so gewissenhaft, daß er, um nicht dagegen zu verstoßen, sich vor sechs Monaten hundert Stockprügel schweigend gefallen ließ."

Es scheint mir, Usbek, daß wir über nichts zu urteilen vermögen, ohne unbewußt von uns auf die Dinge zu schließen. Ich finde es gar nicht überraschend, daß die Neger den Teufel blendend weiß und ihre Götter kohlschwarz malen, daß die Venus gewisser Völker Brüste hat, die ihr bis auf die Schenkel herabhängen, überhaupt, daß alle Götzendiener ihre Gottheiten in menschlicher Gestalt darstellen und sie mit allen ihren eigenen Neigungen ausstatten. Man hat sehr witzig gesagt: Wenn die Dreiecke sich einen Gott machen wollten, so würden sie ihm drei Seiten geben.

Mein lieber Usbek, wenn ich sehe, wie Menschen auf einem Atom, d. h. auf dieser Erde, die nur ein Punkt im Weltall ist, herumkriechen und sich dabei geradezu als die Modelle der Vorsehung aufspielen, so ist es mir ein Rätsel, wie so viel Überhebung mit solcher Nichtigkeit bestehen kann.

Paris, am 14. des Mondes Saphar, 1714.

Sechzigster Brief

Usbek an Ibben in Smyrna

Ob es in Frankreich Juden giebt, fragst Du mich? Ganz gewiß! Überall, wo Geld ist, sind auch Juden. Was Genau dasselbe wie in Persien; nichts ist einem Juden in Asien ähnlicher, als ein Jude in Europa.

Unter den Christen hängen sie an ihrer Religion mit derselben unbezwinglichen Hartnäckigkeit, die an Wahnsinn grenzt, wie bei uns. Die jüdische Religion ist ein alter Stamm, und die beiden Zweige, die er getrieben, der Muhamedanismus und das Christentum, erstrecken sich über die ganze Erde. Oder sie ist vielmehr eine Mutter, welche zwei Töchter geboren, die ihr tausend Wunden geschlagen haben; denn die nächstverwandten Religionen sind die bittersten Feindinnen. Aber wie übel sie auch von ihnen behandelt worden, wird sie doch nicht müde, sich zu rühmen, daß sie sie zur Welt gebracht hat. Sie bedient sich der einen wie der anderen, um die ganze Welt zu umfassen, während andererseits ihr ehrwürdiges Alter alle Zeiten umfaßt.

Die Juden betrachten sich demnach als die Quelle aller Heiligkeit und den Ursprung aller Religion; wir dagegen gelten ihnen als Ketzer, die das Gesetz entstellt haben, oder vielmehr als rebellische Juden.

Hätte der Abfall sich unmerklich vollzogen, so würden auch sie leicht verführt worden sein, glauben sie; aber da er plötzlich und gewaltsam war, und sie Tag und Stunde beider Geburten bezeichnen können, so ärgern sie sich darüber, daß auch wir alt geworden, und klammern sich an eine Religion, welche so alt ist wie die Welt.

Nie zuvor haben sie in Europa einer Ruhe genossen wie heutzutage. Die Christen fangen an, sich von jenem Geiste der Unduldsamkeit, der sie beseelte, frei zu machen. Für Spanien hatte es so üble Folgen, daß man die Juden aus dem Lande jagte, wie für Frankreich, daß man Christen hetzte, deren Glaube sich von dem des Fürsten ein wenig unterschied. Man hat erkannt, daß der Eifer für die Ausbreitung der Religion und die Treue, mit der man ihr anhängen soll, zweierlei ist, und daß man, um sie zu lieben und auszuüben, diejenigen nicht zu hassen und zu verfolgen braucht, die sie nicht ausüben.

Es wäre zu wünschen, daß unsere Muselmänner über diesen Punkt ebenso vernünftig dächten wie die Christen, damit man endlich einmal zwischen Ali und Abubekr Frieden stiften und Gott die Sorge überlassen könnte, die Verdienste dieser heiligen Propheten zu entscheiden. Ich wollte, daß man sie durch Handlungen der Ehrfurcht und Hochachtung, anstatt durch eitles Parteinehmen, ehrte, und daß man ihre Huld zu verdienen suchte, gleichviel welchen Rang Gott ihnen zugewiesen habe, sei es nun zu seiner Rechten oder unter dem Fußschemel seines Thrones.

Paris, am 18. des Mondes Saphar, 1714.

Einundsechzigster Brief

Usbek an Rhedi in Venedig

Neulich besichtigte ich das Innere einer berühmten Kirche, welche den Namen Notre-Dame führt. Während ich das gewaltige Bauwerk bewunderte, fand ich Gelegenheit, mich mit einem Geistlichen zu unterhalten, den, wie mich selbst, die Schaulust dorthin gelockt hatte. Wir kamen auf das ruhige Leben in seinem Stande zu sprechen. „Die meisten Leute,“ sagte er, „sehen mit Neid auf das Glück unseres Berufes, und sie haben Recht; doch hat er auch seine Schattenseite. Wir sind nicht so ganz von der Welt abgesondert, daß wir nicht bei tausend Gelegenheiten in ihr Treiben zurückgerufen würden; da haben wir dann eine gar schwierige Rolle zu spielen.

Die Weltmenschen sind eine merkwürdige Art: weder Lob, noch Tadel können sie von uns vertragen. Wollen wir sie zurechtweisen, so finden sie uns lächerlich;

spenden wir ihnen Beifall, so meinen sie, wir verleugnen unsren Charakter; Nichts ist so demütigend wie der Gedanke, daß man selbst den Gottlosen Ärgernis gegeben hat. So sehen wir uns zu einer zweideutigen Haltung genötigt; anstatt durch ein entschiedenes Auftreten, müssen wir den Spottlustigen dadurch zu imponieren suchen, daß wir sie in Ungewißheit darüber lassen, was wir von ihren Reden halten. Dazu gehört viel Klugheit; denn diese Neutralität ist schwer zu behaupten. Die Weltmenschen, welche alles wagen, alle ihre Einfälle unbekümmert aussprechen und, je nach dem Erfolge, sie festhalten oder wieder fahren lassen, haben viel leichteres Spiel.

Und das ist noch nicht alles. Diesen Zustand des Glückes und der Ruhe, von dem man soviel Aufhebens macht, stört die Berührung mit der Welt. Sobald wir dort erscheinen, zieht man uns in Streitfragen hinein. Bald müssen wir einem Menschen, der nicht an Gott glaubt, die Nützlichkeit des Gebets beweisen, bald einem andren, der sein Leben lang die Unsterblichkeit der Seele geleugnet hat, die Notwendigkeit des Fastens. Es ist eine mühsame Aufgabe, und die, Lacher sind nicht auf unserer Seite. Zu alledem peinigt uns noch unaufhörlich eine gewisse Sucht, andere zu unseren Ansichten zu bekehren; sie gehört sozusagen zu unserem Beruf. Das ist gerade so lächerlich, als wenn die Europäer zum Besten der Menschheit sich damit abmühen wollten, den Afrikanern die Gesichter weißzuwaschen. Wir stören die Ruhe des Staates und unsere eigene, um Lehrsätzen, die nicht zu den religiösen Grundwahrheiten gehören, allgemeine Anerkennung zu verschaffen; kurz, wir gleichen jenem chinesischen Eroberer, der eine allgemeine Empörung seiner Unterthanen heraufbeschwor, weil er sie zwingen wollte, sich das Haar oder die Nägel; zu beschneiden.

Oft ist selbst der Eifer gefährlich, mit welchem wir die, über deren Seelenheil wir wachen sollen, zur Erfüllung der Pflichten unserer heiligen Religion anzuhalten suchen, und man hat die größte Vorsicht dabei zu beobachten. Ein Kaiser Namens Theodosius ließ alle Einwohner seiner Stadt, selbst die Weiber und Säuglinge, niedermetzeln. Als er hierauf in eine Kirche treten wollte, ließ ein Bischof Namens Ambrosius die Thür vor ihm, als vor einem Mörder und Ruchlosen, verschließen; und in diesem Stücke handelte er wie ein Held. Nachdem aber der Kaiser Buße gethan, wie es seine Unthat erheischte, wurde ihm die Kirche wieder geöffnet, und er wollte einen Platz zwischen den Priestern einnehmen; doch der Bischof verbot es ihm, und er handelte damit wie ein närrischer Fanatiker. So gewiß ist es, daß man seinen Eifer im Zaum halten muß.

Was konnte der Religion oder dem Staate daran gelegen sein, ob jener Fürst bei den Priestern saß oder nicht?“

Paris, am 1. des ersten Mondes Rebiab, 1714.

Zweiundsechzigster Brief

Zelis an Usbek in Paris

Da Deine Tochter ihr siebentes Jahr zurückgelegt hat, so hielt ich es für besser, sie schon jetzt in die inneren Gemächer des Serails aufzunehmen, als erst das zehnte Jahr abzuwarten, um sie den schwarzen Eunuchen anzuvertrauen. Man kann ein junges Mädchen nicht früh genug von den Freiheiten seiner Kindheit entwöhnen und ihm in den geweihten Mauern, wo die Schamhaftigkeit wohnt, eine heilige Erziehung geben.

Ich kann durchaus nicht mit jenen Müttern übereinstimmen, die ihre Töchter erst dann einschließen, wenn sie im Begriffe stehen, einen Mann für sie zu wählen; denn auf solche Art verdammen sie dieselben vielmehr zum Serail, als sie ihm zu weihen, und zwingen sie gewaltsam zu einer Lebensweise, zu der sie ihnen nach und nach hätten Liebe einflößen sollen. Warum alles von dem strengen Vernunftgebot und nichts von der süßen Gewöhnung erwarten?

Vergebens spricht man uns von der Abhängigkeit, welche unser natürliches Los ist. Es ist nicht genug, uns dieselbe fühlbar zu machen; man muß uns auch darauf einüben, damit sie uns in jener kritischen Zeit zu Hilfe komme, wo die Leidenschaften zu erwachen und uns zu eigenwilligem Handeln zu reizen beginnen.

Wären wir nur durch die Pflicht an euch gebunden, so könnten wir ihrer manchmal vergessen; wären wir es nur durch das Band der Neigung, so könnte eine stärkere Neigung es zerreißen. Aber wenn die Gesetze uns zum Eigentum eines Mannes machen, so entziehen sie uns allen anderen und entfernen uns so weit von ihnen, als schieden uns hunderttausend Meilen.

Die Natur, welche soviel für die Männer gethan, hat sich nicht darauf beschränkt, sie selbst mit dem Liebestriebe auszustatten, sondern ihr Wille hat ihn auch uns verliehen, auf daß wir ihnen als lebendige Werkzeuge ihres Glückes dienten. Damit sie ruhig leben möchten, hat sie das Feuer der Leidenschaften in uns entzündet. Verlieren sie ihre Unempfindlichkeit, so ist es unsere Bestimmung, dieselbe wiederherzustellen, ohne daß wir selbst jemals des glücklichen Zustandes, in den wir sie versetzen, genießen könnten.

Bilde Dir indessen nicht ein, Usbek, Deine Lage sei glücklicher als die meinige; denn ich habe hier tausend Freuden gekostet, von denen Du nichts weißt, und meine Phantasie war fortgesetzt thätig, mir ihren Wert voll zum Bewußtsein zu bringen. Ich habe gelebt, und Du hast nur geschmachtet.

Selbst in dem Kerker, in dem Du mich gefangen hältst, bin ich freier als Du. Und wenn Du auch Deine Anstalten zu meiner Bewachung noch verdoppeltest, würde ich doch an Deiner Unruhe meine Freude haben. Dein Mißtrauen, Deine Eifersucht und Deine Sorgen sind lauter Beweise Deiner Abhängigkeit.

Fahre nur so fort, lieber Usbek. Laß mich Tag und Nacht bewachen, und mehr noch, begnüge Dich nicht mit den hergebrachten Vorsichtsmaßregeln. Vermehre mein Glück, indem Du Dir das Deinige sicherst, und sei gewiß, daß ich nichts fürchte als Deine Gleichgültigkeit.

Serail zu Ispahan, am 2. des ersten Mondes Rebiab, 1714.

Dreiundsechzigster Brief

Rica an Usbek in ***

Fast möchte man glauben, daß Du Dein ganzes Leben auf dem Lande zubringen willst. Im Anfang meinte ich, Dich nur auf zwei oder drei Tage entbehren zu müssen; aber nun habe ich Dich schon seit vierzehn nicht mehr gesehen. Freilich bist Du in einem angenehmen Hause, wo Du passende Gesellschaft hast und reden darfst, wie es Dir gefällt: mehr brauchst Du ja nicht, um die ganze Welt zu vergessen.

Was mich betrifft, so hat sich fast nichts in meiner Lebensweise geändert. Ich gehe fleißig unter die Leute und suche sie kennen zu lernen. Unmerklich verliert mein Geist sein asiatisches Gepräge, und europäische Sitte wird mir zur zweiten

Natur. Es setzt mich gar nicht mehr in Erstaunen, wenn ich in einem Hause fünf bis sechs Frauen und fünf bis sechs Männer bei einander finde, und es scheint mir gar keine so üble Erfindung zu sein.

Ich kann wohl sagen: erst seit ich hier bin, kenne ich die Weiber; in einem Monat habe ich sie hier besser verstehen gelernt, als ich es in einem Serail in dreißig Jahren vermocht hätte.

Bei uns sind alle Charaktere gleichförmig, weil der Zwang sie gebildet hat; man sieht die Leute nicht wie sie sind, sondern in der Truggestalt, die man ihnen aufnötigt.

In dieser Knechtschaft des Herzens und des Geistes redet bloß die Furcht, die nur *eine* Sprache kennt, nicht aber die Natur, die sich auf so vielerlei Art verständlich macht, und der solch ein Reichtum von Formen zu Gebote steht.

Die Kunst der Verstellung, bei uns so viel geübt und keinem entbehrlich, ist hier unbekannt. Alles redet, alles sieht und versteht sich; man zeigt sein Herz so offen wie sein Gesicht; an den Sitten, an der Tugend, ja selbst am Laster bemerkt man immer einen Zug von Naivetät.

Das Talent, dessen man bedarf, um den Weibern zu gefallen, ist verschieden von dem, welches ihnen noch mehr gefällt. Es besteht in einer Art witziger Schäkerei, welche sie ergötzt, indem sie ihnen jeden Augenblick zu versprechen scheint, was man leider nur in zu langen Zwischenräumen halten kann.

Eigentlich paßt diese Tändelei nur für den Putztisch; allein nach und nach scheint sie der allgemeine Nationalcharakter geworden zu sein. Man tändelt im Staatsrat, man tändelt vor der Front eines Heeres, man tändelt mit einem Gesandten, und es ist gerade die Ernsthaftigkeit seines Gebahrens, wodurch ein Beruf sich lächerlich macht. Man würde über die Ärzte nicht mehr lachen, wenn sie aufhörten, sich wie Leichenbitter zu kleiden, und ihre Kranken mit Getändel aus der Welt schafften.

Paris, am 10. des ersten Mondes Rebiab, 1714.

Vierundsechzigster Brief

Der Oberste der schwarzen Verschnittenen an Usbek in Paris

Ich befinde mich in einer unbeschreiblichen Verlegenheit, erlauchter Herr. Das Serail ist in schrecklicher Unordnung und Verwirrung. Unter Deinen Frauen ist Krieg ausgebrochen, und Deine Eunuchen sind in Parteien zerfallen. Man hört nur noch Klagen, Murren und Vorwürfe, und Verachtung begegnet meinem Einspruch. Alles scheint in dieser zügellosen Zeit erlaubt zu sein, und ich führe im Serail nur einen leeren Titel.

Es giebt auch nicht eine unter Deinen Frauen, die sich nicht wegen ihrer Abkunft, ihrer Schönheit, ihres Reichtums, ihres Geistes, oder wegen Deiner Liebe für besser hielte, als die übrigen, und die nicht einen oder den andren dieser Vorzüge geltend machte, um allerlei Vorrechte zu genießen. Unablässig habe ich meine langmütige Geduld an sie verschwendet, und doch war es mein Mißgeschick, sie dadurch alle gegen mich aufzubringen. Meine Klugheit, ja selbst meine Nachgiebigkeit, diese Tugend, die in meinem Amte so selten und so unerwartet ist, sind völlig nutzlos geblieben.

Darf ich Dir die Ursache all dieser Verwilderung aufdecken, erlauchter Herr? Sie liegt in Deinem eigenen Herzen, in der zarten Rücksicht, mit der Du Deine Frauen behandelst. Wenn Du mir nicht die Hand fesseltest; wenn Du mir erlaubtest, Züchtigungen anzuwenden statt der Ermahnungen; wenn Du Dich durch ihre Klagen und Thränen nicht erweichen ließest, sondern sie mit ihrem Wehgeschrei zu mir wiesest, der niemals erweicht wird: dann würde ich sie bald unter das Joch, das ihr natürliches Los ist, beugen und ihnen die herrschsüchtigen und eigenwilligen Launen vertreiben.

Im Alter von fünfzehn Jahren wurde ich meinem Vaterlande im Innern von Afrika entrissen und sogleich an einen Herrn verkauft, der über zwanzig Frauen oder Beischläferinnen hatte. Da er aus meinem ernsten und schweigsamen Wesen den Schluß zog, daß ich mich für den Dienst im Serail eignen würde, befahl er, mich dazu herzurichten. Es wurde also eine Operation an mir vollzogen, die anfänglich schmerzhaft war, bald aber glückliche Folgen für mich hatte, weil sie mir bei meinen Gebietern Gehör verschaffte und mir ihr Vertrauen erwarb. Ich kam in jenes Serail, welches eine neue Welt für mich war. Der erste Verschnittene, der strengste Mann, den ich in meinem Leben gesehen habe, herrschte daselbst mit unbeschränkter Macht. Da hörte man nichts von Spaltungen oder Streit; ein tiefes Schweigen herrschte überall. Jahr aus, Jahr ein legten sich sämtliche Frauen um die nämliche Stunde zur Ruhe und standen um die nämliche Stunde auf. Sie gingen nach der Reihe ins Bad und verließen es augenblicklich wieder, sobald wir ihnen das Zeichen dazu gaben. Während der übrigen Zeit waren sie fast immer in ihren Zimmern eingeschlossen. Sein besonderes Augenmerk war darauf gerichtet, sie zu großer Sauberkeit anzuhalten, die er mit peinlichster Strenge kontrolierte; fehlte es nur im Mindesten an Gehorsam, so folgte erbarmungslose Strafe. „Ich bin ein Sklave," sagte er, „aber der Sklave des Mannes, welcher euer Herr ist wie der meinige, und ich brauche nur die Macht, die er mir über euch gegeben hat. Er ist es, der euch züchtigt, nicht ich; ich leihe nur die Hand dazu." Niemals betraten die Frauen ungerufen das Zimmer meines Gebieters; mit Freuden folgten sie dem Rufe, wenn diese Gunst ihnen widerfuhr, und sie beklagten sich nicht, wenn sie ihnen versagt wurde. Und ich selbst endlich, der unter den Mohren in diesem stillen Serail der letzte war, ich genoß tausendmal größere Achtung, als in dem Deinigen, wo ich über alle gebiete.

Sobald der Groß-Eunuch meine Begabung einmal erkannt hatte, ließ er mich nicht mehr aus dem Auge. Er schilderte mich meinem Herrn als einen Menschen, der die Fähigkeit besitze, seine Grundsätze durchzuführen und einst Nachfolger im Amte zu werden. Mein jugendliches Alter machte ihn nicht bedenklich; denn er glaubte, daß mein Pflichteifer mir die mangelnde Erfahrung ersetzen würde Doch ich will mich kurz fassen. Bald machte ich so große Fortschritte in seinem Vertrauen, daß er keinen Anstand mehr nahm, mir die Schlüssel zu den furchtbaren Räumen, deren Hüter er so lange gewesen, einzuhändigen. Unter diesem großen Meister also lernte ich die schwere Kunst, zu gebieten, und empfing meine Ausbildung in den Regeln eines unbeugsamen Regiments. Unter seiner Anleitung studierte ich das Herz der Weiber; er lehrte mich, aus ihren Schwächen Vorteil zu ziehen und mich durch ihre Anmaßung nicht einschüchtern zu lassen. Oftmals ließ er mich geflissentlich Übungen mit ihnen anstellen und ihren Gehorsam den schwersten Proben unterwerfen; dann ließ er die Zügel unvermerkt wieder nach und nötigte mich sogar, für eine Weile selbst fügsam zu erscheinen. Aber man mußte ihn sehen, wie ihn alle ihre Thränen kalt und unbewegt ließen, wenn die Vergeblichkeit flehentlicher Bitten und leidenschaftlicher Vorwürfe sie fast zur Verzweiflung trieb. „Das ist die Art," sagte er mit zufriedenem Gesicht, „wie man die Weiber regieren muß. Auch kommt es mir auf ihre Anzahl gar nicht an; gerade so gut wollte ich sämtliche Frauen unseres großen Monarchen in Ordnung halten. Wie kann ein Mann hoffen, ihr Herz zu erobern, wenn seine getreuen Eunuchen nicht zuvor ihren Geist gebändigt haben?“

Aber mit seiner Festigkeit verband sich auch ein seltener Scharfblick. Er wußte ebenso deutlich ihre Gedanken wie ihre Verstellung zu durchschauen; ihr berechnetes Geberdenspiel, ihre heuchlerischen Mienen konnten ihm nichts verbergen. Von ihren verstecktesten Handlungen, ihren heimlichsten Reden hatte er Kenntnis. Er benutzte die einen zur Ausforschung der andren und war immer bereit, die geringste vertrauliche Mitteilung zu belohnen. Da sie sich ihrem Gemahl nur nähern durften, wenn sie gerufen wurden, so bestimmte der Eunuch für diese Gunst welche er wollte, und lenkte die Wünsche seines Gebieters auf diejenigen, welche er selbst dazu ersehen hatte; und diese Auszeichnung war jedesmal die Belohnung für ein ihm ausgeplaudertes Geheimnis. Er hatte seinen Herrn zu bereden gewußt, es diene zum Besten der Ordnung, daß er ihm die Wahl überlasse, um ihm dadurch größeren Einfluß zu sichern. Auf solche Weise, erlauchter Herr, wurde ein Serail regiert, welches nach meinem Dafürhalten das bestgeordnete in ganz Persien war.

Laß mir darum freie Hand. Willige ein, daß ich mir Gehorsam verschaffe, und in acht Tagen soll über diesem Herde der Verwilderung Ordnung und Sitte wieder thronen; Deine Ehre gebietet es, Deine Sicherheit erfordert es.

In Deinem Serail zu Ispahan, am 9. des ersten Monats Rebiab, 1714.

Fünfundsechzigster Brief

Usbek an seine Frauen im Serail zu Ispahan

Ich erfahre, daß das Serail im Zustande der Verwilderung und ein Schauplatz des Gezänks und innerer Spaltungen ist. Habe ich Euch bei meiner Abreise nicht zum Frieden und zur Freundlichkeit ermahnt? Und Ihr verspracht, mir zu folgen; geschah das, um mich zu täuschen?

Ihr würdet selbst die Getäuschten sein, wenn ich den Ratschlägen des Groß-Eunuchen gehorchen und meine Macht gebrauchen wollte, Euch zu der guten Ausführung zwingen, um die ich Euch mahnend gebeten habe.

Aber es widerstrebt mir, solche Gewaltmittel anzuwenden, bevor ich alle anderen versucht habe; thut doch also um Euretwillen, was Ihr nicht um meinetwillen thun wolltet.

Der Obereunuch hat große Ursache, sich zu beklagen; ich entnehme aus seinem Briefe, daß Ihr ihm nicht die schuldige Achtung erweist. Fühlt Ihr nicht, daß Ihr dadurch einen Verstoß begeht gegen weibliche Zucht und Sitte? Ist nicht ihm während meiner Abwesenheit Eure Tugend anvertraut? Er ist der Verwalter dieses heiligen Kleinods. Aber Euer verachtungsvolles Benehmen gegen ihn ist ein Zeichen, daß Euch die Beschützer Eurer Ehre lästig sind.

Ich bitte Euch daher, ändert Euer Verhalten und ermöglicht es mir, das nächste Mal die Maßregeln abzulehnen, die man mir zum Schaden Eurer Freiheit und Ruhe zu ergreifen rät.

Ich wünsche ja so sehr, ich könnte Euch den Herrn in mir vergessen machen, damit ich mich selbst nur noch als Euer Gatte zu fühlen brauchte.

Paris, am 5. des Mondes Chahban, 1714.

Sechsundsechzigster Brief

Rica an ***

Viele Leute pflegen hier die Wissenschaft; aber ich weiß nicht, ob sie besonders gelehrt sind. Wer als Philosoph an allem zweifelt, wagt als Theologe nichts zu leugnen; und, obwohl mit sich selbst in Widerspruch, ist ein solcher Mensch doch stets mit sich selbst zufrieden, vorausgesetzt, daß man ihn gelten läßt.

Die meisten Franzosen sind darauf versessen, Geist zu haben; und wenn sie welchen haben, so stellt sich die Sucht des Bücherschreibens bei ihnen ein.

Indessen giebt es keine größere Thorheit. Die Natur schien weislich für die Vergänglichkeit des menschlichen Unverstandes gesorgt zu haben; aber die

Bücher machen ihn unsterblich. Nicht zufrieden damit, seine Zeitgenossen gelangweilt zu haben, will ein Tropf auch die künftigen Geschlechter noch plagen. Seine Dummheit soll über die Vergessenheit triumphieren, deren er wie der Grabesruhe hätte genießen können; die Nachwelt soll erfahren, daß er gelebt hat; sie soll für alle Zeit wissen, daß er ein Tropf war.

Von allen Schriftstellern verachte ich keine so sehr wie die Kompilatoren, die überall nach Fetzen aus den Werken andrer herumsuchen, welche sie dann in die ihrigen einfügen wie Rasenstücke in ein Gartenbeet. Sie stehen nicht höher, als die Setzer in der Druckerei; denn auch diese reihen Buchstaben an einander, und wenn auf solche Art ein Buch entsteht, so war es nur ihre Hand, die dazu geholfen hat. Ich wünschte, man hätte Achtung vor den Originalwerken; es scheint mir eine Art von Entweihung, ihre Bestandteile aus dem Heiligtum, dem sie angehören, herauszureißen, um sie einer unverdienten Verachtung auszusetzen.

Warum kann ein Mensch nicht schweigen, wenn er nichts Neues zu sagen hat? Warum diese doppelte Mühe? – „Nun, ich ordne die Sachen unter neuen Gesichtspunkten!“ Dann sind Sie freilich ein kluger Mann. Es ist dasselbe, als ob Sie in meine Bibliothek kämen und die Bücher unten aufstellten, welche oben stehen, und oben, welche unten stehen –ein wahres Meisterstück!

Ich schreibe Dir von diesen Dingen, ***, weil ich über ein Buch, von dem ich soeben davon gelaufen, in großem Ärger bin. Es ist so dick, daß es aussieht, als müsse die gesamte Weltweisheit darin enthalten sein; aber ich habe mir den Kopf darüber zerbrochen und doch nichts daraus gelernt. Lebewohl.

Paris, am 8. des Mondes Chahban, 1714.

Siebenundsechzigster Brief

Ibben an Usbek in Paris

Schon sind drei Schiffe hier angekommen, ohne mir Nachrichten von Dir zu bringen. Bist Du krank? Oder macht es Dir Vergnügen, mich zu beunruhigen?

Wenn Du schon in einem Lande, wo nichts Deine Neigung fesselt, meiner Liebe vergissest, wie wird es dann mitten in Persien und im Schoße Deiner Familie werden? Aber vielleicht bin ich im Irrtum. Du bist liebenswert genug, um überall Freunde zu finden; das Herz ist in jedem Lande daheim: wie also wäre es einer gutgearteten Seele möglich, sich nicht herzlich anzuschließen? Auch von mir kann ich sagen, daß ich die alten Freundschaften in Ehren halte, aber es doch nicht ungern sehe, wenn ich überall neue schließen kann.

In welchem Lande ich mich auch aufgehalten, überall habe ich gelebt, als ob ich immer daselbst bleiben sollte. Überall zog es mich gleichmäßig zu den guten Menschen; überall empfand ich das nämliche Mitleid oder vielmehr die nämliche zärtliche Liebe für die Unglücklichen, dieselbe Hochachtung vor denen, welche das Glück nicht verblendet hat. Das ist mein Charakter, Usbek; überall, wo es Menschen giebt, wähle ich mir unter ihnen meine Freunde.

Es lebt hier ein Gueber, welcher nächst Dir vielleicht den höchsten Platz in meinem Herzen einnimmt. Er ist die Rechtschaffenheit selbst. Besondere Ursachen haben ihn veranlaßt, in dieser Stadt seine Zuflucht zu suchen, wo er mit einer geliebten Frau in Ruhe seinen Unterhalt durch den Betrieb eines anständigen Geschäftes erwirbt. Sein Leben ist eine Kette Von großmütigen Handlungen; und obwohl er die Zurückgezogenheit sucht, wohnt doch mehr Heldenmut in seinem Herzens als im Busen der größten Monarchen.

Tausendmaı, habe ich ihm von Dir erzählt, und ich zeige ihm alle Deine Briefe. Er findet sichtliches Vergnügen daran, und ich merke schon, daß Du unbewußt einen Freund erworben hast.

Die beiliegenden Blätter enthalten eine Erzählung seiner merkwürdigsten Schicksale. Obwohl er sich nur mit Widerstreben dazu entschlossen Hat, sie aufzuzeichnen, so konnte er es doch meiner Freundschaft nicht versagen, und ich vertraue sie nun der Deinigen.

Geschichte von Apheridon und Astarte.

Ich bin unter den Guebern geboren, deren Religion vielleicht die älteste auf der Welt ist. Zu meinem Unglück entwickelte sich die Liebe bei mir früher, als der Verstand. Ich zählte kaum sechs Jahre, als ich ohne meine Schwester schon nicht mehr leben konnte. Immer hingen meine Augen an ihr; und wenn sie mich einen Augenblick verlassen, so schwammen dieselben bei ihrer Rückkehr in Thränen; täglich steigerte sich meine Liebe, je älter ich wurde. Mein Vater war über eine so heftige Leidenschaft erstaunt, und nach alter guter Sitte, wie sie

Kambyses bei den Guebern eingeführt, würde er uns gern mit einander verheiratet haben. Aber die Furcht vor den Muhamedanern, unter deren Joche wir leben, verbietet unserem Stamm, an solche heiligen Verbindungen zu denken, die unsere Religion nicht nur gestattet, sondern vielmehr fordert, da sie die Bande des Blutes auf so natürliche Art wiederholen.

Da es also mein Vater für gefährlich hielt, meiner und seiner Neigung nachzugeben, so beschloß er, diese Flamme zu ersticken; denn er glaubte, sie sei erst im Entstehen, während sie in der That schon ihren Höhepunkt erreicht hatte. Er schützte eine Reise vor, auf die er mich mit sich nahm, und ließ meine Schwester bei einer Verwandten zurück, da meine Mutter schon seit zwei Jahren tot war. Ich schweige von meiner Verzweiflung über diese Trennung. Ich umarmte meine Schwester, die ganz in Thränen gebadet war; meine eigenen Augen blieben trocken; denn der Schmerz hatte mich fast betäubt. Wir gelangten nach Tiflis, wo mein Vater meine Erziehung einem unsrer Verwandten anvertraute; er selbst verließ mich und kehrte in die Heimat zurück.

Nach einiger Zeit erfuhr ich, er habe mit Hilfe eines angesehenen Freundes die Aufnahme meiner Schwester in den Beiram des Königs bewirkt, wo sie in den Dienst einer Sultanin trat. Es würde kein schwererer Schlag für mich gewesen sein, wenn man mir ihren Tod gemeldet hätte; denn abgesehen davon, daß mir dadurch alle Hoffnung benommen wurde, sie wiederzusehen, war sie durch ihren Eintritt in den Beiram eine Muhamedanerin geworden und konnte mich unter den Vorurteilen dieser Religion nur noch mit Abscheu betrachten. Dennoch kehrte ich, meiner selbst und des Lebens überdrüssig, nach Ispahan zurück; denn es war mir unmöglich, länger in Tiflis zu bleiben. Es waren bittre Worte, die mein Vater von mir hören mußte; ich überhäufte ihn mit Vorwürfen, daß er seine Tochter an einen Ort gebracht, wohin man nur gelangen kann, wenn man seinen Glauben verleugnet. „Du hast den Zorn Gottes und der Sonne, deren Strahlen Dich bescheinen, auf Deine Familie herabbeschworen," sagte ich zu ihm. „Deine That ist schlimmer, als wenn Du die Elemente befleckt hättest; denn Du hast die Seele Deiner Tochter befleckt, welche wahrlich nicht weniger rein war. Ich werde vor Schmerz und Liebe sterben, und möge mein Tod die einzige Strafe sein, die Gott über Dich verhängt!" Nach diesen Worten ging ich hinaus, und nun verbrachte ich zwei Jahre meines Lebens damit, die Mauern des Beirams anzuschauen und mich in Vermutungen zu ergehen, in welchem Teile meine Schwester sich wohl befinden möchte. Tausendmal lief ich dabei jeden

Tag Gefahr, von den Eunuchen, welche um diese furchtbare Stätte die Runde machen, erwürgt zu werden.

Endlich starb mein Vater. Die Sultanin aber, welche die Dienstleistungen meiner Schwester genoß, gewahrte mit wachsender Eifersucht, wie diese täglich schöner wurde, und verheiratete sie mit einem Eunuchen, der sie leidenschaftlich zu besitzen wünschte. So kam es, daß meine Schwester das Serail wieder verließ. Sie bezog mit ihrem Eunuchen ein Haus in Ispahan.

Über drei Monate bekam ich sie nicht zu Gesichte, da der Eunuch, der eifersüchtigste von allen Menschen, mich unter allerlei Vorwänden immer zurückwies. Endlich indessen erhielt ich Zutritt zu seinem Beiram, und er ließ mich durch ein Gitterfenster mit ihr reden. Aber sie war in so dichte Gewänder und Schleier gehüllt, daß selbst Luchsaugen sie nicht hätten erspähen können, und ich vermochte sie nur an ihrer Stimme zu erkennen. Wie tief war ich erregt, als ich ihr so nahe war, und doch so fern! Ich nahm mich zusammen: denn ich wurde beobachtet. Sie ihrerseits schien Thränen zu vergießen. Ihr Mann wollte ein paar elende Entschuldigungen vorbringen; aber ich behandelte ihn wie den niedrigsten Sklaven. Er war sehr betreten, als er merkte, daß ich meine Schwester in einer Sprache anredete, die er nicht verstand; denn ich bediente mich unserer heiligen Sprache, des Alt-Persischen. “Wie, meine Schwester,“ sagte ich zu ihr, „ist es wahr, daß Du der Religion Deiner Väter untreu geworden bist? Ich weiß wohl, daß Du Dich zum Muhamedanismus hast bekennen müssen, als Du Aufnahme in den Beiram fandest; aber konnte, wie Dein Mund es that, auch Dein Herz seine Zustimmung geben, daß Du eine Religion verließest, die mir gestattet, Dich zu lieben? Und für wen hast Du sie aufgegeben, diese Religion, die uns so teuer sein sollte? Für einen Elenden, der noch von den Fesseln gebrandmarkt ist, die er getragen hat und, wenn er den Namen eines Menschen verdient, von allen der niedrigste ist!“ – „Mein Bruder,“ versetzte sie, „der Mann, von dem Du redest, ist mein Gemahl; ich muß ihn ehren, so unwürdig er Dir auch erscheinen mag; und ich würde gleichfalls die niedrigste aller Frauen sein, wenn ...“ – „Ach, meine Schwester,“ unterbrach ich sie, „Du gehörst zum Stamm der Guebern; darum ist er weder Dein Gatte, noch kann er es sein. Wenn Du die Glaubenstreue Deiner Väter bewahrst, so kannst Du ihn nur als ein Ungeheuer betrachten.“ – „Ach,“ erwiderte sie, „wie fern liegt mir jetzt diese Religion! Kaum kannte ich noch ihre Gebote, als ich sie schon vergessen mußte. Du siehst, daß selbst die Sprache, in der ich zu Dir rede, mir nicht mehr geläufig ist; es kostet mir die erdenklichste Mühe, mich darin auszudrücken. Aber glaube mir, daß die süße Erinnerung an unsere Kindheit mich niemals verläßt, daß ich seit jener Zeit nur noch falsche Freuden genossen habe, und daß kein Tag verging, ohne daß ich Deiner gedachte. Und mehr, als Du ahnst, hast Du zu dieser Ehe beigetragen; denn nur die Hoffnung, Dich wiederzusehen, hat mich dazu bestimmen können. Aber ach, wie viele Leiden wird dieser Tag, der mir schon so große bereitet hat, noch zur Folge haben! Du selbst bist ganz außer Dir, und mein Mann zittert vor Wut und Eifersucht. Ich werde Dich niemals wiedersehen; ich rede gewiß mit Dir zum letzten Male in meinem Leben. Aber dann, mein Bruder, dann wird es nicht mehr lange dauern." Bei diesen Worten verlor sie ganz ihre Fassung, und da sie sich außer Stande sah, noch weiter zu sprechen, so verließ sie mich als den trostlosesten aller Menschen.

Nach drei oder vier Tagen begehrte ich, meine Schwester von neuem zu sehen. Der Unmensch von Eunuch würde es mir gern verwehrt haben; aber abgesehen davon, daß Ehemänner von seiner Art nicht soviel über ihre Frauen vermögen wie andere Leute, war er so rasend in meine Schwester verliebt, daß er ihr nichts abschlagen konnte. Wiederum sah ich sie an demselben Orte und in der nämlichen Vermummung, und diesmal standen ihr zwei Sklavinnen zur Seite. Ich nahm daher wieder zu unserer besonderen Sprache meine Zuflucht. „Schwester," sagte ich zu ihr, „warum kann ich Dir nur unter diesen schauderhaften Verhältnissen nahen? Die Mauern, die Dich eingekerkert halten, diese Riegel und Gitter, diese verruchten Spione, die Dich bewachen, bringen mich in Wut. Wie hast Du die süße Freiheit verlieren können, welche Deine Vorfahren genossen? Deine Mutter, die so keusch war, gab ihrem Gatten nur ihre Tugend als Unterpfand ihrer Treue. Beide lebten sie in dem Glücke eines wechselseitigen Vertrauens, und die Einfalt ihrer Sitten war für sie ein tausendmal köstlicherer Reichtum, als der eitle Glanz und Luxus, der Dich in diesem Hause zu umgeben scheint. Mit Deiner Religion hast Du auch Deine Freiheit, Dein Glück und jenes die Gut, die Gleichheit worin die Ehre Deines Geschlechtes besteht, verloren. Aber, was noch schlimmer, Du bist nicht die Frau – denn das kannst Du nicht sein –, sondern die Sklavin eines Sklaven, der unter die Menschen hinabgesunken." – „Ach, mein Bruder," erwiderte sie, „mißachte nicht meinen Gatten, mißachte nicht die Religion, die ich angenommen: nach den Lehren dieser Religion beging ich eine Sünde, indem ich Dich anhörte und mit Dir redete." – „Wie, Schwester, rief ich ganz außer mir, „so glaubst Du an diese Religion?" – „Ach, wie gut wäre es für mich, wenn ich es nicht thäte," versetzte sie. „Ohne diesen Glauben wäre das Opfer, das ich ihr bringe, zu groß;

und wenn meine Zweifel ...“ Hier brach sie ihre Worte ab. – „Ja, liebste Schwester, Deine Zweifel sind wohlbegründet, welcher Art sie auch sein mögen. Was erwartest Du von einer Religion, welche Dich in dieser Welt unglücklich macht und Dir keine Hoffnung auf eine künftige läßt? Bedenke, „daß die unsrige die älteste von der Welt ist; daß sie immer in Persien geblüht und keinen andren Ursprung hat, als dies Reich, dessen Anfänge niemand kennt. Bedenke ferner, daß der Muhamedanismus nur durch einen Zufall hier eingedrungen, und daß er eine Seite ist, die sich nicht durch Gewinnung der Herzen, sondern mit Waffengewalt ihre Bahn brach. Wären unsere angestammten Fürsten nicht schwach gewesen, so würde der Kultus jener alten Magier noch jetzt in Kraft sein. Rufe Dir jene verflossenen Jahrhunderte vor die Seele: da erinnert Dich alles an den Magierdienst, und nichts an die muhamedanische Seite, die noch nach mehreren Jahrtausenden nicht einmal in ihrer Kindheit war.“ – „Aber wäre auch meine Religion jünger, als die Deinige,“ gab sie mir zur Antwort, „so ist sie wenigstens reiner, da sie nur Gott allein anbetet, während ihr neben ihm noch der Sonne, den Sternen, dem Feuer und selbst den Elementen göttliche Verehrung darbringt.“ – „Ich sehe, Schwester, Du hast den Muselmännern unsere heilige Religion verleumden gelernt. Wir beten weder die Gestirne noch die Elemente an, und auch unsere Väter haben sie niemals angebetet. Niemals haben sie ihnen Tempel errichtet, niemals ihnen Opfer gebracht; nur mit andachtsvoller Ehrfurcht, aber ohne Abgötterei, haben sie in ihnen die Werke und Offenbarungen der Gottheit gefeiert. Aber, meine Schwester, im Namen Gottes, der uns erleuchtet, nimm von mir dies heilige Buch an, welches ich Dir gebracht habe; es ist das Buch unseres Gesetzgebers Zoroaster. Lies es ohne Vorurteil und laß Dein Herz von den Lichtstrahlen durchdringen, deren Glanz Dich erfüllen wird, wenn Du es liesest. Gedenke Deiner Väter, welche so lange die Sonne in der heiligen Stadt Balkh verehrt haben, und gedenke endlich auch meiner, der nur von Deiner Sinnesänderung Ruhe, Glück und Leben erhofft.“ Tief ergriffen entfernte ich mich und überließ es ihr, allein über die größte Angelegenheit meines Lebens zu entscheiden.

Nach Verlauf von zwei Tagen kehrte ich zu ihr zurück; aber ich redete sie nicht an, sondern erwartete schweigend aus ihrem Munde mein Urteil über Leben oder Tod. „Du wirst geliebt, mein Bruder,“ sprach sie, „und von einer Gueberin. Ich habe lange mit mir gekämpft; aber, ihr Götter, was für Hindernisse weiß die Liebe zu überwinden! Und welche Last ist nun von mir genommen! Ich fürchte nicht mehr, daß ich Dich zu sehr lieben könnte; ich kann meiner Liebe keine

Grenzen setzen; selbst ihr Übermaß ist berechtigt. Ach, wie wohl thut mir das im innersten Herzen! Du aber, der Du die Ketten zu zerbrechen verstandest, die mein Geist sich geschmiedet hatte, wann wirst Du diejenigen brechen, die meine Hände gefesselt halten? Von diesem Augenblicke gehöre ich Dir; nimm mich nun schnell in Empfang und zeige dadurch, wie teuer Dir dies Geschenk ist. Bruder, ich glaube die Seligkeit wird mich töten, wenn ich Dich zum erstenmale in die Arme schließe." –Niemals könnte ich einen Ausdruck für die Freude finden, mit der mich diese süßen Worte erfüllten. Ich hielt mich in einem Augenblick für den glücklichsten aller Menschen, und ich war es in der That. Ich erblickte mich beinahe am Ziele meiner Sehnsucht von fünfundzwanzig Jahren, und all der Kummer, welcher mir das Leben so verbittert hatte, schien vergessen. Aber nachdem der erste Rausch des Entzückens sich ein wenig gelegt, mußte ich doch erkennen, daß ich meinem Glücke noch nicht so nahe war, als der erste Eindruck es mir vorgespiegelt, obwohl ich das größte aller Hindernisse überwunden hatte. Es galt ja, die Wachsamkeit ihrer Hüter zu täuschen. Ich wagte keinem Menschen das Geheimnis meines Lebens zu vertrauen; wir beide mußten das Rettungswerk ganz allein vollbringen. Mißlang mein Versuch, so lief ich Gefahr, gespießt zu werden; aber nicht das machte mir Furcht; das Mißlingen selbst wäre der grausamste Schmerz gewesen. Wir trafen die Verabredung, daß sie eine Uhr von mir holen lassen sollte, ein für sie bestimmtes Erbstück von ihrem Vater. Darin sollte ich eine Feile zum Durchsägen der Eisenstäbe vor ihrem auf die Straße gehenden Fenster und ein in Knoten geschlungenes Seil verbergen. Von nun an sollte ich meine Besuche bei ihr einstellen, aber jede Nacht unter jenem Fenster Wache halten, bis sie ihren Plan zur Ausführung bringen könnte. Fünfzehn ganze Nächte wartete ich dort, ohne daß sie sich blicken ließ, da sie niemals eine günstige Gelegenheit fand. In der sechzehnten endlich vernahm ich das Geräusch einer Feile. Von Zeit zu Zeit wurde die Arbeit unterbrochen, und in diesen Pausen empfand ich eine unsägliche Angst. Schließlich, nachdem sie sich eine Stunde lang abgemüht, sah ich, wie sie das Seil befestigte; sie ließ sich herabgleiten und sank in meine Arme. Ich dachte jetzt nicht mehr an Gefahr, und lange hielt ich sie an meinem Herzen, ohne mich zu rühren. Zuletzt aber zog ich sie fort und brachte sie vor die Stadt, wo schon ein Pferd bereit stand. Ich ließ sie hinter mir aufsitzen und entfernte mich mit aller erdenklichen Hast von einem Orte, der uns so verderblich werden konnte. Vor Tagesanbruch gelangten wir zu einem Gueber, der in seiner Abgeschiedenheit spärlich von seiner Hände Arbeit lebte. Es schien uns nicht angebracht, bei ihm zu bleiben, und auf seinen Rat suchten wir Zuflucht in einem dichten Walde und verbargen uns in dem hohlen Stamme einer alten Eiche, bis das Aufsehen, welches die Entführung meiner Schwester verursacht, sich gelegt hatte. So lebten wir mit einander an dieser abgelegenen Stätte ohne Zeugen unseres Glückes und wiederholten uns wieder und wieder die Versicherungen ewiger Liebe, in Erwartung einer günstigen Gelegenheit, die in unseren heiligen Büchern gebotene Trauhandlung von einem guebrischen Priester vollziehen zu lassen. „O, meine Schwester," sagte ich zu ihr, „wie heilig ist diese Verbindung! Wie uns schon die Natur verbunden hatte, so wird es nun auch noch unser heiliges Gesetz thun." Endlich fand sich ein Priester, der unsere liebende Ungeduld stillte. In der Hütte des Landmanns vollzog er alle Ceremonien des Eheschlusses. Er segnete uns und wünschte uns tausendmal Gustaspes' ganze Kraft und Hohoraspes' Heiligkeit. Bald darauf verließen; wir Persien, wo wir uns nicht sicher fühlten, und suchten ein Asyl in Georgien. Dort verlebten wir ein Jahr, während dessen unser Liebesglück täglich seliger wurde. Aber da mein Geld auf die Neige ging, und ich nicht sowohl für mich selbst als für meine Schwester das Elend fürchtete, so verließ ich sie, um bei unseren Verwandten Hilfe zu suchen. Nie ist ein Abschied zärtlicher gewesen. Aber meine Reise war nicht nur vergeblich, sondern hatte die verderblichsten Folgen; denn nachdem ich erfahren hatte, daß einerseits unsere gesamte Habe vom Staate eingezogen worden, und andererseits meine Verwandten fast unvermögend waren, mich zu unterstützen, brachte ich nur gerade soviel Geld zusammen, um die Kosten meiner Heimreise zu decken. Aber in welche Verzweiflung geriet ich, als ich meine Schwester nicht wiederfand! Wenige Tage vor meinem Eintreffen hatten Tartaren die Stadt, in der sie zurückgeblieben war, überfallen; und da sie ihre Schönheit gewahrten, so schleppten sie sie mit sich und verkauften sie an Juden, welche in die Türkei zogen. Nur unsere kleine Tochter, welche sie mir einige Monate vor jener Zeit geboren hatte, ließen sie zurück. Ich eilte den Juden nach, und drei Meilen vor der Stadt holte ich sie ein. Doch vergeblich waren Bitten und Thränen; sie forderten dreißig Tomans von mir; dabei blieben sie; auch nicht einen einzigen wollten sie davon ablassen. Nachdem ich bei aller Welt Hilfe gesucht und türkische wie christliche Priester um Schutz angefleht hatte, wandte ich mich endlich an einen armenischen Kaufmann. Ich verkaufte meine Tochter und mich selbst an ihn für fünfunddreißig Tomans. Darauf ging ich zu den Juden und zahlte ihnen den Preis von dreißig Tomans; die übrigen fünf brachte ich meiner Schwester, die ich noch nicht wiedergesehen hatte. „Du bist frei, meine Schwester, und ich darf Dich umarmen," sagte ich zu ihr. „Nimm hier diese fünf Tomans; es thut mir leid, daß man nicht mehr für mich geben wollte." – „Wie?" rief sie aus; „Du hast Dich verkauft?" – „Ja," antwortete ich. – „Ach, Unglücklicher, was hast Du gethan? War mein Elend nicht schon groß genug, daß Du es noch steigern mußtest? Deine Freiheit tröstete mich, und Deine Sklaverei wird mich ins Grab bringen. Ach, mein Bruder, wie grausam ist Deine Liebe! Und wo ist meine Tochter? Warum sehe ich sie nicht?" – „Ich habe auch sie verkauft," erwiderte ich. – Wir zerflossen beide in Thränen und fanden vor Schmerz keine Worte mehr. Endlich suchte ich meinen Herrn wieder auf, und fast gleichzeitig mit mir erschien meine Schwester bei ihm und warf sich ihm zu Füßen. „Ich bitte Dich um die Sklaverei," sprach sie, „wie andre Dich um die Freiheit bitten. Nimm mich an; Du wirst mich teurer verkaufen können als meinen Gatten." Und nun kam es zu einem Kampfe, bei dem sich die Augen meines Herrn mit Thränen füllten. „Unseliger," wandte sie sich zu mir, „dachtest Du, ich könne meine Freiheit um den Preis der Deinigen eintauschen? Herr, Du siehst hier vor Dir zwei Unglückliche, deren Tod es sein wird, wenn Du sie trennst. Ich biete mich Dir an; zahle mir den Preis! Vielleicht wirst Du einstmals für diese Summe und für meinen Diensteifer mir das gewähren, um was ich Dich jetzt noch nicht anzuflehen wage. Es liegt in Deinem eigenen Interesse, uns nicht von einander zu reißen; denn Du darfst gewiß sein, daß sein Leben von unserer Vereinigung abhängt." – Der Armenier war ein freundlicher Mann, dem unser Schicksal zu Herzen ging. „Dient mir beide mit treuem Pflichteifer," sagte er, „und ich versichere euch, daß ich euch übers Jahr die Freiheit schenken werde. Ich sehe, daß ihr beide unverschuldet von eurem traurigen Lose betroffen wurdet. Solltet ihr, wenn ihr wieder frei seid, so glücklich werden, wie ihr es verdient, sollte ein freundliches Geschick euch lächeln, so zweifle ich nicht, daß ihr mich für meinen Verlust entschädigen werdet." Dankbar umfaßten wir beide seine Kniee. Wir begleiteten ihn auf seinen Reisen und erleichterten uns gegenseitig die Lasten der Sklaverei; ich war glücklich, so oft ich meiner Schwester eine Arbeit hatte abnehmen können. Als das Jahr zu Ende ging, gab unser Herr uns frei, wie er versprochen hatte. Wir kehrten nach Tiflis zurück, und ich fand daselbst einen alten Freund meines Vaters, der in dieser Stadt mit Erfolg den Beruf eines Arztes ausübte Er lieh mir eine Geldsumme, wodurch ich in den Stand gesetzt wurde, mir einige Handelsverbindungen zu eröffnen. In der Folge riefen mich Geschäfte nach Smyrna, wo ich mich dauernd niederließ. Seit sechs Jahren habe ich nun hier gelebt, beglückt durch die liebenswürdigste und sanfteste Gefährtin von der Welt. Eintracht herrscht in meiner Familie; mit keinem Könige auf Erden möchte ich tauschen. Ich bin so glücklich gewesen, den armenischen Kaufmann, welchem ich alles verdanke, wiederzufinden, und hatte die Freude, ihm durch bedeutende Dienste meinen Dank beweisen zu können."

Smyrna, am 27. des zweiten Mondes Gemmadi,1714.

Achtundsechzigster Brief

Rica an Usbek in ***

Neulich speiste ich bei einem Rechtsgelehrten, der mich schon mehrmals eingeladen hatte. Nachdem wir uns von mancherlei unterhalten hatten, sagte ich zu ihm: „Mein Herr, Ihr Beruf muß doch sehr schwierig sein!" – „Nicht so schwierig, wie Sie glauben," antwortete er; „so wie wir ihn ausüben, dient er uns nur zum Zeitvertreib." – „Aber; wie ist das möglich? Füllen Ihnen nicht immer die Sorgen fremder Leute den Kopf? Sind Sie nicht stets mit Angelegenheiten beschäftigt, die gar kein Interesse haben?" – „Das ist ganz richtig, interessant sind uns diese Sachen nicht; denn wir interessieren uns so gut wie gar nicht dafür. Aber gerade deswegen ist unser Beruf nicht so anstrengend, wie Sie meinen." – Da er sich so ungezwungen äußerte, so fuhr ich in meinen Fragen fort. „Mein Herr," sagte ich, „ich habe Ihr Studierzimmer noch nicht gesehen." – „Das glaub' ich; denn ich besitze keins," erwiderte er. „Als ich mein Amt antrat, brauchte ich Geld; denn es kostete etwas. Ich verkaufte also meine Bibliothek und der Buchhändler, der sie mir abnahm, ließ mir von der erstaunlichen Zahl von Bänden nur einen einzigen: das Buch meiner Vernunft. Aber ich bedaure den Verlust keineswegs; wir Richter blähen uns nicht mit eitler Gelehrsamkeit. Was haben wir mit all' den Gesetzbüchern zu schaffen? Fast alle Fälle sind hypothetisch und entziehen sich der allgemeinen Regel." – „Aber wenn sie sich der Regel entziehen, mein Herr," warf ich ein, „könnte das nicht die Wirkung Ihrer eigenen Methode sein? Denn warum gäbe es wohl bei allen Völkern des Erdballs Gesetze, wenn sie keine Anwendung fänden? Und wie kann man sie anwenden, wenn man sie nicht kennt?" – „Wüßten Sie im Justizpalast Bescheid," versetzte der Beamte, „so würden Sie anders sprechen. Wir haben lebendige Bücher, nämlich die Advokaten; diese arbeiten für uns und nehmen es auf sich, uns zu belehren." – „Aber nehmen sie es nicht manchmal auch auf sich, Sie zu täuschen?“ warf ich ein. „Da wäre es doch nicht übel, wenn Sie auf der Hut wären, um nicht in ihre Falle zu gehen. Sind jene im Besitze von Waffen, mit denen sie Ihre Gerechtigkeit. angreifen, so wäre es doch gut, wenn auch Sie solche zur Verteidigung derselben besäßen und sich nicht so ungerüstet mit Leuten in einen Kampf einließen, die bis an die Zähne gepanzert sind.“

Paris, am 13. des Mondes Chahban, 1714.

Neunundsechzigster Brief

Usbek an Rhedi in Venedig

Du hättest es Dir gewiß nicht träumen lassen, daß ich in der Metaphysik noch Fortschritte gemacht habe; aber Du wirst davon überzeugt sein, wenn die folgende Ergießung meiner Philosophie über Dich ergangen ist.

Die verständigsten Philosophen, welche über das Wesen Gottes nachgedacht haben, erklären ihn für unbedingt vollkommen; aber sie haben mit dieser Vorstellung den größten Mißbrauch getrieben. Sie haben ein Verzeichnis sämtlicher verschiedener Arten von Vollkommenheit, die der Mensch zu haben oder zu denken vermag, aufgestellt und ihren Begriff von der Gottheit damit überladen, vergaßen aber dabei, daß diese Attribute sich oftmals gegenseitig ausschließen und nicht einem und demselben Gegenstande anhaften können, ohne daß eins das andere aufhöbe.

Nach den Erzählungen abendländischer Dichter soll einmal ein Maler, als er die Göttin der Schönheit im Bilde darstellen wollte, die schönsten Griechinnen versammelt und von jeder die lieblichsten Reize entlehnt haben, um daraus ein Ganzes zu schaffen, das als würdiges Bildnis der schönsten aller Göttinnen gelten könnte. Hätte jemand daraus den Schluß gezogen, sie sei zugleich blond und brünett, schwarzäugig und blauäugig, schmiegsam und stolz, so würde er sich lächerlich gemacht haben.

Oft ermangelt Gott einer Vollkommenheit, von der eine große Unvollkommenheit untrennbar wäre; aber er ist immer nur durch sich selbst beschränkt; er ist seine eigene Notwendigkeit. So kann Gott, obgleich er allmächtig ist, sein Wort nicht brechen und die Menschen nicht täuschen. Oft liegt sogar das Unvermögen nicht in ihm selbst, sondern in der Natur relativer Verhältnisse; und das ist die Ursache, warum er das Wesen der Dinge nicht verändern kann.

Man darf sich daher auch nicht wundern, daß einige unserer Schriftgelehrten gewagt haben, das unendliche Vorherwissen Gottes zu leugnen, da es mit seiner Gerechtigkeit nicht vereinbar sei.

So gewagt dieser Gedanke auch sein mag, weiß ihn die Metaphysik doch trefflich zu unterstützen. Nach ihren Grundsätzen ist es nicht möglich, daß Gott die Dinge vorhersehe, welche von der Entschließung freier Ursachen abhängig sind, weil das, was nicht geschehen ist, nicht existiert, folglich auch nicht gewußt werden kann; denn das Nichts hat keine Eigenschaften, ist mithin nicht wahrnehmbar. Gott kann keinen Willen lesen, der nicht vorhanden ist, noch vermag er etwas in der Seele zu entdecken, was darin keine Existenz hat; denn solange sie sich noch nicht entschieden hat, giebt es diese Entscheidung nicht in ihr.

Der Geist ist der Schmied seiner Entschlüsse; aber es giebt Fälle, wo er so unschlüssig ist, daß er nicht weiß, wozu er sich entschließen soll. Oft sogar entschließt er sich nur, um von seiner Freiheit Gebrauch zu machen, so daß Gott diesen Entschluß weder in der Thätigkeit der Seele noch in der Einwirkung, welche die Dinge auf sie ausüben, vorhersehen kann.

Wie vermöchte Gott Wirkungen vorherzusehen, welche den Willen freier Ursachen zur Bedingung haben? Er könnte es nur auf zweierlei Weise: entweder auf dem Wege der Vermutung, was aber seiner Allwissenheit widersprechen würde; oder er müßte wissen, daß sie als notwendige Folgen sich unfehlbar aus einer Ursache ergeben werden, welche sie ebenso unfehlbar hervorrufen muß; dies aber würde noch widersprechender sein; denn die Seele wäre dann nur in der Voraussetzung frei; in Wahrheit aber hätte sie nicht mehr Freiheit, als eine Billardkugel, die sich bewegt, wenn sie von einer andern gestoßen wird.

Glaube jedoch nicht, daß ich Gottes Wissen für begrenzt halte. Da er die Geschöpfe nach seinem Sinne handeln läßt, so weiß er alles, was er wissen will. Aber obwohl er alles sehen kann, macht er doch nicht immer von dieser Fähigkeit Gebrauch, sondern gewöhnlich läßt er dem Geschöpfe die Freiheit, zu handeln oder nicht zu handeln, auf daß es zwischen Gut und Böse die freie Wahl habe; dies ist der Grund, warum er sich seines Rechtes begiebt, auf dasselbe bestimmend einzuwirken. Wenn er aber etwas wissen will, so weiß er es stets; denn er braucht nur zu wollen, daß es nach seiner Absicht geschehe, und den Willen der Geschöpfe nach seinem eigenen zu lenken. Das, was nach seinem Willen geschehen soll, sondert er auf solche Art aus von dem, was bloß möglich ist, indem er durch sein Machtgebot die künftigen Entschlüsse der Geister bestimmt und sie der Freiheit, zu handeln oder nicht zu handeln, welche er ihnen verliehen hat, beraubt.

Ich möchte, wenn man das Unvergleichliche überhaupt in Vergleich ziehen kann, an das Beispiel eines Monarchen erinnern, der nicht weiß, was sein Gesandter in einer wichtigen Angelegenheit unternehmen wird: will er es dennoch wissen, so braucht er ihm nur zu befehlen, sich so oder so zu verhalten, und er kann vorausbestimmen, daß alles geschehen wird, wie er es geplant hat.

Der Koran und die Bücher der Juden erheben immer neue Einwände gegen das Dogma von dem absoluten Vorherwissen. Gott zeigt sich dort überall in Unkenntnis über die künftigen Entschlüsse der Geister, und dies scheint die erste Wahrheit zu sein, welche Moses die Menschen gelehrt hat.

Gott setzt Adam in das irdische Paradies, aber unter dem Vorbehalt, daß er von einer gewissen Frucht nicht essen soll: ein sinnloses Verbot bei einem Wesen, welches die künftigen Entschlüsse der Seelen vorauswüßte; denn ein solches Wesen macht ja seine Gaben lächerlich, indem es Bedingungen an dieselben knüpft. Das ist gerade, als ob jemand, dem die Eroberung von Bagdad bekannt war, zu einem andren gesagt hätte: „Ich gebe Dir tausend Thaler, wenn Bagdad nicht genommen ist.“ Würde er da nicht einen schlechten Witz machen?

Mein lieber Rhedi, wozu braucht man soviel Philosophie? Gott thront so hoch über uns, daß wir nicht einmal sein Gewölk wahrnehmen. Wir kennen ihn nur durch seine Gebote. Er ist unermeßlich, geistig, unendlich. Möge seine Größe uns an unsere Ohnmacht gemahnen! Sich allezeit demütigen, heißt ihn allezeit anbeten.

Paris, am letzten des Mondes Chahban, 1714.

Siebzigster Brief

Zelis an Usbek in Paris

Dein guter Freund Soliman ist in Verzweiflung über eine Beschimpfung, die er jüngst erlitten hat. Ein junger Sausewind namens Suphis warb seit drei Monaten um die Hand seiner Tochter. Das Äußere des Mädchens, soweit er darüber die Berichte und Schilderungen der Frauen vernommen hatte, die sie in ihrer Kindheit gesehen, schien ihn zu befriedigen. Man hatte sich über die Mitgift geeinigt, und es war alles glatt abgegangen. Nachdem man also die ersten Ceremonien gefeiert, begab sich gestern das Mädchen zu Pferde auf den Weg, von ihrem Eunuchen begleitet und, der Sitte gemäß, von Kopf bis zu Füßen verschleiert. Als sie aber vor dem Hause ihres vermeinten Gatten anlangte, ließ er ihr die Thür verschließen und schwor, er werde sie niemals aufnehmen, wenn die Mitgift nicht erhöht würde. Von beiden Seiten eilten die Verwandten herbei, um die Sache gütlich beizulegen, und nach langem Widerstreben erlangten sie von Soliman die Zusage, seinem Schwiegersohne ein kleines Geschenk zu machen. Endlich konnten die Schlußceremonien begangen werden; dann führte man das Mädchen unter vielem Sträuben in das Ehebett. Aber nach einer Stunde sprang der Unhold wütend vom Lager, schrie, daß sie nicht mehr Jungfrau sei, brachte ihrem Gesicht mehrere Wunden bei und schickte sie zu ihrem Vater zurück. Dieser Schimpf war ein niederschmetternder Schlag für ihn, wie man ihn sich nicht schwerer denken kann. Von mancher Seite wird die Unschuld des Mädchens behauptet. Es ist ein großes Mißgeschick für die Väter, von solcher Schmach bedroht zu sein. Widerführe meiner Tochter eine ähnliche Behandlung, so glaub' ich, ich stürbe vor Gram. Lebe wohl.

Fatmehs Serail, am 9. des ersten Mondes Gemmadi, 1714.

Einundsiebzigster Brief

Usbek an Zelis

Ich beklage Soliman's Mißgeschick um so mehr, als es keine Hilfe dagegen giebt; denn sein Schwiegersohn hat sich nur der gesetzlichen Freiheit bedient. Ich finde dies Gesetz sehr hart, da es die Ehre einer Familie der Willkür eines Narren preisgiebt. Mag man auch auf die untrüglichen Merkmale pochen, durch welche die Wahrheit festzustellen sei, heutzutage haben wir diesen veralteten Irrtum überwunden, und unsere Ärzte geben unwiderlegliche Beweise für die Unsicherheit der besagten Kennzeichen. Selbst die Christen betrachten dieselben als chimärisch, obgleich sie in ihren heiligen Büchern unzweideutig aufgestellt sind und ehemals für so gewiß galten, daß ihr alter Gesetzgeber die Unschuld oder die Verdammung sämtlicher Mädchen danach entschieden hat.

Mit Vergnügen sehe ich, welche Sorgfalt Du auf die Erziehung Deiner eigenen Tochter verwendest. Gebe Gott, daß ihr Gemahl sie so schön und so rein wie Fatime finde. Mögen zehn Eunuchen ihr zum Schutz gegeben werden; möge sie dem Serail, für welches sie bestimmt ist, zu Ruhm und Zier gereichen; möge sie nur vergoldetes Getäfel über ihrem Haupte und nur prächtige Teppiche unter ihren Füßen haben; und, um das Maß meiner Wünsche voll zu machen, mögen meine Augen sie in ihrer ganzen Herrlichkeit erblicken.

Paris, am 5. des Mondes Chalval, 1714.

Zweiundsiebzigster Brief

Rica an Usbek in ***

Neulich traf ich in Gesellschaft mit einem recht selbstgefälligen Manne zusammen. In einer Viertelstunde entschied er drei Fragen der Moral, vier Probleme der Geschichte und fünf zweifelhafte Punkte der Naturlehre. Niemals habe ich einen so allentscheidenden Menschen gesehen; nicht der geringste Zweifel kam ihm in den Sinn. Als sich die Unterhaltung von den wissenschaftlichen Gegenständen auf Tagesneuigkeiten lenkte, gab er auch über diese sein absprechendes Urteil. Ich hätte ihn gern gefangen und sagte mir: „Ich muß ihn von meinem eigenen Gebiet angreifen; ich will ihm mit den Waffen meines Geburtslandes begegnen." Ich redete also von Persien. Aber kaum hatte ich vier Worte gesprochen, als er mich schon zweimal Lügen strafte, indem er sich auf die Autorität der Herren Tabernier und Chardin berief. „Ach Gott," dachte ich, „was ist das für ein Mensch? Der muß ja wohl die Straßen von Ispahan besser kennen, als ich!" Was konnte ich weiter thun, als schweigen? Ich ließ ihn also schwätzen. und er entscheidet immer noch.

Paris, am 8. des Mondes Zilkadeh, 1715.

Dreiundsiebzigster Brief

Rica an Usbek in ***

Ich habe von einer Art Gerichtshof reden hören, welchen man die französische Akademie nennt; aber geringere Achtung genießt kein Gerichtshof der Welt; denn wie es heißt, kassiert das Volk seine Urteile, sobald sie gefällt sind, und giebt ihm selbst Gesetze, denen er gehorchen muß.

Vor einiger Zeit gab er zur Befestigung seines Ansehens einen Codex seiner Urteilssprüche heraus. Dies Kind so vieler Väter kam fast schon altersschwach zur Welt, und obwohl es legitim war, hätte es doch ein schon vor ihm erschienener Bastard beinahe in der Geburt erstickt.

Die Mitglieder dieses Gerichtshofes haben keine andere Obliegenheit, als unaufhörlich zu schwatzen. Die Lobhudelei mischt sich wie von selbst in ihr ewiges Geplapper; und sobald sie in seine Mysterien eingeweiht sind, ergreift sie die Panegyrikuswut und läßt sie nicht wieder los.

Dieser Körper hat vierzig Köpfe, die alle vollgepfropft sind mit Floskeln, Metaphern und Antithesen; die Sprache seiner vierzig Mäuler besteht fast nur in Ausrufungen, und seine Ohren wollen immer durch harmonischen Tonfall gekitzelt sein. Nur für die Augen ist nicht gesorgt; er scheint bloß zum Reden, nicht zum Sehen gemacht zu sein. Übrigens ist er etwas schwach in den Füßen; denn die Zeit, sein ärgste Feindin, erschüttert ihn alle Augenblicke und zerstört ihm seine ganze Arbeit. Es hieß auch früher, er habe etwas lange Finger; aber ich will davon nicht reden; mögen es die entscheiden, welche es besser wissen als ich.

Nicht wahr, ***, solche drollige Sachen bekommt man doch in unserem Persien nicht zu sehen? Solche sonderbare und abenteuerliche Anstalten vertragen sich nicht mit unserem Charakter; in unseren einfachen Sitten und schlichten Gebräuchen streben wir immer nach dem Natürlichen.

Paris, am 27. des Mondes Zilhageh, 1715.

Vierundsiebzigster Brief

Rica an Usbek in ***

Ein guter Bekannter sagte vor einigen Tagen zu mir: „Ich habe Ihnen versprochen, Sie in die besten Pariser Familien einzuführen. Heut sollen Sie einen großen Herrn kennen lernen, der sich wie wenige im Reiche zu repräsentieren weiß."

„Was heißt das, mein Herr? Meinen Sie, er sei höflicher und leutseliger als andere Menschen?" – „Das, nun gerade nicht," erwiderte er. – „O, ich verstehe! Nicht, wahr, er läßt alle Augenblicke merken, wie hoch er über jedem steht, der ihm nahe kommt? Wenn das der Fall ist, so bedanke ich mich für die Ehre; ich gebe mich schon besiegt und lasse ihm gern sein Übergewicht."

Aber, wohl oder übel, mußte ich mitgehen. Da fand ich denn einen kleinen Mann, der seine Nase so hoch trug, mit so viel Anmaßung seine Prise Tabak nahm, sich so rücksichtslos schneuzte, so gleichmütig um sich spie, seine Hunde auf eine so widerwärtige Art liebkoste, daß ich nicht müde wurde, ihn zu bewundern. „Großer Gott!" dachte ich. „Repräsentierte ich mich auf solche Weise am persischen Hofe, so würde ich einen rechten Tropf repräsentieren!" Meinst Du nicht auch, Usbek, wir hätten von bösartigem Charakter sein müssen, um uns hundert kleine Beleidigungen gegen diejenigen herauszunehmen, die uns tägliche Beweise ihrer freundlichen Gesinnung gaben? Sie wußten gut genug, wie hoch wir über ihnen standen; und hätten sie es nicht gewußt, so würden unsere Wohlthaten sie alle Tage daran erinnert haben. Da wir nicht nötig hatten, uns Achtung zu verschaffen, so war es unsere einzige Sorge, uns beliebt zu machen; auch für die Geringsten waren wir zugänglich, und inmitten von Reichtum und Vornehmheit, die das Gemüt zu verhärten pflegen, fanden sie bei uns freundliche Teilnahme. Da wir uns zu ihren Bedürfnissen herabließen, so war es nur unser Herz, das sie sich überlegen fühlten. Wenn es aber galt, bei öffentlichen Ceremonien die Majestät des Fürsten würdig zu vertreten; wenn es galt, die Ehre unseres Volkes dem Auslande gegenüber hochzuhalten; wenn es endlich, als dem Vaterlande Gefahr drohte, die Soldaten zu begeistern galt: so erhoben wir uns hundertmal höher, als wir uns herabgelassen hatten; unsere Mienen wurden wieder stolz; und man fand bisweilen, daß wir uns ziemlich gut repräsentierten.

Paris, am 10. des Mondes Saphar, 1715.

Fünfundsiebzigster Brief

Usbek an Rhedi in Venedig

Offen gestanden, ich vermisse bei den Christen jene lebenskräftige Gewißheit in Sachen der Religion, wie man sie bei den Muselmännern antrifft; es ist gar weit bei ihnen vom Bekenntnis zum Glauben, vom Glauben zur Überzeugung, von der Überzeugung zur Ausübung. Die Religion dient ihnen nicht sowohl zur Heiligung, als vielmehr zu einem Thema ewigen Streits für jedermann. Höflinge, Soldaten, ja selbst die Weiber bestürmen die Geistlichen mit Widerspruch und verlangen von ihnen Beweise für das, was sie doch ihr Lebtage nicht glauben wollen. Es leiten sie jedoch hierbei keine zwingenden Vernunftgründe; auch haben sie sich nicht die Mühe genommen, die Religion, welche sie verwerfen, nach ihrer Wahrheit oder Unwahrheit zu prüfen; sie sind einfach Rebellen, die das Joch gespürt und es abgeschüttelt haben, ehe sie es noch recht kannten. Darum stehen sie auch nicht fester im Unglauben, als im Glauben; sie leben in beständigem Wechsel von Ebbe und Flut, die sie bald zu diesem, bald zu jenem treibt. Solcher Mensch äußerte einmal zu mir: „Ich glaube nur periodenweise an die Unsterblichkeit der Seele; meine Ansichten hängen ganz und gar von meinem körperlichen Befinden ab. Je nachdem ich frisch oder ermüdet bin, gut oder schlecht verdaue, reine oder unreine Luft einatme, leichte oder schwere Speisen genieße: je nachdem bin ich Spinozist, Socinianer, Katholik, Atheist oder bußfertig. Wenn der Arzt vor meinem Bette steht, findet mich der Beichtvater, wie er mich haben will. Solange ich mich wohl befinde, weiß ich schon zu verhindern, daß die Religion mir beschwerlich falle; aber bin ich krank, so mag sie mich immerhin trösten. Habe ich von der Welt nichts mehr zu hoffen, und die Religion kommt mit ihren Verheißungen, so will ich mich ihr gern hingeben und in Hoffnung sterben."

Schon vor langer Zeit haben die christlichen Fürsten alle Sklaven in ihren Staaten freigegeben; denn, sagten sie, das Christentum macht alle Menschen gleich. Allerdings war ihnen diese religiöse That sehr nützlich; sie bändigten dadurch den Adel, dem sie seine Macht über das niedere Volk entzogen. Als sie jedoch später Länder erobert hatten, in welchen es ihnen noch nützlicher schien, Sklaven zu halten, haben sie jenes Grundsatzes ihrer Religion, der ihnen vorher so am Herzen gelegen, vergessen und den Sklavenhandel wieder erlaubt. Aber was soll ich dazu sagen? Heute Wahrheit, morgen Irrtum! Warum machen wir es nicht wie die Christen? Wir sind sehr einfältig, auf Ansiedlungen und mühelose Eroberungen unter glücklichen Himmelsstrichen zu verzichten, weil das Wasser daselbst für die Waschungen, welche der heilige Koran uns vorschreibt, nicht rein genug ist.

Ich danke dem allmächtigen Gott, welcher seinen großen Propheten Ali in die Welt gesandt hat, daß ich mich zu einer Religion bekenne, die erhaben über menschlicher Selbstsucht und rein wie der Himmel ist, dem sie entstammt.

Paris, am 13. des Mondes Saphar, 1715.

Sechsundsiebzigster Brief

Usbek an seinen Freund Ibben in Smyrna

In Europa werden die Selbstmörder von der grausamsten Rache der Gesetze verfolgt; man läßt sie, so zu sagen, noch einmal sterben, schleift sie mit Schimpf und Schande durch die Straßen, erklärt sie für ehrlos und zieht ihre Güter ein.

Diese Gesetze, Ibben, scheinen mir sehr ungerecht zu sein. Wenn mir die Last der Schmerzen, des Elends und der Verachtung unerträglich wird, warum will man mich hindern, meinen Leiden ein Ende zu machen, und mich grausam eines Heilmittels berauben, das ich in Händen; habe?

Warum soll ich noch einer Gesellschaft dienen, der ich nicht länger angehören mag? warum wider meinen Willen einen Vertrag halten, der ohne meine Einwilligung abgeschlossen wurde? Wechselseitiger Vorteil ist die Grundlage der Gesellschaft; wie kann man mich also hindern, mich von ihr loszusagen, wenn ich den meinigen nicht länger finde? Das Leben wurde mir als eine Gunst verliehen; ich darf es also zurückgeben, wenn es mir zur Last geworden; denn mit der Ursache hört auch die Wirkung auf.

Kann ein Fürst verlangen, daß ich sein Unterthan sei, wenn ich auf die Rechte eines Unterthanen verzichte? Können meine Mitbürger eine so ungerechte Teilung beanspruchen, daß ihnen aller Vorteil und mir die Verzweiflung zufällt? Könnte wohl Gott dem Charakter eines Wohlthäters so untreu werden und mich zu einer Gnade verdammen wollen, die mich elend macht?

Solange ich unter den Gesetzen lebe, muß ich ihnen gehorchen; aber können sie mich noch binden, wenn ich nicht mehr unter ihnen lebe?

Aber man wird den Einwurf erheben: Du störst die Ordnung der Vorsehung. Gott hat Leib und Seele vereinigt, und du scheidest sie; du widerstrebst also seinen Absichten und bist ihm ungehorsam.

Was soll das heißen? Störe ich etwa die Ordnung der Vorsehung, wenn ich die Formen des Stoffes ändere und einen Würfel aus einer Kugel mache, welche die ersten Gesetze der Bewegung, die Gesetze der Erschaffung und Erhaltung, rund gemacht hatten? Nein, gewiß nicht! Ich bediene mich nur des mir verliehenen Rechtes. Und in dem nämlichen Sinne könnte ich nach meiner Laune die Natur umgestalten, ohne daß man sagen dürfte, ich empöre mich gegen die Vorsehung.

Wird die Ordnung und der Lauf des Weltalls darunter leiden, wenn meine Seele sich von meinem Leibe trennt? Wer wollte glauben, die neue Verbindung werde weniger vollkommen und den allgemeinen Gesetzen weniger unterworfen sein? wer, daß die Welt etwas dabei verlieren könnte, und daß die Werke Gottes an Größe oder vielmehr an Unermeßlichkeit einbüßen würden?

Kann man glauben, daß mein Leib, wenn er zur Kornähre, zum Wurm oder zum Rasen geworden, sich in ein Werk der Natur umgewandelt habe, das ihrer minder würdig? und daß meine Seele, wenn sie alles Irdische abgestreift, weniger erhaben sei?

Alle solche Ansichten, mein lieber Ibben, entspringen nur aus unserem Hochmut. Wir haben keinen Begriff von unserer Winzigkeit und wollen trotz ihrer in der Welt mitzählen, eine Rolle spielen und Wichtigkeit erlangen. Wir bilden uns ein, die Vernichtung eines Wesens von unserer Vollkommenheit werde die ganze Natur aus den Fugen rücken, und fassen nicht, daß ein Mensch mehr oder weniger auf der Welt, – was sage ich? alle Menschen mit einander, hundert Millionen Köpfe gleich uns, kaum wie ein feines, zartes Stäubchen sind, das Gott nur bemerkt, weil sein Wissen unermeßlich ist.

Paris, am 15. des Mondes Saphar, 1715.

Siebenundsiebzigster Brief

Ibben an Usbek in Paris

Mein lieber Usbek, nach meiner Überzeugung betrachtet ein rechter Muselmann die Schläge des Schicksals nicht als Züchtigungen, sondern als Warnungen. Das sind köstliche Tage, wenn wir für unsere Sünden Buße thun; unsere glückliche Zeit dürfte weit kürzer sein. Beweist nicht alle unsre Ungeduld, daß wir gern ohne den glücklich sein möchten, von dem alles Glück kommt, weil er die Seligkeit selbst ist?

Ist ein Wesen die Vereinigung von zweien, und stellt sich in der notwendigen Erhaltung dieser Vereinigung unsere Unterwerfung unter die Verordnungen des Schöpfers dar, so durfte man ein Gebot der Religion darauf begründen; wird durch die notwendige Erhaltung dieser Vereinigung das menschliche Handeln besser verbürgt, so durfte man sie zum Staatsgesetz erheben.

Smyrna, am letzten Tage des Mondes Saphar, 1715.

Achtundsiebzigster Brief

Rica an Usbek in***

Folgendes ist die Abschrift eines Briefes, welchen ein in Spanien weilender Franzose hierhergeschrieben hat; ich darf wohl hoffen, daß er Dir Vergnügen machen wird.

„Ich habe nun seit sechs Monaten Spanien und Portugal nach allen Richtungen durchstreift und unter Volksstämmen gelebt, welche alle anderen verachten und nur die Franzosen mit ihrem Hasse beehren.

Gravitätischer Ernst ist der hervorstechendste Charakterzug beider Nationen; er findet seinen Ausdruck besonders in zwei Attributen: in der Brille und dem Knebelbart.

Die Brille liefert den unwiderleglichen Beweis, daß der, welcher sie trägt, ein grundgelehrter Mann ist und durch tiefes Studium sich die Augen verdorben hat; und jede Nase, welche damit geziert oder beladen ist, gilt ohne Widerspruch als die Nase eines Gelehrten.

Was den Knebelbart betrifft, so ist er schon an und für sich etwas Achtung Gebietendes, ganz abgesehen von seinem möglichen Nutzen; doch versäumt man auch nicht, sich seiner gelegentlich zum großen Vorteil für die Bestrebungen des Fürsten und die Ehre der Nation zu bedienen. Dies ist recht ersichtlich an dem Beispiel des Don Juan de Castro, eines berühmten portugiesischen Feldherrn in Indien, der sich, als er Geld nötig hatte, den halben Knebelbart abschnitt, und ihn mit der Bitte an die Bürger von Goa sandte, ihm auf dies Unterpfand zwanzigtausend Pistolen vorzustrecken. Diese wurden ihm denn auch sofort geliehen, und in der Folge löste er seinen halben Schnurrbart mit Ehren wieder ein.

Man kann sich leicht vorstellen, daß auch so ernsthafte und phlegmatische Völker wie die genannten ihre kleine Eitelkeit haben können, und wirklich verhält es sich so. In der Regel gründet sie sich bei ihnen auf zwei höchst wichtige Punkte. Den Bewohnern der Pyrenäenhalbinsel schwillt das Herz in stolzem Bewußtsein, wenn sie sogenannte alte Christen sind, d. h. wenn sie nicht von denen abstammen, die erst während der letzten Jahrhunderte durch die Inquisition zur Annahme der christlichen Religion gezwungen wurden. Nicht minder geschmeichelt fühlen sich die nach West-Indien Ausgewanderten durch den Gedanken, daß sie das großartige Verdienst haben, eine, wie sie es nennen, weiße Haut zu besitzen. Nie ist eine Sultanin im Serail des Großmoguls auf ihre Schönheit so stolz gewesen, wie der abgelebteste, garstigste alte Kerl auf die olivengelbe Farbe seines Gesichts, wenn er in einer mexikanischen Stadt mit untergeschlagenen Armen vor seiner Hausthür sitzt. Ein Mann von solcher Bedeutung, ein so vollkommenes Geschöpf würde sich nicht um alle Schätze der Welt zur Arbeit herbeilassen und sich niemals entschließen, durch die Ausübung eines niedrigen Handwerks der Ehre und Würde seiner Haut etwas zu vergeben.

Denn man muß wissen: wenn ein Spanier irgend ein Verdienst hat, wenn er z. B. neben den bereits erwähnten Vorzügen auch noch die Auszeichnung genießt, Eigentümer eines großen Degens zu sein, oder wenn er von seinem Vater die Kunst gelernt hat, auf einer verstimmten Guitarre zu klimpern: so arbeitet er nicht mehr, sondern setzt seine Ehre in die Ruhe seiner Gliedmaßen. Wer täglich zehn Stunden still sitzt, wird genau um die Hälfte höher geachtet, als der, welcher nur fünf Stunden sitzen bleibt; denn auf Stühlen läßt sich hier der Adel erwerben.

Obwohl nun aber diese unüberwindlichen Feinde der Arbeit eine philosophische Ruhe zur Schau tragen, entbehren sie derselben in ihrem Herzen; denn sie sind immer verliebt. Sie stehen obenan unter allen Männern der Welt, die unter dem Fenster ihrer Geliebten vor Sehnsucht vergehen möchten; daher muß sich auch jeder Spanier einen Schnupfen zugezogen haben, wenn er als galanter Mann gelten will.

Vor allen Dingen sind sie Frömmler; ihre Eifersucht folgt erst in zweiter Linie. Sie nehmen sich wohl in Acht, ihre Frauen den Nachstellungen eines narbenbedeckten Soldaten oder einer altersschwachen Magistratsperson auszusetzen; mit einem inbrünstigen Novizen dagegen, der die Augen niederschlägt, oder mit einem stämmigen Franziskaner, der sie erhebt, schließen sie sie unbedenklich ein.

Besser als andre Leute kennen sie die Schwachheiten der Weiber; daher dulden sie nicht, daß man den Absatz ihres Schuhs bemerke oder unversehens ihre Fußspitze erblicke; denn sie wissen, daß die Phantasie nicht gern auf halbem Wege stehen bleibt, sondern von der Fußspitze auf alles Übrige schließt.

Überall spricht man von grausamem Liebesleid; aber bei den Spaniern ist es am schlimmsten. Wenn die Frauen sie von ihren Qualen heilen, so geschieht es nur, um ihnen neue zu schaffen; immer bleibt ihnen ein langes und schmerzliches Andenken von einer erloschenen Leidenschaft.

Im Verkehr beobachten sie allerlei kleine Formen der Höflichkeit, die man in Frankreich für übel angebracht halten würde. So z. B. bittet ein Hauptmann seinen Soldaten immer erst um Erlaubnis, ehe er ihn prügelt, und die Inquisition verbrennt keinen Juden, ohne sich deswegen höflich bei ihm zu entschuldigen

Die Spanier, welche man nicht verbrennt, scheinen die Inquisition so gern zu haben, daß man nicht recht bei Troste sein müßte, wollte man sie ihnen rauben. Ich wünschte nur, daß man sie, anstatt gegen die Ketzer, gegen die Erfinder der Ketzereien anwendete, welche kleinen Mönchskniffen dieselbe Wirkung zuschreiben wie den sieben Sakramenten; welche alles anbeten, was sie persönlich hochschätzen, und so übermäßig fromm sind, daß sie kaum noch als Christen gelten können.

Geist und gesunder Menschenverstand fehlt den Spaniern nicht; nur darf man ihn nicht in ihren Büchern suchen. Wenn man in ihren Bibliotheken die Romane und die Scholastiker erblickt, so möchte man glauben, es sei alles von einem geheimen Feinde der menschlichen Vernunft in heimtückischer Berechnung zusammengeschleppt.

Das einzige gute Buch, welches sie besitzen, ist dasjenige, welches die Lächerlichkeit aller übrigen bloßgestellt hat.

Sie haben in der neuen Welt großartige Entdeckungen gemacht, und doch kennen sie noch nicht einmal ihr eigenes Land. An der Mündung ihrer Flüsse giebt es Häfen, die noch unentdeckt sind, und in ihren Gebirgen leben Volksstämme, von deren Existenz sie nichts ahnen.

Sie sagen, daß die Sonne in ihren Ländern aufgehe und untergehe; aber man muß dazu bemerken, daß sie auf ihrer Bahn nur verwüstete Felder und traurige Einöden bescheint."

Es würde mich sehr interessieren, Usbek, wenn ich nun als Seitenstück auch einen nach Madrid adressierten Brief aus der Feder eines in Frankreich reisenden Spaniers sehen könnte; ich glaube, er würde sein Volk darin nicht übel zu rächen wissen; denn was für ein weites Feld fände hier ein nachdenklicher Phlegmatiker für seine Kritik! Folgendes wäre nach meiner Vorstellung ungefähr der Anfang seiner Beschreibung von Paris:

„Es giebt hier ein Hans, wo man die Narren unterbringt. Man erwartet, es müsse das größte Gebäude in der ganzen Stadt sein; aber man irrt: das Heilmittel ist gar winzig für eine so verbreitete Krankheit. Ohne Zweifel sperren die Franzosen nur deswegen einige Narren ein, um ihren Nachbarn, bei denen sie so verschrieen sind, weißzumachen, die, welche frei herumlaufen, seien keine Narren."

Hiermit genug von meinem Spanier. Lebe wohl, mein lieber Usbek.

Paris, am 17. des Mondes Saphar, 1715.

Neunundsiebzigster Brief

Usbek an Rhedi in Venedig

Die meisten Gesetzgeber waren beschränkte Menschen. Der Zufall hatte sie an die Spitze ihrer Völker gestellt, und sie ließen sich fast nur von ihren Vorurteilen und Launen beraten.

Es scheint, als habe ihnen das Verständnis für die Hoheit und Würde ihrer Pflichten gefehlt; sie haben sich damit unterhalten, kindische Einrichtungen zu erfinden, womit sie allerdings nach dem Sinne kleinlicher Geister handelten, aber bei vernünftigen Leuten alle Achtung verloren.

Sie haben ihre Kraft an nutzlose Nebendinge verschwendet und besonderen Fällen ihr größtes Interesse zugewandt, nach Art der dürftig veranlagten Köpfe, welche die Dinge nur stückweise übersehen und nichts mit allgemeinem Blick umfassen.

Einige von ihnen haben sich darin gefallen, eine andere als die gewöhnliche Sprache zu gebrauchen: wahrlich ein abgeschmacktes Verfahren; denn wie soll man den Gesetzen gehorchen, wenn sie unverständlich sind?

Oft haben sie ohne Not die bestehenden aufgehoben und dadurch über die Völker einen Zustand innerer Unruhe gebracht, welcher die Folge jeder Veränderung ist.

Es läßt sich freilich nicht leugnen, daß eine mehr durch natürliche Einflüsse als durch den menschlichen Geist bestimmte Laune der Verhältnisse bisweilen die Veränderung dieses oder jenes Gesetzes notwendig macht. Aber der Fall ist selten, und so oft er eintritt, sollte man nur mit zögernder Hand daran rühren. Mit größter Feierlichkeit hat dies zu geschehen, und die äußerste Vorsicht ist dabei anzuwenden, damit das Volk daraus den natürlichen Schluß ziehen könne, daß die Gesetze heilig sind, da es zu ihrer Abschaffung so vieler Förmlichkeiten bedarf.

Oftmals haben sie dieselben mit übergroßer Spitzfindigkeit ausgebildet und dabei viel mehr logische Ideen als die natürliche Billigkeit zu Rate gezogen. In späteren Zeiten erwiesen sich dann solche Gesetze zu hart, und aus einem gewissen Rechtsgefühl hielt man sich für befugt sie zu vernachlässigen; aber diese Arzenei war ein neues Übel. Wie auch die Gesetze beschaffen sein mögen, man muß ihnen immer gehorchen und sie als das allgemeine Gewissen betrachten, dem sich das der Einzelnen allezeit unterzuordnen hat.

Man muß jedoch einräumen, daß einige Gesetzgeber sich von den weisesten Rücksichten haben leiten lassen, besonders darin, daß sie den Vätern große Gewalt über ihre Kinder zugestanden. Durch nichts wird die Aufgabe der Behörden so sehr erleichtert, durch nichts die Arbeit der Gerichte so sehr vermindert, durch nichts endlich größere Ruhe im Staate verbreitet, wo die Sitte stets bessere Bürger hervorbringt, als das Gesetz.

Unter allen Gewalten ist die väterliche am wenigsten in Gefahr, gemißbraucht zu werden; sie ist die heiligste von allen Obrigkeiten; sie ist die einzige, welche nicht erst durch Vertrag in Kraft getreten, sondern älter als alle Verträge ist.

Erfahrungsgemäß sind in den Ländern, wo man das Recht, zu belohnen und zu strafen, mehr den väterlichen Händen überläßt, die Familien besser geordnet. Ein Vater ist das Abbild des Weltenschöpfers, der, obschon er die Menschen allein durch seine Liebe leiten könnte, dennoch es für gut befindet, sie auch noch durch Hoffnung und Furcht an sich zu fesseln.

Ich will meinen Brief nicht schließen, ohne Dir auch an diesem Beispiel darzuthun, wie sich die Franzosen mit ihrem Geiste zum Wunderlichen neigen. Aus dem römischen Recht sollen sie eine Unzahl nutzloser, ja selbst schädlicher Gesetze angenommen haben; aber die väterliche Gewalt, welche es als die höchste gesetzliche Autorität aufgestellt hatte, haben sie nicht anerkannt.

Paris, am 18. des Mondes Saphar, 1715.

Achtzigster Brief

Der Groß-Eunuch an Usbek in Paris

Gestern brachten Armenier eine junge Sklavin aus Cirkassien in das Serail, um sie zu verkaufen. Ich ließ dieselbe in die geheimen Gemächer treten, entkleidete sie und betrachtete sie mit den Blicken eines Sachverständigen; und je genauer ich sie untersuchte, desto mehr Reize entdeckte ich an ihr. Es schien, als wollte ihre jungfräuliche Schamhaftigkeit sie vor meinen Augen verbergen; ich sah, wie schwer es ihr wurde zu gehorchen; sie errötete, sich nackt zu finden, selbst vor mir, der ich, frei von Leidenschaften, welche die Schamhaftigkeit beunruhigen dürften, unempfindlich gegen die Einflüsse ihres Geschlechts bin und, auch in den unbefangensten Handlungen ein Wächter der Sittsamkeit, nur keusche Blicke habe und nur Unschuld einflößen kann.

Sobald sich mein Urteil gebildet, daß sie Deiner würdig sei, senkte ich meine Augen, warf ihr einen Scharlachmantel über und steckte ihr einen goldenen Ring an den Finger. Darauf fiel ich ihr zu Füßen und betete sie an als die Königin Deines Herzens. Den Armeniern zahlte ich ihren Preis; sie selbst entzog ich allen Blicken; Glücklicher Usbek! Du besitzest mehr Schönheiten, als in allen Palästen des Morgenlandes geborgen sind. Welche Lust wird es für Dich sein, bei Deiner Heimkehr das Reizendste zu finden, was es in Persien giebt, und zu sehen, wie in Deinem Serail die Anmut immer von neuem geboren wird, wenn Zeit und Besitz sie zu zerstören suchen.

Fatmehs Serail, am 1. des ersten Mondes Rebiab, 1715.

Einundachtzigster Brief

Usbek an Rhedi in Venedig

Seit ich nach Europa gekommen bin, mein lieber Rhedi, habe ich mancherlei Regierungssysteme gesehen; denn es ist hier nicht wie in Asien, wo die Regeln der Staatskunst überall die nämlichen sind.

Ich habe viel darüber nachgedacht, welche Regierungsform wohl die vernunftgemäßeste sein mag, und bin zu dem Ergebnisse gelangt, die müsse die vollkommenste sein, welche ihr Ziel auf dem kürzesten Wege erreicht, mithin diejenige, welche die Menschen so leitet, wie es ihrem Hange und ihrer Neigung am meisten entspricht.

Wenn sich das Volk unter einer milden Herrschaft ebenso lenksam zeigt wie unter einer strengen, so verdient die erstere den Vorzug, weil sie der Vernunft angemessener, und weil Strenge kein natürlicher Beweggrund ist.

Verlaß Dich darauf, mein lieber Rhedi, daß mehr oder weniger grausame Strafen in keinem Staate größeren Gehorsam gegen die Gesetze zur Folge haben. In den Ländern, wo die Züchtigungen maßvoll angewendet werden, fürchtet man sie gerade so sehr, wie in denen, wo sie tyrannisch und schauderhaft sind.

Mag eine Regierung gelinde oder grausam sein, die Strafen müssen sich doch immer verhältnismäßig abstufen; ein mehr oder weniger großes Verbrechen wird mehr oder weniger streng geahndet. Unsere Vorstellungen richten sich ganz von selbst nach den Sitten des Landes, in welchem wir leben; acht Tage Gefängnis oder eine leichte Geldbuße machen denselben abschreckenden Eindruck auf den Geist eines Europäers, der an ein mildes Regiment von Jugend auf gewöhnt ist, wie der Verlust eines Armes auf den Geist eines Asiaten. Sie verbinden ein gewisses Maß von Furcht mit einem gewissen Maß von Strafe, und zwar jeder nach seiner nationalen Eigentümlichkeit. Ein Franzose fühlt sich zerschmettert durch den Ruin seiner Ehre, wenn er zu einer Strafe verurteilt worden ist, die einem Türken keine Viertelstunde seines Schlafes rauben würde.

Übrigens finde ich nicht, daß Polizei, Gerechtigkeit und Billigkeit in der Türkei, in Persien und beim Mogul besser ausgeübt werden, als in den Republiken Holland und Venedig, ja selbst in England; ich finde nicht, daß daselbst weniger Verbrechen begangen werden, und daß die Menschen, abgeschreckt durch die Höhe der Strafen, den Gesetzen dort besser gehorchen.

Ich erblicke vielmehr im Herzen eben dieser Staaten eine Quelle von Ungerechtigkeit und Bedrückungen.

Ich bin sogar der Ansicht, daß dort der Fürst, der das Gesetz selbst sein soll, weniger Herr ist als in irgend einem andren Lande.

Ich sehe, daß solche gewaltsame Maßregeln immer aufrührerische Bewegungen hervorrufen, wo niemand Anführer ist; und daß, wenn einmal die

Autorität in ihrer Gewaltthätigkeit auf Verachtung gestoßen, niemand mehr Ansehen genug bewahrt, um sie wiederherzustellen.

Ich sehe, daß, selbst wo keine Strafe eintritt, Verzweiflung die Zerrüttung der Zustände begünstigt und steigert.

Ich sehe, daß es in solchen Staaten niemals bei einem unbedeutenden Aufstande bleibt, sondern daß in dem Augenblick des Murrens immer auch der wildeste Aufruhr losbricht.

Ich sehe, daß es dort keiner großen Ursachen bedarf, um die großen Ereignisse vorzubereiten; im Gegenteil, der geringste Zufall erzeugt eine große Revolution, die oftmals denen, welche sie erregen, ebenso unerwartet kommt wie denen, welche ihre Opfer sind.

Niemand von denen, welche den türkischen Kaiser Osman entthronten, hatte diese That vorher beabsichtigt; sie kamen nur, um Gerechtigkeit zu erflehen, da sie unter Bedrückungen leben mußten. Da ließ sich plötzlich aus der Menge wie zufällig eine Stimme vernehmen – niemals hat man erfahren, wem sie angehörte –; der Name „Mustapha“ wurde ausgesprochen, und plötzlich war Mustapha Kaiser.

Paris, am 2. des ersten Mondes Rebiab, 1715.

Zweiundachtzigster Brief

Nargum, persischer Gesandter in Moskau, an Usbek in Paris

Es giebt keine Nation auf der Welt, mein lieber Usbek, welche die Tartaren an Ruhm oder an Ausdehnung ihrer Eroberungen übertroffen hätte. Dies Volk ist der wahre Beherrscher des Erdkreises; alle übrigen scheinen nur bestimmt zu sein, demselben zu dienen. Durch Gründung sowohl wie durch Zerstörung bedeutender Reiche hat es sich bethätigt, und zu allen Zeiten hat es seine Gewalt über die Erde hin fühlbar gemacht; in allen Zeitaltern war es die Geißel der Nationen.

Zweimal haben die Tartaren China erobert, und noch jetzt halten sie dies Land unter ihrer Botmäßigkeit.

Sie herrschen über die weiten Gebiete, aus denen das Reich des Moguls besteht.

Als Herren von Persien finden wir sie gebietend, wo einst Cyrus und Gustaspes gethront hatten. Sie haben Moskovien unterworfen. Unter dem Namen der Türken haben sie in Europa, Asien und Afrika unermeßliche Eroberungen gemacht; und noch jetzt herrschen sie in diesen drei Weltteilen.

Blicken wir ferner auf weit hinter uns liegende Zeiten zurück, so finden wir, daß sie es waren, von denen fast alle jene Völker abstammen, welche das römische Reich zum Sturz brachten.

Was sind die Eroberungen Alexanders im Vergleich zu denen Dschingis-Khan's?

Nur an Geschichtschreibern hat es dieser siegreichen Nation gefehlt, um das Andenken an ihre Wunderthaten zu verherrlichen.

Wie viele der Unsterblichkeit würdige Thaten liegen in Vergessenheit begraben! Und von wie vielen Reichen wissen wir nicht, daß sie ihnen ihre Begründung verdanken! Immer nur um ihren augenblicklichen Ruhm besorgt, niemals zweifelnd, daß sie zu allen Zeiten den Sieg behalten werde, hat diese kriegerische Nation nicht daran gedacht, dem Gedächtnis der Zukunft den Ruhm ihrer Vergangenheit zu bewahren.

Moskau, am 4. des ersten Mondes Rebiab, 1715.

Dreiundachtzigster Brief

Rica an Ibben in Smyrna

Obgleich die Franzosen große Schwätzer sind, giebt es doch bei ihnen eine Art von schweigsamen Derwischen, die man Karthäuser nennt. Wie es heißt, schneiden sie sich bei ihrem Eintritt in das Kloster die Zunge aus; und man würde es sehr wünschenswert finden, wenn die andren Derwische nach dem

Beispiel jener sich auch alles Übrige wegschnitten, was ihnen nach ihrem Gelübde unnütz ist.

Doch giebt es hier auch schweigsame Leute, die noch weit seltsamer sind, als die obengenannten, Leute, die sich durch ein ganz außerordentliches Talent auszeichnen. Es sind dies nämlich Menschen, welche sprechen können, ohne etwas zu sagen; sie unterhalten eine Gesellschaft oftmals zwei Stunden lang, ohne daß es möglich wäre, sie zu ergründen, ihnen ihre Gedanken abzustehlen oder überhaupt von allem, was sie geredet, ein Wort zu behalten.

Diese Art Leute werden von den Weibern angebetet, aber doch nicht so sehr, wie andere, welche von der Natur das liebenswürdige Talent empfangen haben, zu rechter Zeit, d. h. jeden Augenblick, zu lächeln, und jedes Wort aus weiblichem Munde mit verbindlichem Beifall belohnen.

In seiner ganzen Glorie aber erscheint ihr Witz, wenn sie überall eine Feinheit zu entdecken und in den gewöhnlichsten Bemerkungen tausend kleine geistvolle Züge zu finden wissen.

Und noch andere kenne ich, die sogar leblose Dinge mit Erfolg an ihren Gesprächen teilnehmen und ihren gestickten Rock, ihre blonde Perücke, ihre Schnupftabaksdose, ihren Spazierstock und ihre Handschuhe für sich reden lassen. Auch ist es rätlich, sich schon von der Straße aus durch das Rollen seines Wagens und durch lautes Gepolter mit dem Thürklopfer hörbar zu machen; denn durch diese Einleitung sichert man sich schon im voraus für alles, was man noch sagt, den Beifall der Hörer; ein schöner Anfang macht alle Albernheiten erträglich, die später noch folgen; sie kommen dann glücklicherweise zu spät.

Bei uns legt man auf diese kleinen Talente keinen Wert; hier aber, – mein Wort darauf! – thun sie denen, die besten Dienste, welche so glücklich sind, sie zu besitzen; ein vernünftiger Mann wird neben dieser Menschenklasse kaum beachtet.

Paris, am 6. des ersten Mondes Rebiab, 1715.

Vierundachtzigster Brief

Usbek an Rhedi in Venedig

Wenn es einen Gott giebt, mein lieber Rhedi, so muß er notwendig gerecht sein; denn wenn er es nicht wäre, so würde er das schlimmste und unvollkommenste aller Wesen sein.

Die Gerechtigkeit ist der Ausdruck thatsächlicher Übereinstimmung zwischen zwei Gegenständen, und für jedes Wesen bleibt er der nämliche, sei es Gott, ein Engel oder endlich ein Mensch.

Freilich erkennen die Menschen diese Übereinstimmung nicht immer; und selbst wenn sie dieselbe erkennen, weichen sie oft davon ab; am besten erkennen sie stets ihr eigenes Interesse. Die Gerechtigkeit erhebt zwar ihre Stimme; allein im Aufruhr der Leidenschaften findet sie nur mit Mühe ein geneigtes Ohr.

Die Menschen sind ungerecht, weil es ihnen Nutzen bringt, und weil sie lieber für ihren eigenen als für fremden Vorteil sorgen. Bei allen ihren Handlungen haben sie ihre selbstischen Zwecke; ohne ernstliche Beweggründe thut niemand etwas Böses; es muß eine Ursache geben, die ihn dazu bestimmt; und diese Ursache ist stets der Eigennutz.

Aber es ist unmöglich, daß Gott jemals etwas Ungerechtes thue; setzt man voraus, daß er die Gerechtigkeit kennt, so muß man auch schließen, daß er sie mit Notwendigkeit befolgt; denn da er keine Bedürfnisse hat und sich selbst genügt, würde er sich durch Ungerechtigkeit als das bösartigste aller Wesen kennzeichnen, weil er nicht die Entschuldigung des persönlichen Interesses hätte.

So sollten auch wir, selbst wenn es keinen Gott gäbe, allezeit die Gerechtigkeit lieben, d. h. jenem Wesen ähnlich zu werden suchen, von dem wir eine so schöne Vorstellung haben, und welches, wenn es existierte, notwendig gerecht sein würde. Wären wir dann auch frei vom Joche der Religion, so dürften wir doch das der Billigkeit nicht abschütteln.

Aus diesen Gründen, lieber Rhedi, nehme ich an, daß die Gerechtigkeit ewig ist und nicht von menschlichen Verträgen abhängt. Hinge sie aber dennoch davon ab, so müßte man diese entsetzliche Wahrheit vor sich selbst verbergen.

Auf allen Seiten umgeben uns Menschen, welche stärker sind, als wir; auf tausenderlei Art können sie uns schaden, und zwar in den meisten Fällen ungestraft. Wie beruhigend also ist uns das Bewußtsein, daß ihnen allen ein inneres Prinzip im Herzen lebt, das uns verteidigt und uns gegen ihre Gewaltthätigkeit schützt!

Wenn es anders wäre, so müßten wir in beständiger Furcht schweben; so oft wir Menschen begegneten, würden wir ein Grauen empfinden, als wären sie Löwen, und keinen Augenblick unsres Lebens, unserer Habe und unserer Ehre sicher sein.

Alle diese Betrachtungen erfüllen mich mit Unwillen gegen jene Theologen, die Gott als ein Wesen darstellen, welches sich seiner Macht nach Art eines Tyrannen bedient. Sie lassen ihn handeln, wie wir selbst, aus Furcht, ihn zu erzürnen, nicht handeln möchten; sie hängen ihm alle die Unvollkommenheiten an, wegen deren er uns bestraft; sie erklären ihn in ihren widerspruchsvollen Äußerungen bald für ein böses Wesen, bald für ein Wesen, welches das Böse haßt und bestraft.

Welche Genugthuung empfindet ein Mensch, wenn er nach strenger Selbstprüfung sich sagen kann, sein Herz sei gerecht! Tiefernst, wie diese Befriedigung ist, muß sie ihn doch mit Freude erfüllen; denn er findet sich so hoch über allen, denen das Glück versagt ist, wie über Tigern und Bären. Ja, Rhedi, wenn ich mir bewußt wäre, allezeit unentwegt jener Gerechtigkeit zu folgen, deren Ideal mir vor Augen steht, so würde ich mich für den größten aller Menschen halten.

Paris, am 1. des ersten Mondes Gemmadi, 1715.

Fünfundachtzigster Brief

Rica an ***

Gestern habe ich dem Invalidenstift einen Besuch gemacht. Wäre ich ein Fürst, so wollte ich ebenso gern der Begründer dieser Anstalt sein, als drei Schlachten gewonnen haben. Überall spürt man hier die Hand eines großen Monarchen. Ich möchte dies für die ehrwürdigste Stätte auf Erden halten.

Welch ein Schauspiel, hier an *einem* Orte alle diese Opfer des Vaterlandes versammelt zu sehen, die nur atmen, um es zu verteidigen und, da sie zwar den Drang, aber nicht die Kraft dazu in sich fühlen, nur das eine beklagen, daß sie ohnmächtig sind, sich noch einmal für dasselbe zu opfern!

Kann man etwas Bewundernswerteres sehen, als diese hinfälligen Krieger, wie sie an diesem Zufluchtsorte noch dieselbe strenge Mannszucht beobachten, als ob die Nähe des Feindes sie dazu nötigte; wie sie ihren letzten Stolz in diesem Bilde des Krieges suchen; wie ihr Herz und Sinn zwischen den Pflichten der Religion und der Kriegskunst geteilt ist?

Ich wünschte wohl, die Namen derer, die für das Vaterland sterben, würden in den Tempeln auf Tafeln bewahrt, um gleichsam die Quelle des Ruhmes und der Ehre darzustellen.

Paris, am 15. des ersten Mondes Gemmadi, 1715.

Sechsundachtzigster Brief

Usbek an Mirza in Ispahan

Du weißt, Mirza, daß einige Minister des Schah Soliman den Plan geschmiedet hatten, alle in Persien ansässigen Armenier aus dem Reiche auszuweisen oder ihnen den Übertritt zum Muhamedanismus anfzuzwingen, weil sie wähnten, unser Land werde so lange befleckt bleiben, als es diese Ungläubigen in seinem Schoße hege.

Hätte damals die verblendete Frömmelei Gehör gefunden, so wäre es um Persiens Größe geschehen gewesen.

Man weiß nicht recht, wodurch die Absicht hintertrieben wurde; weder die, von denen der Vorschlag ausging, noch die, welche ihn verwarfen, waren sich der Folgen bewußt. Der Zufall versah das Amt der Vernunft und der Staatsweisheit und rettete das Reich von einer größeren Gefahr, als ihm nach drei verlorenen Schlachten und dem Verlust von zwei Städten hätte drohen können.

Durch die Verbannung der Armenier würde man das Reich an einem einzigen Tage sämtlicher Handeltreibenden und fast aller Handwerker beraubt haben. Ich bin fest überzeugt, der große Schah Abbas hätte sich eher beide Arme abhauen lassen, als einen solchen Erlaß unterzeichnet; er würde geglaubt haben, er verschenke die Hälfte seiner Staaten an den Mogul und die übrigen Könige von Indien, wenn er zu diesem seine gewerbthätigsten Unterthanen triebe.

Die Verfolgungswut unserer zelotischen Muhamedaner hat die Guebern genötigt, massenweise nach Indien zu flüchten, und Persien um diesen arbeitsamen, zum Feldbau so geschickten Volksstamm gebracht, der allein imstande war, in angestrengter Thätigkeit die Unfruchtbarkeit unseres Bodens zu überkommen.

Nun blieb der Frömmelei nur noch ein zweiter Streich zu führen, nämlich die Zerstörung von Handel und Gewerbe: und wenn er gelungen wäre, so würde das Reich in sich zusammengestürzt sein, und mit ihm folgerichtig eben jene Religion, um deren Glanz man so bemüht war.

Überlege ich mir die Sache ohne Vorurteil, so möchte ich es fast für etwas Gutes halten, wenn es in einem Staate mehrere Religionen giebt.

Man kann die Bemerkung machen, daß die Bekenner bloß geduldeter Religionen sich ihrem Vaterlande im allgemeinen nützlicher erweisen, als die Angehörigen der herrschenden Religion; denn da sie von Ehrenstellen ausgeschlossen sind und sich nur durch Überfluß und Reichtum hervorthun können, so sind sie zum Erwerbe der letzteren auf ihre Arbeit angewiesen und müssen die beschwerlichsten Geschäfte der Gesellschaft übernehmen.

Da überdies alle Religionen Gebote vorschreiben, welche für die Gesellschaft von Nutzen sind, so ist es gut, daß sie mit Eifer beobachtet werden. Was aber ist wohl mehr geeignet, diesen Eifer zu beleben, als ihre Vielheit?

Sie sind Nebenbuhlerinnen, die einander nichts vergeben. Selbst die einzelnen Glieder der Gemeinden nehmen an der Eifersucht teil; jeder ist auf seiner Hut und scheut sich, etwas zu begehen, was seiner Partei zur Unehre gereichen und sie der Verachtung und dem unverzeihlichen Tadel der Gegenpartei aussetzen würde.

Auch hat sich die Erfahrung stets wiederholt, daß die Bildung einer neuen Seite in einem Staate das sicherste Mittel war, alle Mißbräuche der älteren abzustellen.

Man sagt ganz mit Unrecht, es widerstreite dem Interesse eines Fürsten, mehrere Religionen in seinem Staate zu dulden. Strömten auch alle Sekten der Welt daselbst zusammen, so würde ihm doch kein Nachteil daraus er wachsen, denn es giebt keine einzige, die nicht Gehorsam vorschriebe und Unterwerfung predigte.

Ich gebe zu, daß die Geschichte eine Fülle von Religionskriegen verzeichnet; aber man hüte sich, daraus einen falschen Schluß zu ziehen. Nicht die Vielheit der Religionen war es, welche die Kriege entfachte, sondern der Geist der Unduldsamkeit, welcher die beseelte, die allein das Herrschaftsrecht zu besitzen glaubte.

Es ist noch jener alte Verehrungseifer, den die Juden von den Ägyptern überkommen haben, und der sich von ihnen wie eine allgemeine ansteckende Seuche auf die Muhamedaner und Christen vererbt hat.

Gerade heraus, es ist jener religiöse Wahnsinn, dessen Umsichgreifen nur als eine völlige Verfinsterung der menschlichen Vernunft betrachtet werden kann.

Denn schließlich thäte man ja närrisch daran, sich um alles dies zu bekümmern, wenn es nicht unmenschlich wäre, auf andre Gewissenszwang auszuüben, und wenn daraus nicht jene schädlichen Folgen entsprängen, wie sie zu Tausenden hervorkeimen. Wer mich bestimmen will, meine Religion zu verleugnen, thut es doch ohne Zweifel nur darum, weil er die seinige nicht verleugnen würde, wenn man ihn dazu zwingen wollte; er findet es also befremdlich, daß ich etwas nicht thue, wozu er sich vielleicht nicht um den Preis der Welt bewegen ließe.

Paris, am 26. des ersten Mondes Gemmadi. 1715.

Siebenundachtzigster Brief

Rica an ***

Wie es scheint, regieren die Familien sich hier ganz allein; die Gewalt des Mannes über seine Frau, des Vaters über seine Kinder, des Herrn über seine Sklaven ist etwas Schattenhaftes. In alle ihre Mißhelligkeiten mischen sich die Gerichte, und man kann überzeugt sein, daß sie immer gegen den eifersüchtigen Gatten, den strengen Vater und den unnachsichtigen Herrn entscheiden.

Neulich besuchte ich des Gebäude, in welchem die Gerichtsverhandlungen stattfinden. Ehe man in das Innere gelangt, muß man an einer Unzahl junger Verkäuferinnen vorüber, von denen man mit Schmeichelworten angerufen wird. Dies Vorspiel ist heiter genug; aber das Bild wird gar düster, sobald man die großen Säle betritt; denn dort erblickt man nur Leute, deren Kleid noch ernsthafter ist, als ihr Gesicht. Endlich erreicht man die geweihte Stätte, wo sich alle Familiengeheimnisse enthüllen, und wo die verborgensten Thaten ans Licht gebracht werden.

Hier bekennt ein sittsames Mädchen die Qualen einer zu lange bewahrten Jungferschaft, ihre Kämpfe und ihren schmerzlichen Widerstand; weit entfernt davon, auf ihren Sieg stolz zu sein, droht sie vielmehr mit ihrer demnächstigen Niederlage; und damit ihr Vater über ihre Bedürfnisse nicht länger im Unklaren bleibe, macht sie alle Welt zu Mitwissern.

Nach ihr tritt ein freches Weib auf und giebt als Grund der Scheidung von ihrem Manne eine haarkleine Darstellung von allem Schimpf, den sie ihm angethan.

Mit ähnlicher Sittsamkeit verkündet eine andere, sie habe es satt, den Namen einer Frau zu tragen, ohne ihrer Rechte zu genießen. Sie enthüllt die verborgensten Geheimnisse der Hochzeitsnacht; sie verlangt, von den erfahrensten Sachverständigen untersucht und durch Urteilsspruch in alle Rechte der Jungferschaft wieder eingesetzt zu werden. Es giebt selbst Weiber, welche sich nicht entblöden, ihre Männer herauszufordern und ihnen einen öffentlichen Kampf anzutragen, den die Gegenwart von Zeugen so schwierig macht, und welcher zudem für die siegreiche Frau so schimpflich ist wie für den unterliegenden Mann.

Eine Unmenge von entehrten oder verführten Mädchen schildern die Männer viel schlechter, als sie sind. Von Liebe hallt der ganze Gerichtshof wieder; man hört nur von erzürnten Vätern, von betrogenen Töchtern, von ungetreuen Liebhabern und von gekränkten Ehemännern.

Nach den Gesetzen dieses Landes gilt jedes während der Ehe geborene Kind als rechtmäßiger Sproß des Mannes. Mag er noch so triftige Ursachen haben, es nicht zu glauben, das Gesetz glaubt es für ihn und überhebt ihn dadurch allen Zweifeln und weiteren Untersuchungen.

In diesem Gerichtshofe entscheidet die Stimmenmehrheit; doch hat die Erfahrung gelehrt, daß es besser sein würde, wenn die Minderzahl den Ausschlag gäbe; und dies ist ganz natürlich; denn nur wenige Menschen sind geradsinnig und gerecht; aber die Zahl der Querköpfe ist, wie niemand bezweifelt, unendlich.

Paris, am 1. des zweiten Mondes Gemmadi, 1715.

Achtundachtzigster Brief

Rica an ***

Man sagt, der Mensch sei ein geselliges Tier. Von diesem Standpunkte scheint mir der Franzose mehr Mensch zu sein, als irgend ein andrer; er ist Mensch im höchsten Sinne des Worts; denn nach allen Anzeichen ist er einzig für die Gesellschaft gemacht.

Doch habe ich hier auch Leute getroffen, die nicht allein gesellig sind, sondern in sich selbst die ganze Gesellschaft repräsentieren. Sie vervielfältigen sich an jeder Ecke und bevölkern in einem Augenblick alle vier Viertel einer Stadt. Hundert Menschen dieser Art bedeuten eine größere Menge, als zweitausend gewöhnliche Bürger; sie könnten bewirken, daß ein Fremder von den Verheerungen der Hungersnot und der Pest nichts merken sollte. In den Schulen wirft man die Frage auf, ob ein Körper sich gleichzeitig an mehreren Orten befinden könne; sie sind ein Beweis für das, was die Philosophen in Frage stellen.

Sie sind immer beschäftigt; denn sie haben das wichtige Amt, jeden, den sie sehen, zu fragen, wohin er gehe, und woher er komme.

Vergeblich würde man ihnen auszureden versuchen, daß es zum guten Ton gehöre, tagtäglich jedermann einen besonderen Besuch zu machen; und ihre Gegenwart unter den Gästen bei geselligen Vereinigungen rechnen sie gar nicht mit; denn da sie sich dort nur kurze Zeit aufhalten, so zählen dieselben nicht in ihrem Ceremoniell.

Mehr, als Wind und Wetter an den Hausthüren rütteln, bearbeiten sie dieselben mit dem Klopfer. Gäbe man sich die Mühe, die Besucherlisten sämtlicher Thürsteher durchzusehen, so würde man darin ihren Namen täglich auf tausenderlei Art in Schweizer Schriftzügen verhunzt finden. In Leichengefolgen, mit Beileidsbezeugungen, mit Heiratsbetreibungen verbringen sie ihr Leben. Keine Gnade kann der König einem seiner Unterthanen erweisen, ohne daß sie es sich einen Wagen kosten ließen, um dem Geehrten ihre Freude auszudrücken. Endlich kommen sie ganz erschöpft nach Hause und legen sich zur Ruhe, um am nächsten Tage ihre mühsamen Pflichten von neuem erfüllen zu können.

Vor kurzem erlag ein solcher Mensch seiner aufreibenden Thätigkeit, und man ehrte sein Andenken durch folgende Grabschrift: „Hier ruht, der sich niemals die Ruhe gegönnt hat. In fünfhundertunddreißig Leichenzügen ist er gefolgt. Bei der Geburt von zweitausendsechshundertundachtzig Kindern hat er seine Freude kundgegeben. Die Pensionen, zu denen er seinen Freunden in immer neuen Formen Glück wünschte, belaufen sich auf zwei Millionen sechshunderttausend Livres. Er hat auf dein Straßenpflaster einen Weg von neuntausendsechshundert, und auf dem Lande einen Weg von sechsunddreißig Stadien zurückgelegt. Im Gespräch war er unterhaltend; denn er verfügte über einen fertigen Vorrat von dreihundertfünfundsechzig Anekdoten; dazu beherrschte er seit seiner Jugend noch eine Sammlung von hundertundachtzehn aus den Alten entlehnten Kernsprüchen, mit denen er bei passenden Gelegenheiten zu glänzen wußte. Endlich ist er in seinem sechzigsten Lebensjahre gestorben. Wanderer, ich schweige; denn wie könnte ich jemals damit fertig werden, Dir alles zu erzählen, was er gethan, und was er gesehen hat?“

Paris, am 3. des zweiten Mondes Gemmadi, 1715.

Neunundachtzigster Brief

Usbek an Rhedi in Venedig

In Paris herrscht Freiheit und Gleichheit. Weder Geburt noch Tugend, ja nicht einmal das Verdienst, das im Kriege erworben wurde, wie glänzend es auch sei, hebt einen Mann über die Menge, in der er sich verliert. Standesneid ist hier unbekannt. Wer die besten Pferde vor seinem Wagen hat, der gilt in Paris als der Erste.

Ein großer Herr ist ein Mann, der den König sieht, mit den Ministern verkehrt, Ahnen, Schulden und Pensionen hat. Wenn er außerdem noch seinen Müßiggang hinter einem Schein von Geschäftigkeit oder hinter einem angenommenen Hang zum Vergnügen verbergen kann, so hält er sich für den glücklichsten aller Menschen.

In Persien giebt es weiter keine Großen, als diejenigen, denen der Monarch einen Teil der Regierungspflichten überträgt. Hier dagegen giebt es Leute, welche durch ihre Herkunft groß sind und dennoch keinen Einfluß besitzen. Die Könige machen es wie die geschickten Handwerker, welche sich bei ihren Arbeiten immer der einfachsten Werkzeuge bedienen.

Die Gunst ist die große Gottheit der Franzosen. Der Minister ist der Hohepriester, welcher ihr gar manche Opfer bringt. Die, welche ihm zur Seite stehen, sind jedoch nicht weiß gekleidet; bald Opferer, bald Geopferte weihen sie sich selbst mit dem ganzen Volke ihrem Götzen.

Paris, am 9. des zweiten Mondes Gemmadi, 1715.

Neunzigster Brief

Usbek an Ibben in Smyrna

Die Ruhmsucht ist nichts andres, als der Instinkt der Selbsterhaltung, welcher allen Geschöpfen eigen ist. Unser Wesen scheint sich auszudehnen, wenn es von dem Gedächtnis andrer Menschen Besitz nimmt; wir gewinnen dadurch ein neues Leben und betrachten es als ein ebenso köstliches Gut wie das, welches uns der Himmel verliehen hat.

Aber wie die Liebe zum Leben nicht in allen Menschen gleich stark ist, so streben sie auch nicht alle mit gleichem Verlangen nach dem Ruhme. Zwar ist diese edle Leidenschaft ihrem Herzen immer tief eingeprägt; aber Einbildungskraft und Erziehung beschränken sie auf tausenderlei Weise.

Dieser Unterschied zwischen Mensch und Mensch ist zwischen Volk und Volk noch auffallender.

Man kann den Grundsatz aufstellen, daß in jedem Staate die Ruhmbegierde sich mit der Freiheit der Unterthanen vermehrt oder vermindert; niemals bestehen Ruhm und Knechtschaft mit einander.

Ein kluger Mann machte mir neulich die Bemerkung: „In vieler Hinsicht ist man hier in Frankreich freier, als in Persien; darum lieben wir auch den Ruhm weit mehr. Unter dem Einfluß dieses glücklichen Triebes vollbringt ein Franzose gern und freudig, was euer Sultan bei seinen Unterthanen nur erreicht, indem er ihnen beständig Strafen und Belohnungen vor Augen hält.

Auch wacht bei uns der Fürst über die Ehre des geringsten seiner Unterthanen, und durch hochangesehene Gerichtshöfe wird sie geschützt; denn sie ist der heilige Schatz der Nation, der einzige, über welchen der König keine Gewalt hat, weil er durch jede Mißachtung desselben sein eigenes Interesse schädigen würde. Fühlt sich daher ein Unterthan durch seinen Fürsten an seiner Ehre gekränkt, sei es nun durch Zurücksetzung oder durch das geringste Zeichen von Verachtung, so verläßt er auf der Stelle Hof, Amt und Dienst und kehrt in das Privatleben zurück.

Es ist auch nicht schwierig, den Unterschied zwischen den französischen und den persischen Truppen zu erklären. Die letzteren bestehen aus Sklaven, die von Natur feige sind; darum wird ihre Furcht vor dem Tode nur durch die Furcht vor der Strafe überwunden; diese aber erfüllt die Seele mit einer neuen Art von Schrecken, der sie gleichsam betäubt. Die Franzosen andrerseits begegnen den feindlichen Streichen mit Lust und bannen die Furcht durch einen freudigen Stolz, der stärker ist als sie.

Aber das Allerheiligste der Ehre, des Ruhmes und der Tugend scheinen die Republiken und die Länder zu sein, wo man das Wort Vaterland mit frohem Bewußtsein aussprechen kann. In Rom, in Athen, in Lacedämon war die Ehre der einzige Preis der herrlichsten Thaten. Ein Eichen- oder ein Lorbeerkranz, eine Bildsäule, eine Lobrede galt als höchste Belohnung für eine gewonnene Schlacht oder eine eroberte Stadt.

Wer dort eine große That vollbracht hatte, fand in der That selbst seinen schönsten Lohn. Keinen seiner Mitbürger konnte er erblicken, ohne freudig sich als seinen Wohlthäter zu empfinden; so viele ihrer waren, so groß war die Zahl seiner verdienstlichen Handlungen. Einem Einzelnen Gutes zu thun vermag jeder Mensch; aber zum Glücke eines ganzen Volkes beitragen, – das heißt den Göttern gleichen.

Muß aber dieser edle Wetteifer in den Herzen eurer Perser nicht ganz erloschen sein, da bei ihnen Ämter und Würden nur Zeichen von der Laune des Fürsten sind? Ehre und Tugend werden dort als wesenlose Schatten betrachtet, wenn die fürstliche Gunst ihnen fehlt, mit der sie entstehen und vergehen. Niemals vermag ein Mann, welcher der allgemeinen Achtung genießt, zu sagen, ob er nicht morgen entehrt sein werde. Heut ist er noch General des Heeres; aber morgen macht ihn der Fürst vielleicht zu seinem Koch, und in Zukunft wird er nur noch auf Lob hoffen dürfen, wenn er ein gutes Ragout bereitet hat."

Paris, am 15. des zweiten Mondes Gemmadi, 1715.

Einundneunzigster Brief

Usbek an denselben in Smyrna

Aus dieser allgemeinen Leidenschaft der französischen Nation für den Ruhm hat sich im Geiste der Einzelnen ein unbeschreibliches Etwas gebildet, das man Ehrgefühl nennt. Eigentlich hat jeder Beruf sein eigenes Ehrgefühl; aber im Soldatenstaude ist es am meisten ausgeprägt, und es ist dort das Ehrgefühl im höchsten Sinne des Worts. Es würde mir sehr schwer fallen, Dir deutlich zu machen, was es eigentlich ist; denn uns fehlt ein gleicher Begriff. In früheren Zeiten waren die Gesetze dieses Ehrgefühls fast die einzigen, durch welche die Franzosen, besonders die Adligen, sich leiten ließen. Dieselben bestimmten ihre ganze Lebensführung und waren so streng, daß man sie, ich will nicht sagen:

nicht übertreten, sondern selbst die nebensächlichste ihrer Anordnungen nicht umgehen konnte, ohne es durch eine grausamere Strafe als den Tod zu büßen.

Wenn es sich darum handelte, eine Streitigkeit zu schlichten, so gab es nach ihrer Vorschrift nur eine einzige Art der Entscheidung, nämlich den Zweikampf, welcher allen Schwierigkeiten rasch ein Ende machte; nur hatte dieser das Üble, daß auf solche Weise das Urteil oftmals an andren Parteien, als den eigentlichen Gegnern, vollzogen wurde.

Mochte jemand auch nur auf das Oberflächlichste mit einem andern bekannt sein, so mußte er sich doch an dem Streit beteiligen und persönlich Rechenschaft geben, als wäre er selbst in zorniger Aufregung gewesen. Aber durch eine solche Wahl und eine so schmeichelhafte Bevorzugung fühlte er sich immer geehrt; und wer einem Menschen nicht vier Pistolen hätte geben mögen, um ihn samt seiner ganzen Familie vom Galgen zu retten, trug kein Bedenken, sein Leben tausendmal für ihn zu wagen.

Diese Art der Entscheidung war ziemlich übel erdacht; denn daraus, daß jemand gewandter oder stärker ist, als ein andrer, folgt noch nicht, daß sein Recht das bessere ist.

Daher haben auch die Könige das Duell bei strengster Strafe verboten, aber ganz vergeblich; denn die Ehre, welche ihrer Herrschaft nicht entsagen will, lehnt sich dagegen auf und erkennt keine Gesetze über sich.

Auf diese Weise befinden sich die Franzosen in einer sehr widerspruchsvollen Lage; denn jene Ehrengesetze machen es einem Mann von Ehre zur Pflicht, sich zu rächen, wenn man ihn beleidigt hat; andrerseits aber treffen ihn die härtesten Strafen der Justiz, wenn er sich rächt. Gehorcht man den Gesetzen der Ehre, so stirbt man durch Henkershand; gehorcht man denen der Justiz, so ist man für immer aus der menschlichen Gesellschaft verbannt: man hat also nur die grausame Wahl, entweder zu sterben, oder des Lebens unwürdig zu sein.

Paris, am 18. des zweiten Mondes Gemmadi, 1715.

Zweiundneunzigster Brief

Usbek an Rustan in Ispahan

Es ist hier ein angeblicher persischer Gesandter eingetroffen, der mit den beiden größten Königen der Welt ein unverschämtes Spiel treibt. Er überbringt dem französischen Monarchen Geschenke, welche der unsrige sich schämen würde einem Könige von Irimetta oder Georgien anzubieten, und durch seinen schändlichen Geiz hat er die Majestät zweier Reiche beschimpft.

Er hat sich vor einem Volke lächerlich gemacht, welches den Ruf des höflichsten in Europa beansprucht, und seine Schuld ist es, daß man im Abendlande sagt, der König der Könige herrsche nur über Barbaren.

Man hat ihm Ehrenbezeugungen erwiesen, obwohl sein Verhalten darauf angelegt schien, daß sie ihm verweigert würden; und als ob dem französischen Hofe die Größe Persiens mehr am Herzen läge als ihm selbst, hat derselbe ihn mit Würde vor einem Volke erscheinen lassen, bei dem er sich verächtlich gemacht.

Schweige jedoch in Ispahan von dieser Sache; spare den Kopf eines Unglücklichen. Ich wünsche nicht, daß unsere Minister ihn für ihre eigene Unklugheit und die unwürdige Wahl, die sie getroffen haben, bestrafen.

Paris, am Letzten des zweiten Mondes Gemmadi, 1715.

Dreiundneunzigster Brief

Usbek an Rhedi in Venedig

Der Monarch, der so lange regiert hat, ist nicht mehr. Solange er lebte, hat er den Leuten viel zu reden gegeben; nun er tot ist, schweigt alle Welt. Fest und standhaft bis zum letzten Augenblicke, schien er nur dem Verhängnis zu weichen. Er starb wie der große Schah Abbas, nachdem er seinen Ruhm über den ganzen Erdkreis verbreitet hatte.

Du darfst indessen nicht glauben, daß dies große Ereignis die Leute hier nur zu moralischen Betrachtungen gestimmt habe. Jeder dachte an seine eigenen Interessen und an den Vorteil, den er aus dieser Veränderung ziehen könnte. Da der neue König, ein Urenkel des verstorbenen Monarchen, erst fünf Jahre alt ist, so wurde ein Prinz, sein Oheim, zum Regenten des Reiches ernannt.

Der verstorbene König hat in seinem Testament die Befugnisse des Regenten beschränkt; aber dieser gewandte Prinz ist im Parlament erschienen, hat vor demselben alle Rechte seiner Geburt dargelegt und es bewogen, die Bestimmungen des Monarchen, der sich selbst überleben und noch nach seinem Tode regieren wollte, für ungültig zu erklären.

Die Parlamente gleichen den Trümmern, über die unser Fuß hinwegschreitet, aber die uns immer an irgend einen durch die alte Religion der Völker berühmten Tempel erinnern. Ihre Thätigkeit hat sich fast ganz auf die Rechtspflege beschränkt, und ihr Ansehen stirbt langsam dahin, wenn ihm nicht irgend ein unvorhergesehenes Zusammentreffen von Umständen neue Lebenskraft verleiht. Diese großen Körperschaften haben das Los aller menschlichen Einrichtungen geteilt; die alles zerstörende Zeit, die alles entnervende Sittenverderbnis und die alles beugende absolute Gewalt hat sie verdrängt.

Aber der Regent, welcher sich bei dem Volke beliebt zu machen suchte, gab sich bei seinem ersten Auftreten den Anschein, als wolle er dies Bild der öffentlichen Freiheit in Ehren halten; und als ob er im Sinne hätte, Tempel und Götterbild aus dem Schutt wieder aufzurichten, forderte er, daß man sie als die Stütze der Monarchie und die Grundlage aller gesetzlichen Autorität betrachte.

Paris, am 4. des Mondes Rhegeb, 1715.

Vierundneunzigster Brief

Usbek an seinen Bruder, Santon im Kloster zu Kasbim

Santon

Ich nahe Dir in tiefer Demut, heiliger Santon, und werfe mich vor Dir nieder; ich achte die Spuren Deiner Füße wie meinen Augapfel. Deine Heiligkeit ist so groß, als wohnte in Deiner Brust das Herz unseres heiligen Propheten; selbst der Himmel staunt über Dein entsagungsvolles Leben; und als die Engel aus den Höhen der Herrlichkeit auf Dich herabgeblickt, da haben sie gesagt: „Wie kommt es, daß er noch auf Erden weilt, da doch sein Geist mit uns den Thron umschwebt, den die Wolken tragen?"

Und wie sollte ich Dich nicht ehren? Weiß ich doch es von unseren Schriftgelehrten, daß die Derwische, selbst bei den Ungläubigen, immer von jener Heiligkeit umflossen sind, welche allen wahren Gläubigen Ehrfurcht gebietet! Habe ich doch von ihnen gelernt, daß Gott sich an allen Enden der Erde die reinsten Seelen auserlesen und sie von der ungerechten Welt abgesondert hat, damit ihre Kasteiungen und ihre brünstigen Gebete seinen Zorn besänftigen möchten, der so viele ungehorsame Völker zu zerschmettern droht!

Die Christen erzählen Wunder von ihren Santons, die sich zu Tausenden in die schrecklichen Einöden der thebaischen Wüste flüchteten, und unter denen Paulus, Antonius und Pachomius die bedeutendsten waren sei. Wenn alles wahr ist, was sie von ihnen berichten, so war ihr Leben nicht weniger reich an Wundern, als das unserer heiligsten Imame. Manchmal sahen sie zehn ganze Jahre lang keinen Menschen; aber die Dämonen umlagerten sie Tag und Nacht. Unaufhörlich wurden sie von diesen bösen Geistern gequält; im Bette wie bei Tische gesellten sie sich zu ihnen; es gab keine Zuflucht vor ihnen. Wenn alles dies glaubwürdig ist, ehrwürdiger Santon, so müßte man wirklich sagen, daß noch kein Mensch in schlechterer Gesellschaft gelebt hat.

Die Verständigen unter den Christen betrachten alle solche Geschichten als eine ganz natürliche Allegorie, welche den Zweck hat, uns an die menschliche Hilflosigkeit zu erinnern. Vergeblich suchen wir in der Wüste die Ruhe; immer begleiten uns die Versuchungen; denn auch dort weichen unsere Leidenschaften, welche das Gleichnis Dämonen nennt, nicht von uns. Diese Quälgeister unseres Herzens, diese Trugbilder der Sinne, diese eitlen Phantome des Irrtums und der Lüge tauchen beständig vor uns auf, um uns zu verführen, und überraschen uns mit ihren Angriffen selbst bei unsren Fast- und Bußübungen, also in dem eigentlichsten Hort unserer Kraft.

Was mich anbetrifft, ehrwürdiger Santon, so weiß ich, daß der Abgesandte Gottes den Satan in Ketten gelegt und ihn in den Abgrund gestürzt hat; dadurch hat er die Erde von der Herrschaft des Bösen gereinigt und sie zu einem würdigen Aufenthalt für Engel und Propheten gemacht.

Paris, am 9. des Mondes Chahban, 1715.

Fünfundneunzigster Brief

Usbek an Rhedi in Venedig

Ich habe noch niemals vom Staatsrecht sorgfältig zu untersuchen. Das finde ich lächerlich. Bildeten die Menschen *keine* Gesellschaft, trennten sie sich, und flüchtete einer vor dem anderen, so müßte man nach dem Grunde dieser Absonderung forschen. Aber von ihrer Geburt sind sie alle mit einander verbunden; ein Sohn wird bei seinem Vater geboren und hält sich zu ihm: das ist die Gesellschaft und ihre Ursache.

In Europa ist das Staatsrecht besser bekannt, als in Asien; man kann indessen sagen, daß die Leidenschaften der Fürsten, die Geduld der Völker und die Schmeichelei der Schriftsteller alle Grundsätze desselben untergraben haben.

In seiner heutigen Form ist dies Recht eine Wissenschaft, aus der die Fürsten lernen, wie weit sie der Gerechtigkeit Gewalt anthun können, ohne ihre eigenen Interessen zu gefährden. Welch ein Unternehmen, Rhedi! Um ihr Gewissen zu verhärten, bringen sie die Ungerechtigkeit in ein System, aus dessen Grundsätzen sie alsdann nach den Regeln der Wissenschaft ihre Folgerungen ziehen!

Die unumschränkte Gewalt unserer erhabenen Sultane, die nur sich selbst als Richtschnur anerkennt, bringt keine größeren Ungeheuerlichkeiten hervor, als diese unwürdige Kunst, welche die Gerechtigkeit drehen und deuteln will, so unwandelbar dieselbe auch ist.

Man möchte fast meinen, Rhedi, es gebe zwei ganz verschiedene Arten von Gerechtigkeit: eine, welche Privat-Angelegenheiten ordnet und im bürgerlichen Rechte herrscht; und eine andre, welche die Streitigkeiten der Völker schlichtet und im Staatsrechte ihre Tyrannei ausübt; gleich als wäre das Staatsrecht nicht selbst ein bürgerliches Recht, freilich nicht eines einzelnen Landes, sondern der Welt.

Ich werde Dir meine Gedanken über diesen Gegenstand in einem folgenden Briefe noch deutlicher erklären.

Paris, am 1. des Mondes Zilhageh, 1716.

Sechsundneunzigster Brief

Usbek an denselben

Es ist die Ausgabe der Obrigkeit, das Recht des Bürgers gegen seinen Mitbürger zu verteidigen; jedes Volk aber muß aus eigenem Antriebe einem andren sein Recht widerfahren lassen. Bei dieser zweiten Art der Rechtsprechung sind keine anderen Grundsätze anwendbar, als bei der ersten.

Zwischen Volk und Volk bedarf es selten eines Dritten zur Entscheidung, weil die Ursachen ihres Streites fast immer auf der Hand liegen und leicht zu bestimmen sind.

Die Interessen zweier Nationen sind gewöhnlich so grundverschieden, daß man das Recht nur zu lieben braucht, um es zu finden; man wird sich nicht leicht an seinem eigenen Vorteil verkürzen.

Unter Privatleuten verhält es sich in streitigen Fällen ganz anders. Da sie Glieder einer Gesellschaft sind, so finden sich ihre Interessen so sehr untereinandergemischt und verwickelt, und es giebt deren so verschiedenartige, daß es eines Dritten bedarf, um wieder zu entwirren, was die Habsucht der Parteien zu verbergen sucht.

Es giebt nur zwei Arten von gerechten Kriegen: nämlich solche, in denen man sich gegen den Angriff eines Feindes verteidigt; und solche, in denen man einem angegriffenen Bundesgenossen zu Hilfe kommt.

Es würde wider die Gerechtigkeit streiten, wegen fürstlicher Privathändel Krieg anzufangen, es müßte denn eine so schwere Beleidigung stattgefunden haben, daß der Fürst oder das Volk, von welchem sie begangen worden, dafür den Tod verdiente. So darf ein Fürst nicht deswegen einen Krieg beginnen, weil man ihm eine schuldige Ehre verweigert oder seinen Gesandten eine ungebührliche Behandlung hat widerfahren lassen, und was es sonst noch für Gründe dieser Art geben könnte; so wenig wie ein Privatmann denjenigen töten darf, der ihm den Vortritt streitig macht. Denn da die Kriegserklärung ein Akt der Gerechtigkeit sein soll, nach deren Grundsätzen die Strafe immer im Verhältnis zu dem Vergehen stehen muß, so hat man vorher zu prüfen, ob der, welchem man den Krieg erklärt, den Tod verdient; heißt doch jemanden bekriegen: ihn mit dem Tode bestrafen wollen.

Der Krieg ist die strengste Anwendung der Gerechtigkeit im Staatsrecht; denn er hat die Vernichtung der Gesellschaft zum Zwecke.

In zweiter Linie steht die Wiedervergeltung. Die Gerichte haben nicht umhin gekonnt, dies Gesetz anzuwenden, um die Strafe nach dem Verbrechen abzumessen.

Durch einen dritten Akt der Gerechtigkeit werden einem Fürsten die Vorteile entzogen, die ihm aus der Verbindung mit uns erwachsen, immer unter Beobachtung des Verhältnisses der Strafe zum Unrecht.

Der vierte Akt der Gerechtigkeit, welcher am häufigsten eintritt, ist die Aufkündigung der Bundesgenossenschaft mit einem Volke, über welches man sich zu beklagen hat. Diese Strafe entspricht der Verbannung, wie sie die Gerichtshöfe verhängen, um die Übelthäter aus der Gesellschaft zu entfernen. So wird ein Fürst durch Aufkündigung des Bundesverhältnisses aus unserer Gesellschaft verbannt und gehört nicht länger zu den Mitgliedern derselben.

Man kann einem Fürsten keinen größeren Schimpf anthun, als ihm das Bundesverhältnis aufzukündigen, und ihm keine größere Ehre erweisen, als ein solches mit ihm einzugehen. Nichts halten die Menschen für rühmlicher und selbst für nützlicher, als andere immer auf ihre Wohlfahrt bedacht zu wissen.

Aber soll ein Bündnis in der That Verbindlichkeit haben, so muß es gerecht sein: ein Bündnis, das von zwei Nationen zur Unterdrückung einer dritten geschlossen wird, ist nicht rechtskräftig und darf ungestraft gebrochen werden.

Es verträgt sich nicht einmal mit der Ehre und der Würde eines Fürsten, sich mit einem Tyrannen zu verbünden. Man erzählt von einem ägyptischen Monarchen, er habe den König von Samos wegen seiner Grausamkeit und Tyrannei warnen lassen und ihn aufgefordert, dieselbe abzulegen; und da die Mahnung erfolglos blieb, ließ er ihm ankündigen, daß er auf seine Freundschaft und auf sein Bündnis verzichte.

Die Eroberung gewährt an sich kein Recht. Besteht das Volk noch, so ist sie ein Unterpfand des Friedens und der Sühnung des Unrechts; wurde es aber vernichtet oder zerstreut, so bleibt sie das Denkmal einer Tyrannei.

Die Friedensverträge werden von den Menschen so heilig gehalten, daß man sie als die Stimme der Natur betrachten möchte, welche ihre Rechte zurückfordert. Sie sind immer rechtmäßig, wenn ihre Bedingungen beiden Völkern das ungehinderte Weiterleben ermöglichen. Verhält es sich anders, so darf dasjenige von beiden, welchem der Untergang droht, seine natürliche Verteidigung, deren der Friede es beraubt hat, im Kriege suchen.

Denn die Natur, welche den Menschen ihre Kraft oder ihre Schwäche nach verschiedenem Maße zugemessen, hat auch oft die Schwäche durch Verzweiflung der Stärke gleich gemacht.

Das, lieber Rhedi, ist nach meiner Auffassung das Staatsrecht; es ist das Recht der Völker, oder vielmehr es das der Vernunft.

Paris, am 4. des Mondes Zilhageh, 1716.

Siebenundneunzigster Brief

Der oberste Verschnittene an Usbek in Paris

Es sind hier viele gelbbraune Mädchen aus dem Königreiche Visapur eingetroffen. Ich habe eine davon für Deinen Bruder, den Statthalter von Mazenderan, der mir vor einem Monat seinen hohen Auftrag samt hundert Tomans sandte, gekauft.

Ich verstehe mich auf die Weiber, und zwar um so; besser,weil sie keiner schwachen Seite bei mir begegnen, und weil meine Augen nicht durch die Wallungen des Herzens getäuscht werden.

Niemals habe ich eine so regelmäßige und vollkommene Schönheit gesehen. Ihre leuchtenden Augen strahlen Leben über alle ihre Züge und erhöhen die Pracht einer Farbe, welche alle Reize Cirkassiens in den Schatten stellen könnte.

Der Ober-Eunuch eines Kaufmanns aus Ispahan handelte zugleich mit mir um sie; aber sie entzog sich seinen Blicken mit Geringschätzung und schien die meinigen zu suchen, als ob sie mir sagen wolle, ein armseliger Geschäftsmann sei ihrer nicht würdig, und sie sei für einen vornehmen Gatten bestimmt.

Ich gestehe Dir, daß sich eine geheime Freude in mir regt, wenn ich mir die Reize dieser schönen Person vergegenwärtige. Ich muß mir vorstellen, wie sie ihren Einzug in das Serail Deines Bruders hält, und mit stiller Genugthuung ahne ich das Erstaunen aller seiner Frauen, – den stürmischen Schmerz der einen, die stumme, aber noch tiefere Trauer der anderen, den boshaften Trost derer, die nichts mehr zu hoffen haben, und den gereizten Ehrgeiz derer, die noch hoffen.

Einem ganzen Serail am andern Ende des Reiches werde ich ein verändertes Aussehen geben. Welche Leidenschaften werde ich entfesseln! Welche Angst und Pein bereite ich!

Indessen wird trotz der inneren Verwirrung das Äußere so ruhig bleiben wie zuvor. Tief im Herzen werden sich die großen Erschütterungen verbergen; der Gram darf sich nicht zeigen, und die Freude muß an sich halten. Der Gehorsam bleibt pünktlich, die Ordnung unwandelbar wie immer; und unter dem steten Drucke erhebt sich aus den Tiefen der Verzweiflung wieder die Freundlichkeit.

Wir machen die Erfahrung, daß uns unsre Aufgabe um so leichter wird, je mehr Frauen wir zu behüten haben. Ihre Gefallsucht wird zu lebhafterem Wetteifer genötigt; die Leichtigkeit des Zusammenhaltens vermindert sich; mehr Beispiele von Gehorsam stehen ihnen vor Augen: das sind lauter Ketten für ihren Eigenwillen. Unaufhörlich passen die einen auf die Fehltritte der anderen; es scheint, als bemühten sie sich im Einverständnisse mit uns, ihre Abhängigkeit größer zu machen; sie thun fast die Hälfte unsrer Arbeit und öffnen uns die Augen, wenn wir sie schließen. Kurz, sie reizen ihren Herrn unaufhörlich zum Zorn gegen ihre Nebenbuhlerinnen und sehen nicht, wie nahe sie denen stehen, welche die Strafe trifft.

Aber alles, alles dies, erlauchter Herr, ist nichts ohne die Anwesenheit des Gebieters. Was vermögen wir auszurichten mit diesem leeren Schein einer Macht, die uns niemals völlig zu Teil wird? Wir vertreten nur schwach die eine Hälfte Deiner Person, nur eine verhaßte Strenge können wir ihnen zeigen. Du aber, Du milderst die Furcht durch die Hoffnung und herrschest noch unumschränkter durch Liebkosungen, als durch Drohungen.

Kehre also zurück, erlauchter Herr, kehre zurück und erfülle diese Stätte wieder ganz und gar mit den Zeichen Deiner Herrschaft. Komm und besänftige die Qualen der verzweifelnden Leidenschaften; mache ihrer langen Versuchung ein Ende; versöhne die murrende Liebe; hilf, daß selbst die Pflicht wieder liebenswürdig werde; komm endlich und nimm Deinen getreuen Eunuchen eine Last ab, die ihnen mit jedem Tage schwerer wird.

Serail zu Ispahan, am 8. des Mondes Zilhageh, 1716.

Achtundneunzigster Brief

Usbek an Hassein, Derwisch auf dem Gebirge Jaron

O weiser Derwisch, dessen forschungslustiger Geist so reich ist an tiefem Wissen, höre mich an.

Es giebt hier Philosophen, welche freilich nicht bis zum Gipfel morgenländischer Weisheit emporgedrungen sind; sie waren nicht verzückt bis zum Throne des Lichts; sie vernahmen weder die unaussprechlichen Worte, welche jubelnd durch die Chöre der Engel tönen, noch empfanden sie den erhabenen Rausch einer göttlichen Begeisterung: aber, sich selbst überlassen und von keinen heiligen Wunderzeichen geleitet, folgen sie schweigend den Spuren der menschlichen Vernunft.

Kaum wirst Du es für glaublich halten, wie weit diese Führerin sie schon gefördert hat. Sie haben das Chaos entwirrt und durch eine einfache Mechanik die Gesetze der göttlichen Baukunst erklärt. Der Urheber der Natur hat der Materie Bewegung verliehen: Das war alles, dessen es bedurfte, um die wunderbare Mannigfaltigkeit von Wirkungen hervorzubringen, die uns im Weltall vor Augen liegt.

Sonst erlassen die Gesetzgeber ihre Gesetze nur, um Ordnung in die menschliche Gesellschaft zu bringen; Gesetze, die dem Wechsel ebenso sehr unterworfen sind, wie der Geist der Männer, die sie aufstellen, und der Völker, die ihnen gehorchen. Aber jene andren sprechen uns nur von allgemeinen, unwandelbaren, ewigen Gesetzen, die keine Ausnahme zulassen, sondern mit unendlicher Ordnung, Regelmäßigkeit und Geschwindigkeit die unermeßlichen Räume, beherrschen.

Und was meinst Du wohl, Mann Gottes, was das für Gesetze seien? Vielleicht bildest Du Dir ein, wenn Du einst in den Rat des Ewigen trittst, so werde die Erhabenheit seiner Geheimnisse Dich mit Staunen erfüllen, und von vornherein verzichtest Du darauf, sie zu begreifen; Du willst weiter nichts, als sie bewundern?

Aber Du wirst bald anders darüber denken. Sie blenden durchaus nicht durch falsche Erhabenheit; ihre Einfachheit war die Ursache, daß man sie lange verkannt hat, und erst durch vieles Nachdenken hat man ihre ganze Fülle und Ausdehnung erkannt.

Nach dem ersten dieser Gesetze strebt jeder Körper, eine gerade Linie zu beschreiben, falls er nicht auf ein Hindernis trifft, welches ihn davon ablenkt; und nach dem zweiten, welches nur eine Folge des ersten ist, strebt jeder Körper, der sich um einen Mittelpunkt bewegt, sich davon zu entfernen, weil die Linie, die er beschreibt, sich um so mehr einer geraden Linie nähert, je weiter er sich vom Mittelpunkte entfernt.

Dies also, erhabener Derwisch, ist der Schlüssel der Natur; dies sind die fruchtbaren Prinzipien, aus denen man Schlußfolgerungen zieht bis ins Grenzenlose, wovon Du in einem anderen Briefe Genaueres erfahren sollst.

Die Kenntnis von fünf oder sechs Wahrheiten hat ihre Philosophie mit Wundern überfüllt, und durch sie haben sie mehr Zeichen und Thaten vollbracht, als alles, was man uns von unseren heiligen Propheten erzählt.

Denn nach meiner Überzeugung giebt es nicht einen unter unseren Gelehrten, der nicht in Verlegenheit geraten wäre, wenn er die ganze Luftmasse, welche die Erde umgiebt, in einer Wagschale hätte wägen oder alles Wasser, welches im Laufe eines Jahres auf die Erdoberfläche herabfällt, hätte messen sollen. Auch wüßte ich keinen, der sich nicht mehr als viermal besinnen müßte, ehe er sagen könnte, wieviel Meilen der Schall in einer Stunde zurücklegt; wieviel Zeit ein Lichtstrahl gebraucht, um von der Sonne bis zu uns zu dringen; wieviel Klafter die Entfernung von hier bis zum Saturn beträgt; oder mit welcher Krümmung ein Schiff gebaut sein muß, um den bestmöglichen Segler abzugeben.

Wenn irgend ein Gottesmann die Werke dieser Philosophen in hohe und erhabene Worte gegossen und sie mit kühnen Gleichnissen und geheimnisvollen Allegorien untermischt hätte, vielleicht würde er damit ein schönes, nur von dem heiligen Koran übertroffenes Werk zu Stande gebracht haben.

Soll ich Dir indessen frei meine Meinung sagen, so bekenne ich, daß mir der bilderreiche Stil nicht gar wohl behagt. Unser Koran enthält viel kindisches Zeug, und als solches erscheint es mir stets, obwohl es durch Kraft und Lebendigkeit des Ausdrucks gehoben ist. Man glaubt zuerst, die offenbarten Bücher seien nur göttliche Gedanken in menschlicher Sprache; dagegen findet man in unserem Koran die Sprache Gottes und die Denkungsart der Menschen, als hätte Gott, in wundersamer Laune, die Worte eingegeben, der Mensch aber die Gedanken dazu geliefert.

Vielleicht wirst Du sagen, ich rede zu frei von dem, was bei uns als das Heiligste gilt, und Du wirst dies für die Folge des unabhängigen Lebens halten, welches man in diesem Lande führt. Aber nein, dem Himmel sei Dank, der Verstand hat meinem Herzen keinen Schaden zugefügt, und solange ich lebe, wird Ali mein Prophet sein.

Paris, am 15. des Mondes Chahban, 1716.

Neunundneunzigster Brief

Usbek an Ibben in Smyrna

In keinem andren Lande der Welt ist das Glück so unbeständig wie in diesem hier. Alle zehn Jahre treten Umwälzungen ein, welche den Reichen in das Elend stürzen und den Armen mit schnellen Flügeln auf den Gipfel des Reichtums heben. Der eine staunt über seine Armut, der andre über seinen Überfluß. Der neue Reiche bewundert die Weisheit der Vorsehung, der Arme das blinde Verhängnis des Schicksals.

Diejenigen, welche die Steuern erheben, schwimmen in Schätzen; selten ist ein Tantalus unter ihnen. Und doch beginnen sie dies Gewerbe im äußersten Elend. Solange sie arm sind, werden sie dem Kote gleich geachtet; aber sind sie einmal reich geworden, so finden sie Achtung genug; auch versäumen sie nichts, um dieselbe zu gewinnen.

Gegenwärtig befinden sie sich in einer höchst schrecklichen Lage. Soeben hat man eine Kammer eingesetzt, welche die Justizkammer genannt wird, weil sie ihnen alle ihre Habe rauben will. Sie können ihre Güter weder unterschlagen noch verbergen; denn man zwingt sie bei Todesstrafe, dieselben auf Heller und Pfennig zu deklarieren. So treibt man sie durch einen gar engen Paß; sie müssen wählen zwischen dem Leben und ihrem Gelde. Und um ihrem Mißgeschick die Krone aufzusetzen, so ist ein durch seinen Geist bekannter Minister da, der sie mit seinen Witzen beehrt und über alle in den Sitzungen gepflogenen Beratungen seine Späße macht. Man findet nicht alle Tage Minister, die ihr Vergnügen daran haben, das Volk zum Lachen zu bringen, und man muß es diesem Dank wissen, daß er es sich zur Aufgabe gemacht hat.

Die Zunft der Lakaien genießt in Frankreich höhere Achtung, als anderswo. Sie ist eine Pflanzschule großer Herren; sie ergänzt die Lücken in den übrigen Ständen. Ihre Mitglieder rücken an die Stelle der verunglückten Großen, der ruinierten Würdenträger, der in den Stürmen des Krieges umgekommenen Edelleute; und wenn solche Plätze nicht für sie selbst frei werden, so greifen sie allen vornehmen Familien unter die Arme, indem sie ihnen ihre Töchter geben; denn diese sind sozusagen eine Art Dünger, der die gebirgigen und dürren Felder befruchtet.

Ich finde, Ibben, daß die Vorsehung den Reichtum mit bewunderungswürdiger Weisheit verteilt hat. Hätte sie ihn nur an die braven Leute verliehen, so würde man ihn nicht hinreichend von der Tugend unterschieden und seine ganze Richtigkeit nicht empfunden haben. Überzeugt man sich aber genau, wer die Leute sind, die ihn im ausgedehntesten Maße besitzen, so lernt man zuerst die Reichen und dadurch auch den Reichtum verachten.

Paris, am 26. des Mondes Maharram, 1717.

Hundertster Brief

Rica an Rhedi in Venedig

Es ist erstaunlich, welchem Wechsel die Launen der Mode bei den Franzosen unterworfen sind. Sie haben schon vergessen, wie sie in diesem Sommer gekleidet waren; aber noch viel weniger wissen sie, was sie im Winter anziehen werden. Das Unglaublichste jedoch ist der Aufwand, den ein Mann zu machen hat, damit seine Frau sich immer nach der Mode tragen könne.

Was könnte es mir nützen, Dir eine genaue Beschreibung ihrer Tracht und ihres Putzes zu geben? Eine neue Mode würde meine ganze Arbeit umstoßen, gerade wie diejenige der Schneider; und ehe Du noch meinen Brief erhieltest, würde alles sich verändert haben.

Wenn eine Dame für sechs Monate aufs Land geht, so kehrt sie von dort so altmodisch nach Paris zurück, als hätte sie sich dreißig Jahre lang vernachlässigt. Der Sohn erkennt das Bild seiner Mutter nicht, so fremd erscheint ihm das Kleid, in dem sie gemalt wurde; er meint, es stelle irgend eine Amerikanerin vor, oder der Maler habe darin eine freie Phantasie zum Ausdruck gebracht.

Manchmal wächst der Kopfputz nach und nach immer höher empor, und plötzlich läßt ihn eine allgemeine Umwälzung wieder ganz zusammenschrumpfen. Es hat eine Zeit gegeben, wo die ungeheuere Höhe desselben bewirkte, daß das Gesicht einer Frau die Mitte zwischen Fuß und Scheitel einnahm; ein andres Mal dagegen befanden sich die Füße in der halben Höhe der Gestalt, indem die Absätze sie nach Art eines Fußgestells in der Luft hielten. Und sollte man es glauben, daß die Baumeister oft gezwungen waren, ihre Thüren höher, niedriger oder weiter zu machen, je nachdem der weibliche Putz solche Veränderungen nötig machte, und daß die Regeln ihrer Kunst sich diesen Grillen fügen mußten? Zuweilen ist ihr Gesicht mit einer erstaunlichen Menge Schönheitspflästerchen besät, und am nächsten Tage sind sie alle verschwunden. Ehemals hatten die Frauen hier einen schlanken Wuchs und schöne Zähne; aber heutzutage ist davon nicht mehr die Rede. Wie man auch darüber urteilen möge, in dieser veränderlichen Nation finden die Töchter, daß sie ganz anders geformt sind, als ihre Mütter.

Mit den Gebräuchen und der Lebensweise steht es wie mit den Moden; je nach dem Alter ihres Königs ändern die Franzosen ihre Sitten. Sogar ernsthaft könnte der Monarch die Nation machen, wenn er es darauf anlegte. Der Fürst überträgt seine Geistesart auf den Hof, der Hof auf die Stadt, die Stadt auf die Provinzen. Die Seele des Landesherrn ist ein Modell, nach welchem alle anderen sich formen.

Paris, am 8. des Mondes Saphar, 1717.

Hundertunderster Brief

Rica an denselben

Neulich schrieb ich Dir über die fabelhafte Unbeständigkeit der Franzosen in ihren Moden. Indessen ist es unbegreiflich, bis zu welchem Grade sie davon eingenommen sind; nach dieser Richtschnur beurteilen sie alles, was bei anderen Nationen geschieht; alles betrachten sie unter diesem Gesichtspunkte; alles Fremde erscheint ihnen lächerlich. Ich muß Dir gestehen, ich weiß mir diese leidenschaftliche Parteilichkeit für ihre Trachten mit der Unbeständigkeit nicht zusammenzureimen, mit welcher sie dieselben täglich wechseln.

Wenn ich Dir sage, daß sie alles Fremde verachten, so meine ich damit nur den kleinlichen Tand; denn in allem, was von Wichtigkeit ist, scheinen sie sich bis zur Sechsterniedrigung zu mißtrauen. Sie geben ohne Rückhalt zu, daß die übrigen Völker vernünftiger sind, als sie, wenn man ihnen nur das Zugeständnis macht, daß sie sich besser kleiden; gern wollen sie sich den Gesetzen einer mit ihnen wetteifernden Nation unterwerfen, wenn nur den französischen Perückenmachern das Recht verbleibt, als Gesetzgeber über die Form der ausländischen Perücken zu entscheiden. Nichts gleicht bei ihnen dem Hochgefühl, mit dem sie den Geschmack ihrer Köche vom Norden bis zum Süden die Herrschaft führen und die Machtsprüche ihrer Putzmacherinnen an allen Putztischen Europas in Kraft sehen.

Was verschlägt es ihnen, da sie sich so edler Vorzüge rühmen können, ob der gesunde Menschenverstand ihnen von auswärts komme, und ob sie ihren Nachbarn ihr ganzes staatliches und bürgerliches Verwaltungssystem verdanken?

Wer sollte wohl glauben, daß das älteste und mächtigste Königreich in Europa seit mehr als zehn Jahrhunderten mit Gesetzen regiert wird, die gar nicht für dasselbe bestimmt waren? Es würde leicht erklärlich sein, wenn die Franzosen eine unterjochte Nation wären; aber sie sind die Eroberer.

Sie haben die alten, von ihren ersten Königen in den allgemeinen Volksversammlungen aufgestellten Gesetze preisgegeben; und sonderbarer Weise stammten die römischen Gesetze, die sie dagegen annahmen, ganz oder zum Teil von jenen Kaisern, welche die Zeitgenossen ihrer eigenen Gesetzgeber waren.

Und zur Vervollständigung ihrer fremden Erwerbungen, und um allen Verstand von auswärts zu beziehen, haben sie sämtliche Verordnungen der Päpste anerkannt und daraus einen neuen Teil ihres Rechts gemacht: eine neue Art von Knechtschaft.

Allerdings hat man in neuerer Zeit einige städtische und Provinzial-Verfassungen zu Papier gebracht; aber sie sind fast ausnahmslos Entlehnungen aus dem römischen Recht.

Diese Überfülle von adoptierten und, so zu sagen, naturalisierten Gesetzen ist so groß, daß sie das Recht und die Richter gleich schwer bedrückt. Aber diese Bände von Gesetzen sind nichts im Vergleich zu jenem entsetzlichen Heer von Glossatoren, Kommentatoren und Kompilatoren, Leuten, die an Urteilskraft so schwach, wie stark durch ihre fabelhafte Zahl sind.

Aber das ist noch nicht alles. Diese ausländischen Gesetze haben Formalitäten eingeführt, die eine Schande für die menschliche Vernunft sind. Es dürfte sich schwer entscheiden lassen, ob das Formenwesen verderblicher gewirkt hat, als es sich der Rechtswissenschaft bemächtigte, oder als es sich in der Heilkunde einnistete; ob es unter dem Talar eines Rechtsgelehrten mehr Verwüstungen angerichtet, als unter dem großen Hut eines Arztes; und ob es in dem einen mehr Leute ruiniert, als es in dem andren umgebracht hat.

Paris, am 17. des Mondes Saphar, 1717.

Hundertundzweiter Brief

Usbek an ***

Alle Welt spricht hier von der Konstitution. Der erste, der mir neulich bei meinem Eintritt in ein Haus in die Augen fiel, war ein dicker Mann mit hochrotem Gesicht, der mit lauter Stimme ausrief: „Ich habe mein Sendschreiben erlassen; ich erwidre Ihnen nichts auf alle Ihre Einwürfe; aber lesen Sie dies Sendschreiben, und Sie werden sehen, daß ich darin alle Ihre Zweifel gelöst habe. Ich habe manchen Schweißtropfen darüber vergossen," sagte er, indem er sich mit der Hand über die Stirn fuhr; „ich mußte meine ganze Gelehrsamkeit dazu aufbieten und eine Menge lateinischer Autoren darüber nachlesen." – „Ich glaub's Ihnen gern," antwortete jemand, der in der Nähe stand; „denn es ist ein treffliches Werk, und ich wollte darauf wetten, daß der Jesuit, der Sie so oft besucht, es nicht besser machen kann." – „Also lesen Sie es ja," wiederholte der erste; „in einer Viertelstunde werden Sie daraus ein klareres Urteil über diese Frage gewinnen, als wenn ich Sie zwei Stunden lang davon unterhielte." Auf solche Weise vermied er es, sich näher auf den Gegenstand einzulassen, um sich keine Blöße zu geben. Aber da man ihn des weiteren mit Fragen bestürmte, mußte er wohl oder übel aus seiner Deckung hervortreten, und nun begann er, nach theologischer Manier das dümmste Zeug auszukramen, wozu ihm ein Derwisch mit großer Ehrerbietung seinen Beistand lieh. Als zwei von den anwesenden Gästen einer seiner Behauptungen widersprachen, schnitt er ihnen sogleich das Wort mit der Erwiderung ab: „Das steht fest; denn wir haben es so entschieden, und wir sind unfehlbare Richter." – „Aber wie können Sie unfehlbare Richter sein?" fragte ich darauf. – „Wissen Sie nicht," antwortete er, „daß der heilige Geist uns erleuchtet?" – „Das ist ein wahres Glück," gab ich ihm zur Entgegnung; „denn aus allem, was Sie den Abend über gesagt haben, muß ich den Schluß ziehen, daß Sie der Erleuchtung gar sehr bedürfen."

Paris, am 18. des ersten Mondes Rebiab, 1717.

Hundertunddritter Brief

Usbek an Ibben in Smyrna

Die mächtigsten Staaten in Europa sind die des Kaisers und der Könige von Frankreich, Spanien und England. Italien und ein großer Teil von Deutschland zerfallen in eine Unzahl kleiner Staaten, deren Fürsten recht eigentlich die Märtyrer der Souveränetät sind. Unsere ruhmreichen Sultane haben mehr Frauen, als die meisten dieser Fürsten Unterthanen beherrschen. Die italienischen sind weniger eng verbündet und deswegen besonders bedauernswert; ihre Staaten liegen so offen da wie die Karawansereien; jeden Eindringling müssen sie aufnehmen. Notgedrungen schließen sie sich daher an die großen Fürsten an und behelligen sie vielmehr durch ihre Furcht, als sie ihnen durch ihre Freundschaft nützlich werden.

Die Regierungsform der meisten europäischen Staaten ist die monarchische, oder vielmehr wird sie so genannt; denn ich weiß nicht, ob es jemals in Wirklichkeit eine Monarchie gegeben hat; wenigstens könnte sie unmöglich lange in ihrer Reinheit bestanden haben. Sie ist etwas Gewaltsames, das stets in den Despotismus oder in die Republik ausartet. Die Macht kann niemals gleichmäßig zwischen Volk und Fürst verteilt sein; es ist zu schwierig, das Gleichgewicht zu erhalten. Während die Gewalt auf der einen Seite zunimmt, muß sie auf der anderen abnehmen; der Vorteil aber ist gewöhnlich auf Seiten des Fürsten; denn dieser steht an der Spitze des Heeres.

So ist denn die Macht der europäischen Könige sehr groß; man kann wohl sagen, sie ist gerade so groß, wie sie es wünschen. Jedoch machen sie keinen so unbeschränkten Gebrauch von derselben wie unsere Sultane; erstlich, weil sie gegen die Sitten und die Religion ihrer Völker nicht verstoßen wollen; zweitens, weil es ihnen keinen Vorteil bringen würde, wenn sie darin zu weit gingen.

Durch nichts wird die Lage der Fürsten derjenigen ihrer Unterthanen ähnlicher, als durch die maßlose Gewalt, welche sie über dieselben ausüben; und durch nichts sind sie mehr gefährdet und den Launen des Schicksals ausgesetzt.

Der bei den orientalischen Herrschern übliche Brauch, jeden, der ihr Mißfallen erregt, auf ihren leisesten Wink aus der Welt schaffen zu lassen, wirft das Verhältnis, in dem die Strafe zum Vergehen stehen soll, über den Haufen; und doch ist dies richtige Verhältnis gleichsam die Seele der Staaten und die

Harmonie der Reiche. Dadurch, daß die christlichen Fürsten es gewissenhaft beobachten, haben sie einen unendlichen Vorteil vor unseren Sultanen.

Wenn sich ein Perser durch Unbesonnenheit oder Mißgeschick die Ungnade des Fürsten zugezogen hat, so muß er auf seinen Tod gefaßt sein; der kleinste Fehltritt oder die geringste Laune führt denselben herbei. Aber wenn er einen Anschlag auf das Leben seines Landesherrn gemacht oder dessen Festungen an den Feind zu verraten versucht hätte, so würde er auch weiter nichts verlieren können, als das Leben; er wagt also im letzteren Falle nicht mehr, als im ersteren.

Sieht er nun bei der geringsten Ungnade seinen Tod voraus, ohne etwas Schlimmeres fürchten zu müssen, so liegt ihm natürlich die Versuchung nahe, die Ruhe des Staates zu stören und gegen den Machthaber eine Verschwörung anzuzetteln; denn dies ist die einzige Hilfe, auf die er sich angewiesen findet.

Ganz anders verhält es sich mit den europäischen Großen, denen durch Ungnade nur Wohlwollen und Gunst entzogen werden. Sie ziehen sich vom Hofe zurück, und denken nur noch daran, in Ruhe ihr Leben und die Vorteile ihres Standes zu genießen. Da sie nur für ein Majestätsverbrechen mit dem Tode bestraft werden, so fürchten sie sich, ein solches zu begehen, in Erwägung dessen, was sie dabei zu verlieren, und des wenigen, was sie dabei zu gewinnen haben. Deswegen kommt es hier so selten zu einem Aufstand, und so wenige Fürsten sterben eines gewaltsamen Todes.

Wenn unsre Fürsten bei ihrer unbeschränkten Gewalt nicht so viele Vorsichtsmaßregeln anwendeten, um ihr Leben zu sichern, so würden sie es am ersten Tage verlieren; und wenn sie nicht eine zahllose Truppenmenge besoldeten, um ihre übrigen Unterthanen zu tyrannisieren, so würde ihre Herrschaft keinen Monat bestehen.

Erst vor vier oder fünf Jahrhunderten umgab sich ein König von Frankreich, ganz gegen den Gebrauch jener Zeit, mit einer Leibwache, um sich vor den Meuchelmördern zu schützen, die ein kleiner asiatischer Fürst mit seiner Ermordung beauftragt hatte; bis dahin hatten die Könige, wie Väter unter ihren Kindern, ruhig mitten unter ihren Unterthanen gelebt.

Weit entfernt, gleich unsren Sultanen einem ihrer Unterthanen nach persönlicher Willkür das Leben zu rauben, üben die Könige von Frankreich vielmehr Gnade an jedem Verbrecher, wo immer sie erscheinen; es genügt, daß er so glücklich sei, das erlauchte Angesicht seines Fürsten zu erblicken, um des

Lebens wieder wert zu werden. Diese Monarchen gleichen der Sonne, welche allenthalben Wärme und Leben verbreitet.

Paris, am 8. des zweiten Mondes Rebiab, 1717.

Hundertundvierter Brief

Usbek an denselben

Zur Ergänzung der Gedanken, die ich Dir in meinem letzten Briefe mitgeteilt hatte, sende ich Dir heut eine ziemlich wortgetreue Aufzeichnung etlicher Äußerungen, die ich neulich von einem freisinnigen Europäer vernahm.

„Die asiatischen Fürsten hätten keine schlechtere Maßregel ergreifen können, als sich so verborgen zu halten. Sie glauben, sich dadurch größere Ehrerbietung zu sichern; aber sie gewinnen dieselbe nur für das Königtum, nicht für den König, und fesseln die Gedanken ihrer Unterthanen an einen bestimmten Thron, aber nicht an eine bestimmte Person.

Eine Macht, die unsichtbar regiert, bleibt für das Volk immer die nämliche. Mögen auch zehn Könige, die es nur dem Namen nach kennt, einer nach dem andern von ihren Nachfolgern erdrosselt werden, es merkt gar keinen Unterschied; ihm ist es gerade, als wäre es von eben so vielen Geistern nacheinander regiert worden.

Hätte der verabscheuungswürdige Mörder unseres großen Königs Heinrichs IV. jenen Dolchstoß gegen einen König von Indien geführt, so würde er, als Herr des königlichen Siegels und eines unermeßlichen, wie für ihn gesammelten Schatzes, ruhig die Zügel des Reiches ergriffen haben, ohne daß ein einziger Mensch daran gedacht hätte, seinen König, seine Familie und seine Kinder von ihm zurückzufordern.

Man wundert sich, daß unter der Regierung orientalischer Fürsten fast niemals Veränderungen stattfinden; aber was sonst ist die Ursache davon, als daß sie tyrannisch und fürchterlich ist?

Nur von Fürsten oder vom Volke können Veränderungen ausgehen; doch hüten sich die dortigen Fürsten wohl, dergleichen zu unternehmen; denn sie befinden sich auf einer so hohen Stufe der Macht, daß ihnen nichts weiter zu wünschen übrig bleibt; eine Veränderung könnte ihnen also nur zum Nachteil gereichen.

Was dagegen die Unterthanen betrifft, so würde keiner von ihnen imstande sein, etwaige Verbesserungspläne im Staate zur Ausführung zu bringen; denn um plötzlich einer furchtbaren und immer einzigen Macht das Gegengewicht zu halten, würde es an Zeit und Mitteln fehlen. Wer aber sogleich auf den eigentlichen Ausgangspunkt jener Macht seinen Angriff richtet, bedarf nur eines Armes und eines Augenblicks.

Der Mörder besteigt den Thron, während der Monarch von demselben herabgestürzt wird, zusammenbricht und zu seinen Füßen den Geist aufgiebt.

In Europa ist ein Mißvergnügter darauf bedacht, sich mit anderen in ein geheimes Einverständnis zu setzen, sich mit den Feinden zu verbünden, einen festen Platz in seine Hände zu bekommen und die Unterthanen zu einem gewissen Grade von grollender Unzufriedenheit aufzureizen. In Asien geht ein Mißvergnügter geradeswegs zum Fürsten: Überfall, Stoß und Sturz sind eins, und alles ist vernichtet, selbst die Erinnerung an den Gefallenen; in einem Augenblick wird der Sklave zum Herrn, der Thronräuber zum rechtmäßigen Monarchen.

Wehe dem König, der nur einen Kopf hat! Denn es scheint, als vereinige er auf demselben nur deswegen seine ganze Macht, damit jeder Ehrgeizige wisse, wo sie ganz und ungeteilt zu finden ist.

Paris, am 17. des zweiten Mondes Rebiab, 1717.

Hundertundfünfter Brief

Usbek an denselben

Nicht alle europäischen Völker stehen in dem nämlichen Abhängigkeitsverhältnis zu ihren Fürsten. So läßt z. B. der ungeduldige Charakter der Engländer ihrem König keine Zeit, seinem Ansehen größeren Nachdruck zu geben; auf die Tugenden der Unterwürfigkeit und des Gehorsams ist ihr Ehrgeiz am wenigsten gerichtet. Sie haben höchst seltsame Ansichten über diese Dinge. Nach ihrer Meinung ist nur ein Band imstande, die Menschen aneinander zu fesseln, nämlich die Dankbarkeit; Mann und Weib, Vater und Sohn sind nur durch ihre gegenseitige Liebe oder durch die Wohlthaten, die sie einander erweisen, verbunden; und die verschiedenen Veranlassungen der Erkenntlichkeit sind der Ursprung aller Reiche und der ganzen Gesellschaft.

Wenn aber ein Fürst seine Unterthanen, anstatt sie glücklich zu machen, bedrücken und zu Grunde richten will, so wird ihrem Gehorsam die Grundlage entzogen; keine Bande fesseln sie mehr an ihn, und sie gewinnen ihre natürliche Freiheit wieder.

Sie behaupten ferner, daß keine unbegrenzte Macht gesetzmäßig sein könne, weil sie unmöglich einen gesetzmäßigen Ursprung gehabt habe. „Denn," sagen sie, „wir können niemandem größere Macht über uns einräumen, als wir selbst besitzen; nun haben wir aber über uns selbst keine unbegrenzte Macht; z. B. können wir uns nicht das Leben nehmen. Daraus folgt," schließen sie, „daß niemand auf Erden eine solche Macht hat." Das Majestätsverbrechen ist nach ihrer Ansicht nichts anderes, als das Verbrechen, welches der Schwächste gegen den Stärksten begeht, indem er ihm ungehorsam ist, auf welche Art sich dieser Ungehorsam auch äußern möge. Als daher das englische Volk einem seiner Fürsten gegenüber der stärkere Teil war, erklärte es denselben eines Majestätsverbrechens für schuldig, weil er gegen seine Unterthanen Krieg geführt hatte. Ganz mit Recht finden sie also das Gebot ihres Korans, nach welchem man der Obrigkeit unterthan sein soll, leicht zu befolgen; denn es ist ihnen eben unmöglich, es nicht zu befolgen, besonders da es nicht der Tugendhafteste, sondern der Stärkste ist, dem sie sich zu unterwerfen haben.

Nach einer Erzählung der Engländer soll einer ihrer Könige einen besiegten und gefangenen Fürsten, der gegen ihn aufgestanden war und ihm die Krone streitig gemacht hatte, wegen seiner Treulosigkeit und Verräterei mit Vorwürfen überhäuft haben. Der unglückliche Fürst aber habe erwidert: „Erst in diesem Augenblick hat es sich entschieden, wer von uns beiden der Verräter ist."

Ein Thronräuber erklärt alle für Rebellen, welche nicht wie er das Vaterland unterdrückt haben; und in dem Glauben, es gebe kein Gesetz, wo er keine Richter sieht, fordert er, daß man die Launen des Zufalls und des Glückes wie Urteile des Himmels verehre.

Paris, am 20. des zweiten Mondes Rebiab, 1717.

Hundertundsechster Brief

Rhedi an Usbek in Paris

Einer von Deinen Briefen enthielt viel über die Künste und Wissenschaften, die im Abendlande gepflegt werden. Aber ich gestehe Dir, selbst wenn Du mich für einen Barbaren halten solltest, ich weiß nicht, ob ihr Nutzen die Menschen für den schlechten Gebrauch entschädigt, den man täglich von ihnen macht.

Ich habe sagen hören, allein durch die Erfindung der Bomben seien alle Völker in Europa ihrer Freiheit verlustig gegangen. Da die Fürsten die Verteidigung der Festungen nicht länger den Bürgern anvertrauen konnten, die sich beim Eindringen der ersten Bombe ergeben haben würden, so hatten sie einen Vorwand, starke Heere von regelmäßigen Truppen zu unterhalten, mit deren Hilfe sie später ihre Unterthanen unterdrückten.

Du weißt, daß es seit der Erfindung des Pulvers keine unüberwindlichen Festungen mehr giebt; das heißt, Usbek, es giebt auf Erden keine Zuflucht mehr gegen Ungerechtigkeit und Gewalt.

Immer muß ich mit Zittern daran denken, daß man schließlich vielleicht ein Geheimnis entdecken wird, vermöge dessen man noch weit schneller die Menschen verderben und Völker und Nationen vernichten könnte. Du hast die Geschichtschreiber gelesen. Ist es Dir dabei niemals aufgefallen, daß fast alle Monarchien nur auf Unbekanntschaft mit den Künsten begründet und nur deswegen zerstört wurden, weil diese sich zu hoch entwickelt hatten? Das alte Perserreich kann uns dafür als heimatliches Beispiel dienen.

Ich bin noch nicht lange in Europa; aber ich habe schon urteilsfähige Leute von den Verheerungen der Chemie reden hören. Allem Anschein nach scheint dies eine vierte Geißel zu sein, welche die Menschen dem Untergange weiht; sie thut ihr Zerstörungswerk nur im Kleinen, aber unaufhörlich, während Krieg, Pest und Hungersnot sie im Großen, aber nur nach langen Zwischenräumen hinwegraffen.

Was hat uns die Erfindung des Kompasses und die Entdeckung so vieler fremder Völker genützt? Hat sie nicht vielmehr ihre Krankheiten, als ihre Reichtümer auf uns übertragen? Durch allgemeines Übereinkommen hatte man dem Gold und Silber die Bestimmung zuerkannt, als Preis aller Waaren und als Unterpfand ihres Wertes zu dienen, weil diese Metalle selten und zu jedem andren Gebrauche untauglich waren. Welchen Vorteil hatte es also für uns, daß sie gemeiner wurden, und daß wir, um den Wert eines Nahrungsmittels auszudrücken, zwei oder drei Zeichen anstatt eines einzigen erhielten? Das war nur weniger bequem.

Andrerseits aber ist diese Erfindung für die entdeckten Länder höchst verderblich geworden. Ganze Nationen wurden ausgerottet; und die, welche dem Tode nicht zur Beute fielen, wurden so grausam geknechtet, daß einem Muselmann bei der bloßen Erzählung die Haut schaudert.

Glückliche Unwissenheit der Kinder Muhameds! Liebenswürdige Einfalt, die unserem heiligen Propheten so teuer ist. Du erinnerst mich immer an die ungekünstelte Natürlichkeit der alten Zeit und an die Ruhe, welche in dem Herzen unserer Vorfahren ihre Wohnung hatte.

Venedig, am 2. des Mondes Rhamazan, 1717.

Hundertundsiebenter Brief

Usbek an Rhedi in Venedig

Entweder denkst Du nicht, wie Du sprichst, oder Dein Thun ist vernünftiger als Dein Denken. Du hast Dein Vaterland verlassen, um Dich zu bilden, und Du verachtest alle Bildung; Du kommst zu Deiner Belehrung in ein Land, wo die schönen Künste gepflegt werden, und Du betrachtest sie als verderblich. Aber glaube mir nur, Rhedi, ich habe eine bessere Meinung von Dir, als Du selbst.

Hast Du Dir wohl schon von dem barbarischen und elenden Zustande, in den uns der Verlust der Künste hineinreißen würde, eine Vorstellung gemacht? Man bedarf dazu gar keiner Phantasie; denn wir haben Beispiele vor Augen. Es giebt noch Völker auf der Erde, bei denen ein leidlich abgerichteter Affe mit Ehren leben könnte; er würde dort mit den übrigen Bewohnern ungefähr auf gleicher Stufe stehen. Man würde weder seinen Geist absonderlich, noch sein Betragen närrisch finden; er würde so viel Achtung genießen wie alle andren, ja sich sogar noch durch besondere Artigkeit vor ihnen auszeichnen.

Du sagst, fast alle Staatengründer hätten von den Künsten nichts gewußt. Ich gebe zu, daß barbarische Völker sich wie reißende Ströme über die Erde ergießen und mit ihren wilden Heeren die bestgeordneten Reiche überschwemmen konnten. Aber verlaß Dich darauf: entweder haben sie alsdann die Künste selbst erlernt, oder sie haben die besiegten Völker in deren Ausübung nicht gehindert. Ohne dies wäre ihre Macht dahingeschwunden wie das Toben des Donners und der Stürme.

Du fürchtest, man werde ein noch furchtbareres Zerstörungsmittel erfinden, als das jetzt gebräuchliche. Nein, durchaus nicht! Sollte wirklich eine so verhängnisvolle Erfindung das Licht sehen, so würde sie bald durch das Völkerrecht verboten und durch den einstimmigen Beschluß der Nationen wieder begraben werden. Es liegt nicht im Interesse der Fürsten, ihre Eroberungen durch solche Mittel zu erzielen; sie brauchen Unterthanen, nicht wüste Länder.

Du bedauerst die Erfindung des Pulvers und der Bomben und beklagst, daß es keine uneinnehmbare Festung mehr giebt. Das heißt mit andren Worten, Du bist unzufrieden darüber, daß die Kriege heutzutage schneller zum Abschluß kommen, als in früheren Zeiten.

Es muß Dir bei Deinem Geschichtsstudium aufgefallen sein, daß seit der Erfindung des Pulvers die Schlachten weit weniger blutig sind, als sie es ehemals waren, weil es fast nie mehr zum Handgemenge kommt.

Hätte eine Kunst aber auch in einem besonderen Falle einmal schädlich gewirkt, dürfte man sie deswegen ganz und gar verwerfen? Hältst Du, Rhedi, darum die Religion, welche unser heiliger Prophet vom Himmel gebracht hat, für verderblich, weil sie eines Tages dazu dienen wird, die treulosen Christen zu Schanden zu machen?

Du glaubst, daß die Künste Verweichlichung der Völker zur Folge haben und dadurch den Sturz der Reiche verursachen. Du nennst den Fall der alten Perser eine Wirkung ihrer Verweichlichung; aber dies Beispiel ist keineswegs entscheidend; denn die Griechen, welche sie unterwarfen, pflegten die Künste mit unendlich größerer Hingebung als jene.

Wenn man behauptet, die Menschen werden durch die Künste weibisch gemacht, so denkt man dabei keineswegs an die Leute, welche dieselben betreiben; denn diese huldigen niemals dem Müßiggang, welcher mehr als alle andere Laster den Mut untergräbt.

Es handelt sich also nur um diejenigen, welche die Künste genießen. Aber da in einem wohlgeordneten Land die, welche sich der Vorteile einer Kunst bedienen, notwendig selbst eine andere betreiben müssen, wenn sie nicht in schimpfliche Armut verfallen wollen, so ergiebt sich, daß Müßiggang und Verweichlichung mit den Künsten unverträglich sind.

Paris ist vielleicht die sinnlichste Stadt der Welt und die Erfindungsstätte der raffiniertesten Genüsse; aber vielleicht ist daselbst auch die Mühseligkeit des Daseins bis aufs Äußerste gesteigert. Damit ein einziger im Schoß des Vergnügens leben könne, müssen hundert andere sich ruhelos plagen. Setzt sichs eine Frau in den Kopf, daß sie in einer Gesellschaft in einem gewissen Putz erscheinen möchte, so dürfen von dem Augenblick an fünfzig Handwerker nicht mehr schlafen oder sich zum Essen und Trinken die Zeit nehmen. Sie befiehlt, und sie findet unverzüglicheren Gehorsam als unser Monarch, weil Eigennutz der mächtigste Monarch auf Erden ist.

Diese Arbeitswut, dies leidenschaftliche Bestreben, reich zu werden, geht durch alle Stände, von den Handwerkern bis zu den Großen. Niemand möchte gern ärmer sein, als der Emporkömmling, auf den er noch vor kurzem hinabsehen konnte. Man findet Leute in Paris, die wohlhabend genug sind, um bis zum jüngsten Tage sorgenlos zu leben; aber trotz alledem arbeiten sie von früh bis spät und setzen sich der Gefahr aus, ihr Leben zu verkürzen, um, wie sie sagen, ihre Lebensnotdurft zu erwerben.

Der nämliche Geist erfüllt die ganze Nation; man sieht nichts als Arbeit und Gewerbfleiß: wo ist nun das verweichlichte Volk, von dem Du redest?

Sehen wir einmal voraus, Rhedi, man duldete in einem Reiche nur die zum Ackerbau durchaus unentbehrlichen Künste, die übrigens sehr zahlreich sind, und alle diejenigen, welche nur zum Vergnügen oder zur Unterhaltung dienen, würden daraus verbannt: so behaupte ich: dies wäre der elendeste Staat auf der Welt.

Hätten die Einwohner den Mut, sich die Entbehrung n so vielerlei Bedürfnissen aufzuerlegen, so würde das Volk dem Untergange von Tag zu Tage näher kommen, und der Staat würde so geschwächt werden, daß ihn die allerkleinste Macht zu erobern vermöchte.

Ich könnte mich hier auf viele Einzelnheiten einlassen und Dir unter andrem den Beweis liefern, daß die Einkünfte der Privatleute und folglich auch die des Fürsten, fast gänzlich in Stockung geraten würden. Beinahe sämtliche Beziehungen zu gegenseitiger Hilfe unter den Bürgern würden aufhören; jener Umlauf des Geldes wie die stufenweise Steigerung des Einkommens, welche die Folge der gegenseitigen Abhängigkeit der Künste ist, wäre durchaus unterbrochen; niemand würde ein andres Einkommen haben als den Ertrag seines Ackers, und dieser würde nur gerade ausreichen, ihn vor dem Hungertode zu bewahren. Aber da dies nicht den hundertsten Teil der Einkünfte des Reiches beträgt, so müßte sich die Zahl der Einwohner verhältnismäßig vermindern und nur der hundertste Teil davon übrig bleiben.

Überzeuge Dich nur, welchen hohen Ertrag die Gewerbsthätigkeit abwirft. Aus einem Grundstück erzielt der Besitzer jährlich nur den zwanzigsten Teil des Wertes; aber mit Farbe im Wert von einer einzigen Pistole bringt ein Maler ein Bild zu Stande, wofür man ihm fünfzig Pistolen bezahlt. Dasselbe kann man von den Goldschmieden, von den Woll- und Seiden-Arbeitern und von Handwerkern jeglicher Art behaupten.

Aus alledem muß man den Schluß ziehen, Rhedi, daß es eine Bedingung der Macht eines Fürsten ist, Unterthanen zu haben, die das Leben genießen können; er muß deswegen seine Aufmerksamkeit ebenso ernstlich darauf gerichtet halten, sie mit allerlei überflüssigen Dingen zu versorgen, wie mit den notwendigsten Lebensbedürfnissen.

Paris, am 14. des Mondes Chalval, 1717.

Hundertundachter Brief

Rica an Ibben in Smyrna

Ich habe den jungen Monarchen gesehen. Sein Leben ist nicht nur seinen Unterthanen, sondern, wegen der schweren Verwicklungen, die sein Tod verursachen könnte, auch dem gesamten Europa sehr kostbar. Allein die Könige gleichen den Göttern; solange sie leben, muß man sie für sterblich halten. Seine Gesichtsbildung ist majestätisch, aber doch einnehmend; gute Erziehung, verbunden mit einer glücklichen natürlichen Begabung, scheinen zu versprechen, daß er ein großer Fürst werden wird.

Es heißt, man könne den Charakter der abendländischen Könige niemals durchschauen, bis sie die beiden großen Proben, Mätresse und Beichtvater, bestanden haben. Man wird bald genug das Schauspiel haben, wie diese beiden Mächte ihre Netze auswerfen, um den Geist des jungen Herrschers unter ihren Einfluß zu bringen, und es wird um diesen Preis mancher Kampf ausgefochten werden. Denn unter einem jungen Fürsten wetteifern diese zwei Parteien immer um den Vorrang; dagegen versöhnen und verbünden sie sich unter einem alten. Unter einem jungen Fürsten spielt der Derwisch eine schwierige Rolle; die Kraft des Königs schwächt seinen Einfluß. Die Mätresse aber triumphiert nicht minder über seine Kraft wie über seine Schwachheit.

Bei meiner Ankunft in Frankreich fand ich den alten König in völliger Abhängigkeit von den Weibern, obwohl ich annehmen muß, daß er, hochbejahrt, wie er war, von allen Monarchen auf Erden ihrer am wenigsten bedurfte. Eines Tages hörte ich von einer Frau die Äußerung: „Man muß für diesen jungen Obristen ein Wort einlegen; ich kenne seine Tapferkeit; ich werde mit dem Minister darüber sprechen.“ Eine andre sagte: „Es ist doch auffallend, daß man diesen jungen Abbé ganz vergessen hat, man muß ihn zum Bischof machen. Er stammt aus gutem Hause, und ich kann für seinen Lebenswandel bürgen“. Du darfst keineswegs glauben, daß die, welche eine solche Sprache führten, bei dem Fürsten in besonderer Gunst standen; vielleicht hatten sie nicht zweimal in ihrem Leben mit ihm geredet, obwohl dies bei den europäischen Fürsten etwas Leichtes ist. Vielmehr verhält es sich damit so, daß niemand, in Paris oder in den Provinzen, ein Hofamt bekleidet, der nicht eine Frau hätte, durch deren Hände alle Gunsterweisungen, und manchmal auch die Ungerechtigkeiten gehen, die in seiner Macht liegen. Alle diese Frauen unterhalten Beziehungen zu einander und bilden eine Art Republik, deren immer thätige Mitglieder sich wechselseitig helfen und dienen; es ist gleichsam ein neuer Staat im Staate. Wer am Hofe, in Paris, in den Provinzen Minister, hohe Beamte und geistliche Würdenträger in Thätigkeit sieht und die Frauen nicht sieht, welche sie alle leiten und lenken, gleicht einem Manne, der die Arbeit einer Maschine betrachtet, ohne ihre Triebfedern zu kennen.

Glaubst Du etwa, Ibben, eine Frau ließe es sich beikommen, die Mätresse eines Ministers zu werden, um bei ihm zu schlafen? Weit gefehlt! Nein, sie thut es, um ihm jeden Morgen fünf oder sechs Bittschriften vorzulegen; und ihre natürliche Gutmütigkeit zeigt sich in ihrem eifrigen Bestreben, einer Unzahl von Unglücklichen Wohlthaten zu erweisen, die ihr eine Rente von hunderttausend Livres einbringen.

In Persien beklagt man sich, daß das Reich von zwei oder drei Frauen regiert wird; aber in Frankreich steht es noch viel schlimmer; denn hier regieren die Weiber überhaupt und halten nicht nur im Großen und Ganzen alle Macht in Händen, sondern teilen dieselbe sogar noch im Einzelnen unter sich.

Paris, am Letzten des Mondes Chalval, 1717.

Hundertundneunter Brief

Usbek an ***

Eine Art Bücher, die wir in Persien nicht kennen, scheint mir hier sehr in der Mode zu sein, nämlich die Journale. Die Trägen fühlen sich geschmeichelt, wenn sie dieselben lesen; man hat seine Freude daran, dreißig Bände in einer Viertelstunde durchfliegen zu können.

In den meisten Büchern macht der Verfasser erst dann die üblichen Komplimente, wenn die Leser vor Mattigkeit umfallen; er führt sie halbtot in eine Materie ein, die in einem Meer von Worten ertränkt ist. Dieser will sich durch einen Duodezband, jener durch einen Quartband unsterblich machen; ein anderer, der noch schönere Neigungen hat, strebt gar nach dem Folio. Zu diesem Zwecke muß er freilich seinen Stoff verhältnismäßig in die Länge ziehen; das aber thut er auch ohne Erbarmen, unbekümmert um die Pein des armen Lesers, der im Schweiße seines Angesichts das wieder auf einfache Begriffe zurückzuführen sucht, was der Verfasser mit so vieler Mühe aufgebauscht hat.

Ich weiß nicht, ***, was daran verdienstlich ist, derartige Werke zu machen; ich vermöchte das auch wohl zu, thun wenn ich meine Gesundheit und einen Buchhändler ruinieren wollte. Die Journalisten thun sehr unrecht daran, immer nur von neuen Büchern zu reden; als ob die Wahrheit jemals neu wäre. Es scheint mir, als habe man keine Ursache, solange man nicht alle alten Bücher gelesen, ihnen die neuen vorzuziehen.

Aber indem sie es sich zum Gesetz machen, nur von solchen Werken zu reden, die noch ganz warm aus der Schmiede kommen, legen sie sich auch noch ein anderes auf: nämlich, sehr langweilig zu sein. Es fällt ihnen nicht ein, die Bücher zu kritisieren, aus denen sie lange Abschnitte citieren, so gegründete Ursache sie auch dazu haben möchten; und, in der That, wer besäße auch die Kühnheit, sich jeden Monat zehn oder zwölf Menschen zu Feinden zu machen?

Die meisten Autoren gleichen den Dichtern, die einen Hagel von Stockschlägen ohne Klage über sich ergehen lassen, aber, so unempfindlich auch ihr Rücken ist, für die Ehre ihrer Werke mit solcher Eifersucht einstehen, daß sie nicht die geringste Kritik vertragen können. Man muß daher wohl auf seiner Hut sein, daß man sie nicht an einer so empfindlichen Stelle berühre; und die Journalisten wissen das sehr wohl. So thun sie denn gerade das Gegenteil. Sie beginnen damit, den behandelten Stoff zu loben; das ist die erste Abgeschmacktheit. Von da gehen sie zum Lobe des Verfassers über, aber einem Lob, zu dem sie gezwungen sind; denn sie haben es mit Leuten zu thun, die noch im vollen Atem und jeden Augenblick bereit sind, sich ihr Recht durch Gewalt zu sichern und einen verwegenen Journalisten mit ihrer Feder niederzuschmettern

Paris, am 5. des Mondes Zilkadeh, 1718.

Hundertundzehnter Brief

Rica an ***

Die Universität von Paris ist die älteste, die uralte Tochter der Könige von Frankreich; denn sie zählt schon über neunhundert Jahre. Daher ist sie auch bisweilen etwas schwachsinnig.

Wie mir erzählt wurde, hat sie vor nicht langer Zeit mit einigen Gelehrten einen hitzigen Strauß wegen des Buchstaben Q ausgefochten, welcher nach ihrer

Forderung wie K ausgesprochen werden sollte. Der Kampf entbrannte so lebhaft, daß etliche Leute alle ihre Habe dabei einbüßten. Endlich mußte das Parlament den Streit beilegen, und es erteilte durch feierlichen Erlaß allen Unterthanen des Königs von Frankreich die Erlaubnis, diesen Buchstaben ganz nach Belieben auszusprechen. Es war ein köstliches Schauspiel, die beiden ehrwürdigsten Körperschaften in Europa damit beschäftigt zu sehen, über das Schicksal eines Buchstaben im Alphabet zu entscheiden.

Es scheint, mein lieber ***, als ob die Köpfe der größten Männer zusammenschrumpfen, wenn sie mit einander versammelt sind; je größer die Zahl der Weisen, desto geringer die Weisheit. Die großen Körperschaften machen immer so viel Aufhebens von Kleinigkeiten, von Formalitäten, von leeren Gebräuchen, daß das Wesentliche stets darüber vernachlässigt wird. So habe ich folgende Geschichte gehört: Als einmal ein König von Arragonien die Stände von Arragonien und Catalonien zu einer Versammlung berufen hatte, verbrachte man die ersten Sitzungen lediglich mit der Frage, welcher Sprache man sich bei den Beratungen bedienen sollte. Der Streit wurde immer hitziger, und zwischen den Vertretern der beiden Staaten würde es tausendmal zum Bruch gekommen sein, wenn man nicht auf das Auskunftsmittel verfallen wäre, daß die Fragen in catalonischer Sprache gestellt und die Antworten in arragonischer Sprache erteilt werden sollten.

Paris, am 25. des Mondes Zilkadeh, 1718.

Hundertundelfter Brief

Rica an ***

Die Rolle einer hübschen Frau ist viel beschwerlicher, als man ahnt. Es giebt nichts Ernsthafteres, als was sich des Morgens an ihrem Putztische zuträgt, wenn Zofen und Bediente sie umgeben. Der General eines Heeres handelt nicht umsichtiger in der Aufstellung seines rechten Flügels oder seines Reservekorps, als sie, indem sie ein Schönpflästerchen auflegt, das nicht gerade unentbehrlich ist, aber von dem sie sich eine gute Wirkung verspricht.

Welchen Zwang muß sie sich anthun, wie aufmerksam sein, um unablässig zwischen den Interessen zweier Nebenbuhler auszugleichen, um beiden neutral zu erscheinen, während sie sich beiden gleichzeitig hingiebt, und um bei jeder Klage, zu der sie ihnen Veranlassung bietet, die Vermittlung zu übernehmen!

Welche Arbeit, immer neue Lustpartien zu veranstalten, sie in unablässiger Folge zu wiederholen und allen Zufällen, die sie vereiteln könnten, vorzubeugen!

Bei alledem kostet es ihnen nicht so große Mühe, vergnügt zu *sein*, als vergnügt zu *scheinen*. Möge man sie langweilen so viel man will, sie werden es verzeihen, wenn man nur glaubt, daß sie sich gut unterhalten haben.

Vor einigen Tagen nahm ich an einem Abendessen teil, das eine Anzahl Damen auf dem Lande veranstaltet hatten. Unterwegs sagten sie immer wieder: „Auf alle Fälle müssen wir recht heiter sein und uns gut amüsieren."

Es fand sich, daß die Gesellschaft nicht recht zusammen paßte; daher war niemand guter Laune. Eine von den Frauen aber sagte: „Das muß man wirklich gestehen, wir unterhalten uns vortrefflich. In ganz Paris ist heut keine Gesellschaft so lustig wie wir." Da die Langeweile mich stumm machte, so stieß meine Nachbarin mich an, indem sie ausrief „Nun, sind wir nicht fröhlich und guter Dinge?" „Jawohl," antwortete ich ihr gähnend, „ich glaube, ich werde noch bersten vor Lachen." Indessen vermochten doch alle diese Betrachtungen nichts gegen die allgemeine Verstimmung; und was mich selbst betrifft, so gähnte ich einmal über das andere, bis ich in einen lethargischen Schlaf verfiel, der allem meinem Vergnügen ein Ende machte.

Paris, am 11. des Mondes Maharram, 1718.

Hundertundzwölfter Brief

Usbek an ***

Die Regierung des verstorbenen Königs war von so langer Dauer, daß man am Ende derselben den Anfang ganz vergessen hatte. Jetzt dagegen ist es Mode, sich ausschließlich mit den Ereignissen seiner Minderjährigkeit zu beschäftigen; man liest nur noch Memoiren über jene Zeit.

Folgende Rede wurde von einem von den Generälen der Stadt Paris in einem Kriegsrat gehalten; ich muß jedoch bemerken, daß ich nichts davon verstehe.

„Meine Herren! Obgleich unsere Truppen mit Verlust zurückgeschlagen wurden, glaube ich doch, daß es uns leicht sein wird, diese Schlappe wieder gutzumachen. Ich habe ein druckfertiges Lied in sechs Strophen, das nach meiner Überzeugung alles wieder ins Gleichgewicht bringen muß. Ich habe mir einige sehr reine Stimmen ausgesucht, die, wenn sie aus der Tiefe gewisser kräftiger Kehlen ertönen, das Volk wundervoll hinreißen werden. Die Melodie hat bisher immer ausgezeichneten Erfolg gehabt.

Wenn das noch nicht genügen sollte, so lassen wir einen Kupferstich erscheinen, auf welchem Mazarin am Galgen hängt.

Zu unsrem Glücke spricht er kein gutes Französisch, sondern radebrecht es dermaßen, daß er sich unmöglich halten kann. Wir werden nicht verfehlen, das Volk auf seine lächerliche Aussprache recht aufmerksam zu machen. Erst vor einigen Tagen haben wir ihn bei einem so groben Verstoß gegen die Grammatik ertappt, daß man sich an allen Straßenecken darüber belustigte.

Ich hoffe, noch ehe acht Tage verstreichen, wird das Volk den Namen Mazarin als einen Gattungsnamen für alle Last- und Zugtiere gebrauchen.

Seit unserer Niederlage hat ihn unsere Musik so wütend mit seiner Erbsünde geärgert, daß er, um nicht den Abfall der Hälfte seiner Partei zu erleben, alle seine Pagen hat entlassen müssen.

Ermannen Sie sich also; fassen Sie neuen Mut, und seien Sie gewiß, daß ihn unser Pfeifen über die Berge zurückjagen wird."

Paris, am 4. des Mondes Chahban, 1718.

Hundertunddreizehnter Brief

Rhedi an Usbek in Paris

Während meines Aufenthaltes in Europa lese ich die älteren wie die neueren Geschichtschreiber. Ich vergleiche die verschiedenen Zeiten, vergnüge mich daran, sie gleichsam an mir vorüberziehen zu lassen, und besonders verweilt meine Betrachtung bei jenen großen Wandlungen, welche ein Zeitalter von dem andren so verschieden und die Erde sich selbst so unähnlich gemacht haben.

Vielleicht hast Du Deine Aufmerksamkeit noch nicht auf eine Erscheinung gerichtet, über die ich mich alle Tage verwundere. Wie kommt es, daß die Welt im Vergleich zu früheren Zeiten jetzt so viel weniger bevölkert ist? Wie kam es, daß die Natur jene erstaunliche Fruchtbarkeit der Vorzeit verlieren konnte? Sollte sie schon altersschwach sein und langsam dahinsterben?

Über ein Jahr habe ich in Italien verweilt und daselbst nur die Trümmer jenes alten Italiens gesehen, das einst so berühmt war. Obgleich alles die Städte bewohnt, sind diese doch völlig ausgestorben und verödet; es scheint, als hätten sie nur noch den Zweck, die Orte zu bezeichnen, wo ehedem jene mächtigen Städte geblüht haben, von welchen die Geschichte uns so viel Großes erzählt.

Es wird von Einzelnen behauptet, allein die Stadt Rom habe in ihrer Glanzzeit mehr Einwohner gehabt, als heutzutage das größte Reich in Europa. Manche römischen Bürger hatten zehntausend bis zwanzigtausend Sklaven, ungerechnet diejenigen, welche in ihren Landhäusern beschäftigt waren; und da die Zahl der Bürger vier- bis fünfhunderttausend betrug, so kann man sich die Menge der Bewohner nicht vorstellen, ohne daß sich die Einbildungskraft dagegen sträubte.

Ehemals gab es auf der Insel Sicilien mächtige Reiche und Völker in großer Zahl; jetzt aber sind sie verschwunden, und an dieser Insel ist nichts mehr bedeutend, als ihre Vulkane.

Griechenland ist jetzt so menschenleer, daß es nicht mehr den hundertsten Teil seiner früheren Einwohnerzahl enthält.

Spanien, das einst von solchen Volksmassen erfüllt war, zeigt uns jetzt nur noch unbewohnte Landstriche, und Frankreich ist nichts, im Vergleich mit jenem alten Gallien, welches Cäsar beschreibt.

Die Länder des Nordens sind gleichfalls sehr verödet, und es fehlt viel daran, daß ihre Bevölkerung sich wie früher teilen und in Kolonien und ganzen Nationen ausschwärmen müßte, um neue Wohnplätze zu suchen.

Polen und die europäische Türkei sind fast ganz entvölkert.

In Amerika findet man jetzt nicht mehr den zweihundertsten Teil der Menschen, welche dort in alter Zeit so große Reiche bildeten

Um Asien ist es nicht besser bestellt. Jenes Kleinasien, das so viele mächtige Monarchien und eine so erstaunliche Zahl von großen Städten enthielt, besitzt deren nur noch zwei oder drei. Was sodann Großasien anbetrifft, so ist der den Türken unterworfene Teil nicht reicher bevölkert; und vergleicht man den, über welchen unsere eigenen Könige gebieten, mit seinem ehemaligen blühenden Zustande, so findet man nur noch einen sehr geringen Teil der zahllosen Bevölkerung, die daselbst unter Xerxes und Darius gelebt hat.

Hinsichtlich der kleinen Nachbarstaaten dieser großen Reiche kann man sagen, daß sie thatsächlich wüst und leer sind, wie die Königreiche Irimetta, Cirkassien und Guriel.

Alle jene Fürsten haben in ihren ausgedehnten Staaten zusammen kaum fünfzigtausend Unterthanen.

Ägypten hat nicht weniger abgenommen, als die übrigen Länder.

Kurz, wenn ich die ganze Erde durchstreife, überall stoße ich auf Verfall; es ist mir, als seien Pest und Hungersnot soeben mit ihren Verwüstungen über sie dahingegangen.

Afrika ist immer so unbekannt gewesen, daß man davon nicht mit solcher Bestimmtheit reden kann, wie von den übrigen Weltteilen; doch man braucht nur die Küsten des mittelländischen Meeres zu betrachten, welche zu allen Zeiten bekannt waren, und man wird sich nicht verhehlen können, daß es einen starken Abfall von der hohen Bedeutung zeigt, die es als römische Provinz besaß. Heutzutage sind die afrikanischen Fürsten so schwach, daß man sie als die kleinsten Mächte der Welt ansehen muß.

Nachdem ich eine so genaue Berechnung angestellt, wie sie unter solchen Umständen möglich ist, bin ich zu dem Schlusse gekommen, daß die Erde jetzt kaum noch ein Fünfzigstel der Bewohnerzahl hat, welche zu Cäsars Zeiten auf ihr gelebt haben. Das Erstaunlichste ist, daß sie sich noch täglich mehr entvölkert; wenn das so fortgeht, wird; sie in tausend Jahren nur noch eine Wüste sein.

Von allen Katastrophen, mein lieber Usbek, welche jemals über die Welt hereingebrochen sind, ist dies die schrecklichste; aber man ist ihrer noch kaum gewahr geworden; denn sie hat nur langsam und im Verlaufe von vielen hundert Jahren ihre Fortschritte gemacht. Dies deutet auf einen inneren Fehler, ein geheimes und verborgenes Gift, eine auszehrende Krankheit der menschlichen Natur.

Venedig, am 10. des Mondes Rhegeb, 1718.

Hundertundvierzehnter Brief

Usbek an Rhedi in Venedig

Die Welt, mein lieber Rhedi, ist nicht unwandelbar; selbst die Himmel sind es nicht. Die Astronomen sind Augenzeugen von allen ihren Veränderungen, ganz natürlichen Wirkungen der allgemeinen Bewegung der Materie.

Die Erde ist den nämlichen Gesetzen der Bewegung unterworfen wie die anderen Planeten; in ihrem Inneren wühlt ein immerwährender Kampf ihrer Elemente; Meer und Land scheinen sich ewig zu bekriegen; in jedem Augenblicke entstehen neue Verbindungen.

Auf einem so dem Wechsel ausgesetzten Wohnplatze muß der Zustand der Menschen ebenso unsicher sein. Hunderttausend Ursachen können in beständiger Thätigkeit sein, deren geringste sie zu verderben und, noch gewisser, ihre Zahl zu vermehren oder zu vermindern imstande ist.

Ich schweige von jenen außergewöhnlichen Katastrophen, deren die Geschichtschreiber so häufig erwähnen, Katastrophen, welche ganze Städte und Reiche zerstört haben; es giebt deren ganz allgemeine, welche das menschliche Geschlecht oftmals an den Rand der Vernichtung gebracht haben.

Die Geschichte ist voll von solchen allgemeinen Seuchen, die einmal über das andere den Erdkreis verwüstet haben. Unter andren berichtet sie von einer, welche so gewaltsam auftrat, daß sie selbst die Wurzeln der Pflanzen ansteckte und in der ganzen bekannten Welt bis zum Reiche Cathay um sich griff; ein Grad mehr von dem verzehrenden Gifte hätte vielleicht an einem einzigen Tage die ganze menschliche Natur vernichtet.

Noch sind nicht zwei Jahrhunderte verflossen, seit in Europa. Asien und Afrika die beschämendste aller Krankheiten aufgetreten ist. In kurzer Zeit hatte sie sich erstaunlich verbreitet, und es wäre um die Menschen geschehen gewesen, wenn sie mit derselben Heftigkeit weiter um sich gefressen hätte. Von Geburt an mit Leiden überbürdet, würden sie die schweren Pflichten des Gemeinlebens nicht zu tragen vermocht haben und elend umgekommen sein.

Wie, wenn das Gift ein wenig stärker gewesen wäre? Und ohne Zweifel wäre es stärker geworden, hätte man nicht das Glück gehabt, ein so kräftiges Heilmittel wie das entdeckte zu finden. Diese Krankheit, welche die Zeugungsteile ergreift, würde vielleicht ihren Angriff gegen die Zeugung selbst gerichtet haben.

Aber warum von dem Untergange reden, der das menschliche Geschlecht möglicherweise hätte ereilen können? Ist er nicht in der That eingetreten, und hat die Sintflut es nicht bis auf eine einzige Familie vernichtet?

Begreifen wohl diejenigen, welche Kenntnis von der Natur und eine vernünftige Vorstellung von Gott haben, daß die Materie und alles Geschaffene erst sechstausend Jahre alt sein soll, und daß Gott seine Werke eine ganze Ewigkeit aufgeschoben und erst gestern von seiner Schaffenskraft Gebrauch gemacht habe? Warum that er es nicht früher? Weil er es nicht konnte, oder weil er es nicht wollte? Aber konnte er es nicht zu einer Zeit, so konnte er es auch nicht zu einer anderen. Also hat er es nicht früher gewollt. Aber bei Gott giebt es kein Fortschreiten von einem Entschluß zum anderen, sondern wenn man annimmt, daß er etwas einmal gewollt hat, so muß er es immer und von Anbeginn gewollt haben.

Darum darf man auch die Jahre der Welt nicht zählen; die Zahl der Sandkörner am Meere läßt sich so wenig mit ihnen vergleichen wie ein Augenblick.

Indessen erzählen uns alle Geschichtschreiber von einem ersten Menschen, unserem Stammvater; sie enthüllen uns den Ursprung der menschlichen Natur. Aber scheint es nicht eine natürliche Annahme, daß Adam ebenso von einem allgemeinen Untergange gerettet wurde, wie Noah von der Sintflut, und daß sich solche großartigen Ereignisse seit Erschaffung der Welt auf Erden häufig wiederholt haben?

Aber nicht jede Zerstörung ist eine gewaltsame. Wir sehen, wie mehrere Teile der Erde aus Erschöpfung nachlassen, den Menschen ihren Lebensunterhalt zu liefern; wer weiß, ob nicht die ganze Erde an allgemeinen, langsam wirkenden und unmerklichen Ursachen der Erschöpfung krankt?

Es lag mir daran, Dich zuerst in diese allgemeinen Betrachtungen einzuführen, ehe ich im einzelnen Deinen Brief über die seit siebzehn bis achtzehn Jahrhunderten eingetretene Abnahme der Völker beantworte. Das nächste Mal werde ich Dir nachweisen, wie diese Wirkung, ganz unabhängig von den physischen Ursachen, auch durch moralische veranlaßt wurde.

Paris, am 8. des Mondes Chahban, 1718.

Hundertundfünfzehnter Brief

Usbek an denselben

Du forschest nach dem Grunde, warum die Erde jetzt weniger bevölkert ist, als sie es ehemals war. Wenn Du genau zusiehst, wirst Du finden, daß dieser große Unterschied eine Folge der veränderten Sitten ist.

Seit die christliche und die muhamedanische Religion sich in das römische Weltreich geteilt haben, ist ein großer Umschwung aller Verhältnisse eingetreten. Diese beiden Religionen sind bei weitem nicht so günstig für die Fortpflanzung der Gattung, wie es die jener Herren des Erdkreises gewesen ist.

In der letzteren war die Vielweiberei verboten, wodurch sie einen großen Vorzug vor der muhamedanischen Religion besaß. Einen andern, nicht weniger bedeutenden, vor der christlichen hatte sie dadurch, daß sie die Ehescheidung gestattete.

Ich finde nichts so widerspruchsvoll wie diese im heiligen Koran erlaubte Mehrzahl der Frauen, und das in demselben Buche gepredigte Gebot, sie zu befriedigen. „Haltet euch zu euren Weibern," sagt der Prophet; „denn sie bedürfen eurer wie ihrer Gewänder, und ihr bedürft ihrer wie eurer Gewänder." Durch diese Vorschrift wird einem rechten Muselmann das Leben gar sauer gemacht. Muß nicht derjenige, welcher die vier vom Gesetz vorgeschriebenen Frauen und nur noch ebenso viele Beischläferinnen und Sklavinnen hat, von der Last so vieler Gewänder zu Boden gedrückt werden?

„Eure Weiber sind eure Äcker,“ fährt der Prophet fort; „bestellet also eure Äcker. Thut Gutes um eurer Seelen willen, und es wird euch eines Tages vergolten werden.“

Ich betrachte einen guten Muselmann wie einen Athleten, der, zu ununterbrochenem Ringkampf genötigt, bald abgemattet und von seinen ersten Anstrengungen erschöpft, auf dem Felde seiner Siege niedersinkt und gleichsam unter seinen eigenen Triumphen begraben ist.

Die Natur wirkt immer langsam und, sozusagen, mit Sparsamkeit; niemals ist ihre Thätigkeit gewaltsam; auch wo sie schafft, verlangt sie Mäßigung. Immer verfährt sie nach Maß und Regeln; überstürzt man sie, so sinkt sie bald erschöpft dahin. Alle Kraft, die ihr noch geblieben ist, braucht sie alsdann zur eigenen Erhaltung, und ihr schöpferisches Vermögen, ihre Zeugungskraft geht ihr gänzlich verloren.

In einen solchen Schwächezustand versetzt uns stets die große Anzahl unserer Weiber, die weit mehr dazu angethan ist, uns zu erschöpfen, als uns zu befriedigen. Es ist bei uns etwas sehr Gewöhnliches, daß der Besitzer eines mächtigen Serails nur sehr wenige Kinder hat, und diese Kinder selbst sind meistenteils schwächlich und ungesund, und die Entkräftung ihres Vaters hat sich auf sie vererbt.

Hierzu kommt noch etwas Anderes. Zu einer erzwungenen Enthaltsamkeit genötigt, bedürfen diese Frauen der Wächter, wozu nur Verschnittene tauglich sind; Religion, Eifersucht und selbst Vernunft gestatten nicht, daß andere in ihre Nähe kommen. Diese Wächter müssen in großer Zahl vorhanden sein, sei es, um die Ruhe im Inneren aufrecht zu erhalten, da die Weiber unter einander in ewigem Zwist leben, sei es, um Anschläge, die von außen gemacht werden könnten, zu verhindern. So sind denn zehn Eunuchen für einen Mann, welcher zehn Frauen oder Beischläferinnen hat, zu ihrer Bewachung kaum zu viel. Aber welchen Verlust für die Gesellschaft bedeutet diese große Zahl von Männern, die von Geburt an tot sind, und welchen Einfluß muß dies ausüben auf die Abnahme der Bevölkerung!

Die Sklavinnen, welche gemeinsam mit den Eunuchen diese große Menge von Frauen im Serail zu bedienen haben, altern dort fast immer in trauriger Jungferschaft.

Solange sie daselbst bleiben, können sie sich nicht verheiraten, und wenn ihre Herrinnen sich einmal an sie gewöhnt haben, mögen sie dieselben fast niemals von sich lassen.

So viele Personen beiderlei Geschlechts verwendet ein einziger Mann zu seinem Vergnügen, beraubt den Staat ihres Lebens und macht sie unbrauchbar zur Fortpflanzung der Gattung.

Konstantinopel und Ispahan sind die Hauptstädte der beiden größten Reiche der Welt. Alles muß dort zusammenströmen, und tausenderlei Lockungen rufen die Völker von nah und fern. Indessen sterben sie innerlich aus, und sie würden bald zu Grunde gehen, wenn die Herrscher nicht fast in jedem Jahrhundert ganze Nationen dahin beriefen, um sie wieder zu bevölkern. In einem andren Briefe werde ich mich über diesen Gegenstand ausführlicher verbreiten.

Paris, am 13. des Mondes Chahban, 1718.

Hundertundsechzehnter Brief

Usbek an denselben

Die Römer hatten nicht weniger Sklaven als wir; im Gegenteil, sie hatten mehr. Aber sie machten einen bessern Gebrauch davon.

Weit entfernt, die Vermehrung dieser Sklaven zwangsweise zu verhindern, begünstigten sie dieselbe vielmehr nach bestem Vermögen. Sie verbanden sie, soweit es irgend thunlich war, durch eine Art Ehe, und vermittelst dieser Sitte füllten sie ihre Häuser mit Dienstboten beiderlei Geschlechts und jedes Alters; dem Staat aber wuchs dadurch eine zahllose Bevölkerung heran.

Diese Kinder, welche mit der Zeit den Reichtum eines Herrn bildeten, kamen massenhaft rings um ihn auf die Welt. Ihm allein fiel die Sorge für ihre Ernährung und Erziehung zu; die Väter waren von dieser Last frei, folgten einfach dem Triebe der Natur und vermehrten sich, ohne zu befürchten, daß ihre Familie zu zahlreich werden könnte.

Ich habe bereits erwähnt, daß bei uns alle Sklaven damit beschäftigt sind, unsere Frauen zu bewachen, und mit weiter nichts. Hinsichtlich des Staates befinden sie sich in einer ununterbrochenen Todesruhe. Die Pflege der Künste und des Ackerbaues muß sich daher auf einige Freie, auf einige Familienhäupter beschränken, und selbst diese widmen sich derselben so wenig wie möglich.

Bei den Römern war es ganz anders; die Republik bediente sich dieses Volkes von Sklaven mit unendlichem Vorteil. Jeder von ihnen hatte sein erworbenes Eigentum, das sogenannte Peculium, welches er unter gewissen, ihm von seinem Herrn gestellten Bedingungen besaß. Mit diesem Peculium gründete er sich nach eigener Neigung seinen gewerblichen Beruf. Dieser widmete sich dem Wechselgeschäft; jener legte sich auf den überseeischen Handel; der eine betrieb einen Kleinkram; der andre war in einer mechanischen Kunst thätig oder pachtete und verbesserte ländlichen Besitz. Alle aber setzten sie ihre ganze Kraft daran, auf diesem Peculium den größtmöglichen Vorteil zu ziehen; denn dadurch brachten sie es nicht allein zu Wege, daß sie trotz ihrer Abhängigkeit in Wohlstand leben konnten, sondern nährten zugleich ihre Hoffnung auf künftige Freiheit. Dieser Brauch schuf ein arbeitsames Volk und belebte die Künste und den Gewerbfleiß.

Waren solche Sklaven durch ihre angestrengte Arbeit reich geworden, so kauften sie sich los und wurden Bürger. Dadurch ergänzte die Republik sich unaufhörlich und sah, in demselben Verhältnis, in dem die alten Familien ausstarben, neue unter ihrem Schutze erblühen.

Vielleicht findet sich in meinen folgenden Briefen Gelegenheit, Dir nachzuweisen, daß der Handel in einem Staate einen um so lebhafteren Aufschwung nimmt, je größer die Zahl der Einwohner ist. Ebenso leicht werde ich auch beweisen können, daß sich die letztere um so stärker vermehrt, je blühender der Handel sich entwickelt; zwischen beiden findet eine Wechselwirkung statt; das eine wird durch das andere mit Notwendigkeit befördert.

Wie sehr also mußte unter solchen Umständen jene fabelhafte Menge immer arbeitsamer Sklaven wachsen und zunehmen! Dem günstigen Einfluß von Gewerbthätigkeit und Wohlstand schuldeten sie das Dasein; und ihnen selbst wiederum schuldeten Wohlstand und Gewerbthätigkeit ihr Dasein.

Paris, am 16. des Mondes Chahban, 1718.

Hundertundsiebzehnter Brief

Usbek an denselben

Bisher haben wir nur von den muhamedanischen Ländern gesprochen und nach der Ursache geforscht, warum sie weniger bevölkert sind, als es die unter römischer Botmäßigkeit stehenden waren. Untersuchen wir nunmehr, woraus sich bei den Christen die nämliche Wirkung herleiten läßt.

Die Ehescheidung war von der heidnischen Religion gestattet; den Christen dagegen wurde sie verboten. Im Anfang schien es, als habe diese Veränderung nur wenig zu bedeuten; aber ganz unmerklich entwickelten sich daraus schreckliche und fast unglaubliche Folgen.

Man raubte der Ehe durch dies Verbot nicht allein alles, was sie angenehm macht, sondern man vereitelte auch ihren Zweck. Indem man sie unauflöslich binden wollte, lockerte man sie; und anstatt die Herzen zu vereinigen, wie man es im Sinne hatte, trennte man sie für immer.

Ein Verhältnis, das so frei sein, und an welchem das Herz so großen Anteil haben sollte, unterwarf man dem Zwange, der Notwendigkeit und selbst dem blinden Spiel des Zufalls. Man rechnete den Widerwillen, die Launen und die unverträgliche Gemütsart für nichts; das Herz, das wankelmütigste und unbeständigste Ding in der Natur, wollte man unveränderlich machen; Menschen, die sich gegenseitig zur Last und fast immer schlecht für einander geschickt sind, schmiedete man unwiderruflich und hoffnungslos zusammen; kurz, man machte es wie jene Tyrannen, welche lebendige Menschen an Leichname binden ließen.

Durch nichts wurde die wechselseitige Zuneigung so sehr befördert, als durch die Möglichkeit der Ehescheidung. Mann und Weib trugen ihr Hauskreuz in Geduld, weil sie wußten, daß es ihnen frei stand, demselben ein Ende zu machen; und oft hielten sie diese Macht ihr Leben lang in Händen, ohne sich ihrer zu bedienen, einzig, weil sie wußten, daß nichts sie daran verhindern konnte.

Ganz anders steht es dagegen bei den Christen. Ihre gegenwärtigen Leiden bewirken, daß sie an der Zukunft verzweifeln; an dem ehelichen Verdruß sehen sie nur die Dauer und, so zu sagen, die Ewigkeit. Daraus erwächst der Widerwille, die Zwietracht, die Verachtung, und dies alles zum Schaden der

Nachkommenschaft. Kaum ist man drei Jahre verheiratet, so vernachlässigt man schon den eigentlichen Zweck der Ehe, um dreißig Jahre in Kälte neben einander hinzuschleppen. Es entstehen verborgene Zerwürfnisse, die ebenso stark und vielleicht noch verderblicher sind, als wenn sie öffentlich wären; beide Teile führen ein Sonderleben, und der Nachteil trifft die künftigen Geschlechter. Bald wird ein Mann seiner ewigen Frau überdrüssig und wirft sich Freudenmädchen in die Arme; und doch ist dieser Verkehr so schimpflich und den Absichten der Gesellschaft so widersprechend; denn ohne den Zweck der Ehe zu erfüllen, gewährt er höchstens ihre Wollust.

Wenn von zwei auf solche Weise an einander gefesselten Personen die eine durch Temperament oder hohes Alter zur Ausübung der natürlichen Bestimmung und zur Fortpflanzung der Gattung untauglich ist, so begräbt sie die andere mit sich und macht sie ebenso unbrauchbar, wie sie es selbst ist.

Gar nicht verwunderlich ist es daher, daß bei den Christen so viele Ehen nur eine so geringe Zahl von Bürgern erzeugen. Die Scheidung ist abgeschafft; unglückliche Verbindungen lassen sich nicht wieder gut machen; und während bei den Römern die Frauen nach einander in die Hände mehrerer Ehemänner übergingen, welche während dieses Umlaufs den bestmöglichen Nutzen aus denselben zogen, hat dies nun alles aufgehört.

Ich möchte die Behauptung aufstellen: Hätten in einer Republik wie Lacedämon, wo den Bürgern durch sonderbare und spitzfindige Gesetze ein unaufhörlicher Zwang aufgelegt war, und wo es nur eine Familie gab, nämlich die Republik, die Männer alljährlich ihre Frauen unter einander austauschen dürfen: so würde die Zahl der Bevölkerung bis ins Unzählbare gestiegen sein.

Es läßt sich schwer begreifen, wodurch sich die Christen zur Abschaffung der Ehescheidung veranlaßt gesehen haben. Bei allen Nationen der Welt ist die Ehe ein mit allerlei einschränkenden Bedingungen verträgliches Übereinkommen; nur was den Zweck derselben gefährden könnte, ist unzulässig.

Die Christen aber betrachten sie aus einem ganz anderen Gesichtspunkte, und es wird ihnen schwer, eine zulängliche Erklärung davon zu geben. Nach ihrer Auffassung soll sie nicht im sinnlichen Genusse bestehen; es scheint im Gegenteil, wie ich Dir bereits gesagt habe, als wollten sie diesen so viel wie möglich daraus verbannen. Sie gilt ihnen als etwas Bildliches, als ein Gleichnis, als etwas Mysteriöses, das mir unverständlich ist.

Paris, am 19. des Mondes Chahban, 1718.

Hundertundachtzehnter Brief

Usbek an denselben

Das Verbot der Ehescheidung ist nicht die einzige Ursache der Entvölkerung in den christlichen Ländern; die große Zahl von Eunuchen, welche sich in denselben befinden, trägt ebenso viel dazu bei.

Ich rede von den Priestern und von den Derwischen beiderlei Geschlechts, welche sich einer ewigen Enthaltsamkeit weihen. Diese gilt bei den Christen als die höchste Tugend; doch muß ich sagen, daß mir dieser Standpunkt unverständlich ist; denn was ist eine Tugend, die keine Resultate hat!

Nach meiner Ansicht sind ihre Theologen in offenbarem Widerspruch, wenn sie sagen, die Ehe sei heilig, und das Cölibat, welches das Gegenteil davon ist, sei es noch mehr. Außerdem ist, wo es sich um Gebote und religiöse Fundamentallehren handelt, das Gute immer das Beste.

Die Menge dieser Leute, die sich dem Cölibat gelobt haben, ist erstaunlich. Ehemals verdammten die Eltern ihre Kinder schon in der Wiege dazu; heutzutage legen diese mit vierzehn Jahren das Keuschheitsgelübde ab, was ungefähr das Nämliche besagen will.

Dies Enthaltsamkeitsgewerbe hat mehr Menschen vernichtet, als es die Pest und die blutigsten Kriege jemals gethan haben. In jedem Ordenshause sieht man eine ewige Familie, die niemals einem Kinde das Leben giebt und sich auf Kosten aller Übrigen ernährt. Diese Häuser sind stets geöffnet, gleich Abgründen, in denen die kommenden Geschlechter sich begraben.

Diese Politik ist von der der Römer sehr verschieden; denn bei den letzteren verfiel jedermann gesetzlichen Strafen, wenn er sich den Pflichten der Ehe entzog, um eine Freiheit zu genießen, welche sich mit dem Wohl des Staates so wenig verträgt.

Das Obige gilt indessen nur von katholischen Ländern. Unter der protestantischen Religion hat jeder das Recht, Kinder zu zeugen; sie duldet weder Priester noch Derwische. Wären die Stifter dieser Religion, zur Zeit als sie dieselbe begründeten und in ihrer ursprünglichen Reinheit herstellten, nicht unaufhörlich der Unmäßigkeit beschuldigt worden, so würden sie unzweifelhaft, nachdem sie die Ehe allgemein gemacht hatten, auch noch das Joch derselben erleichtert und in dieser Hinsicht die letzte Scheidewand niedergerissen haben, durch welche die Gebräuche der Nazarener und der Muhamedaner von einander getrennt sind.

Aber wie es sich auch damit verhalten möge, soviel ist gewiß, daß die Protestanten durch ihre Religion vor den Katholiken einen unendlichen Vorteil haben.

Fast möchte ich es für unmöglich erklären, daß bei dem jetzigen Zustande von Europa die katholische Religion noch fünfhundert Jahre daselbst fortdauern könne.

Ehe Spaniens Macht gebrochen war, hatten die dortigen Katholiken über die Protestanten die Oberhand. Nach und nach kamen die letzteren mit ihnen ins Gleichgewicht, und heutzutage beginnt die Wage sich auf ihre Seite zu neigen. Dies Übergewicht wird sich noch täglich vermehren; die Protestanten werden reicher und mächtiger und die Katholiken schwächer werden.

Die protestantischen Länder müssen besser bevölkert sein, als die katholischen, und sie sind es in der That. Infolge davon sind dort erstlich die Staatseinkünfte beträchtlicher, weil sie sich in demselben Verhältnis mehren wie die Anzahl der Steuerzahlenden; zweitens wird dem Landbau, größere Sorgfalt gewidmet; und endlich steht der Handel daselbst in höherer Blüte; denn es sind mehr Leute vorhanden, die auf ihren Erwerb bedacht sein müssen, und je größer die Bedürfnisse, desto mehr Hilfsquellen werden erschlossen, um sie zu befriedigen. Ist die Einwohnerzahl nur gerade für den Ackerbau hinreichend, so muß der Handel zu Grunde gehen; giebt es andrerseits nur so viele, als zum Betrieb des Handels erforderlich sind, so muß der Ackerbau darunter leiden; mit andren Worten, alle beide müssen gleichzeitig in Verfall geraten; denn wenn man dem einen ausschließliche Pflege angedeihen läßt, so geschieht es immer auf Unkosten des anderen.

Was die katholischen Länder anbetrifft, so wird daselbst nicht nur der Ackerbau vernachlässigt, sondern die Arbeit nimmt sogar eine verderbliche Richtung; denn sie beschränkt sich auf das Erlernen von fünf oder sechs Worten einer toten Sprache. Hält jemand erst einmal diesen Vorrat in Händen, so braucht er sich um sein Glück weiter keine Sorgen zu machen; im Kloster findet er ein ruhiges Leben, welches ihm in der Welt Schweiß und Anstrengung gekostet haben würde.

Und dieses ist noch nicht alles. Den Derwischen gehören fast alle Reichtümer des Staates; sie sind eine Gesellschaft von Geizhälsen, die immer nehmen und niemals geben. Unaufhörlich häufen sie ihre Einkünfte an, um ihre Kapitalien zu vergrößern. Alle diese Schätze verfallen gleichsam in einen Zustand der Lähmung; kein Umlauf mehr, kein Handel, keine Künste, keine Manufakturen.

Es giebt keinen protestantischen Fürsten, der nicht von seinem Volke zehnmal mehr Steuern erhöbe, als der Papst von seinen Unterthanen. Dennoch leben die letzteren im Elend, die anderen dagegen im Überfluß. Bei den einen wird alles durch den Handel belebt; bei den andren verbreitet das Mönchtum überall den Tod.

Paris, am 26. des Mondes Chahban, 1718.

Hundertundneunzehnter Brief

Usbek an denselben

Von Asien und Europa bleibt nun weiter nichts zu sagen; wenden wir uns also zu Afrika. Übrigens kann man nur von seinen Küsten reden, weil das Innere unbekannt ist.

Die der Berberei, wo die muhamedanische Religion herrscht, sind aus den schon erwähnten Ursachen nicht mehr so bevölkert, als sie es unter den Römern waren. Was die Küsten von Guinea betrifft, so müssen sie in den zweihundert Jahren entsetzlich verödet sein, seit die kleinen Könige oder Häuptlinge der Dörfer ihre Unterthanen an europäische Fürsten verkaufen, die sie nach ihren amerikanischen Kolonien schleppen.

Sonderbar ist es, daß dies Amerika, welches alljährlich einen so großen Zuwachs an Einwohnern erhält, selbst noch wüst liegt und aus jenen fortgesetzten Verlusten Afrikas keinen Nutzen zieht. Die Sklaven, welche man in ein anderes Klima verpflanzt, kommen daselbst zu Tausenden um; und die Arbeit in den Bergwerken, wo man unaufhörlich sowohl die Eingeborenen des

Landes wie die Ausländer beschäftigt, die schädlichen Gase, welche denselben entsteigen, und das Quecksilber, womit man beständig umgehen muß, verderben sie ohne Rettung.

Es giebt nichts Unsinnigeres, als daß man eine zahllose Menschenmenge dem Untergange weiht, um aus den Tiefen der Erde jene an sich durchaus nutzlosen Metalle, die nur deswegen Schätze sind, weil man sie zu Zeichen derselben gewählt hat, nämlich das Gold und das Silber, zu Tage zu fördern.

Paris, am Letzten des Mondes Chahban, 1718

Hundertundzwanzigster Brief

Usbek an denselben

Die Fruchtbarkeit eines Volkes hängt zuweilen von den allerunscheinbarsten Ursachen ab, so daß es oft nur einer neuen Wendung seiner Phantasie bedarf, um es zahlreicher zu machen, als es vorher war.

Immer vertilgt und immer wieder erstehend, haben die Juden ihre Verluste und ihre beständige Vernichtung einzig durch die Hoffnung wieder gut gemacht, die von allen Familien unter ihnen geteilt wird, einstmals einen mächtigen König unter sich auftreten zu sehen, welcher der Beherrscher des Erdkreises sein soll.

Die alten Könige von Persien verdankten ihre vielen tausend Unterthanen allein jener Lehre der alten Magierreligion, die Gott wohlgefälligsten Handlungen, die ein Mensch vollbringen könne, seien: ein Kind zu zeugen, einen Acker zu bebauen und einen Baum zu pflanzen.

Wenn China eine so erstaunliche Volksmenge umschließt, so ist das nur die Folge einer bestimmten Denkungsart. Die Kinder betrachten nämlich dort ihre Eltern als Götter, bezeugen ihnen schon in diesem Leben göttliche Ehrfurcht und bringen ihnen nach ihrem Tode Opfer dar, weil sie glauben, daß ihre im Tyen vernichteten Seelen dadurch neues Leben erhalten. Aus diesem Grunde ist jeder bestrebt, seine Familie zu vermehren, die ihm in dieser Welt so treu ergeben und in der künftigen zu seinem Heile so notwendig ist.

Andrerseits nimmt in den muhamedanischen Ländern die Bevölkerung täglich ab, weil in ihnen eine Ansicht herrscht, welche trotz ihrer Heiligkeit höchst verderbliche Wirkungen hat, wenn sie einmal im Geiste des Volkes eingewurzelt ist. Wir betrachten das Leben als eine Wanderschaft, deren Endziel ein anderes Vaterland ist. Nützliche und dauerhafte Werke, das Bestreben, unsere Kinder im Wohlstand zurückzulassen, die Pläne,welche über die Grenzen eines kurzen und vergänglichen Daseins hinausgehen, erscheinen uns als eitle Chimären. Ruhig in der Gegenwart und unbesorgt um die Zukunft, nehmen wir uns weder die Mühe, unsre baufälligen öffentlichen Gebäude wieder herzustellen, noch die unbebauten Ländereien urbar zu machen, noch denjenigen, welche unserer Bearbeitung bedürfen, unsere Pflege angedeihen zu lassen. Wir leben in allgemeiner Gleichgültigkeit und überlassen alles der Vorsehung.

Bei den Europäern hat der Geist der Eitelkeit das ungerechte Recht der Erstgeburt geschaffen. Dies wirkt sehr nachteilig auf die Fortpflanzung, einerseits, indem es die ganze Aufmerksamkeit des Vaters auf ein einziges seiner Kinder richtet und sie von allen übrigen abkehrt; andrerseits, indem es ihn nötigt, die Selbständigkeit mehrerer Kinder zu verhindern, um das Glück eines einzigen fester zu begründen; und endlich, indem es die Gleichheit der Bürger, diese Grundlage alles Wohlstandes, unmöglich macht.

Paris, am 4. des Mondes Rhamazan, 1718.

Hundertundeinundzwanzigster Brief

Usbek an denselben

Da fast alle Wilden die Arbeit und den Ackerbau scheuen, so sind die von ihnen bewohnten Länder gewöhnlich nur dünn bevölkert. Jener unselige Widerwille ist bei ihnen so mächtig, daß sie ihren Feinden, wenn sie ihnen fluchen, nichts Schlimmeres zu wünschen wissen, als daß sie gezwungen werden möchten, ein Feld zu bestellen; denn sie halten nur Jagd und Fischerei für edle und ihrer würdige Geschäfte.

Aber da in manchen Jahren Jagd und Fischfang nur geringen Ertrag bringen, so werden sie häufig von Hungersnot heimgesucht. Auch ist kein Land so reich an Wild und Fischen, daß eine zahlreiche Bevölkerung sich davon ernähren könnte; denn die Thiere verlassen stets die dicht bewohnten Gegenden.

Übrigens vermögen die kleinen Flecken der Wilden mit zwei oder dreihundert Bewohnern, abgesondert, wie sie von allen übrigen sind, und in ihren Interessen so geteilt wie zwei große Reiche, sich nicht wohl zu erhalten; denn ihnen fehlt es an den Hilfsmitteln der großen Staaten, deren alle Teile sich gegenseitig ergänzen und unterstützen.

Ein andrer Brauch der Wilden ist nicht weniger verderblich als der bereits erwähnte, nämlich die grausame Sitte der Frauen, ihre Leibesfrucht abzutreiben, um nicht durch ihre Schwangerschaft den Widerwillen ihrer Männer zu erregen.

Hier zu Lande bedroht das Gesetz dies Vergehen mit furchtbaren Strafen; ihre Strenge ist beinahe fanatisch. Jedes Mädchen, das der Obrigkeit nicht von seiner Schwangerschaft Anzeige gemacht hat, wird mit dem Tode bestraft, wenn die Frucht umkommt; weder ihre Schamhaftigkeit noch die Furcht vor der Schande, ja nicht einmal unverschuldetes Mißgeschick wird ihr jemals als Entschuldigung angerechnet.

Paris, am 9. des Mondes Rhamazan, 1718.

Hundertundzweiundzwanzigster Brief

Usbek an denselben

Kolonien haben gewöhnlich eine Schwächung der Länder, aus denen sie hervorgehen, zur Folge, ohne daß diejenigen, wo sie sich niederlassen, sich darum mehr bevölkerten.

Die Menschen sollen bleiben, wo sie sind. Wenn man ein gutes Klima mit einem schlechten vertauscht, so entstehen Krankheiten, und andere werden sogar durch die bloße Veränderung hervorgerufen.

Wie die Pflanzen, so ist auch die Luft eines jeden Landes mit feinen Stoffteilchen seines Bodens geschwängert. Durch ihre Einwirkung empfängt unser Temperament seinen eigentümlichen Charakter. Werden wir in ein andres Land versetzt, so erkranken wir. Die flüssigen Bestandteile sind an eine gewisse

Dichtigkeit, die festen an einen gewissen Zustand, beide an einen bestimmten Grad der Bewegung gewöhnt, so daß sie eine Veränderung dieses Verhältnisses nicht vertragen können und neuen Anordnungen widerstreben.

Ist ein Land öde, so beweist dies, daß es ein schlechtes Klima hat. Wenn man also die Bewohner eines glücklichen Himmelsstriches in ein solches Land entsendet, so thut man gerade das Gegenteil von dem, was man damit bezweckt.

Die Römer wußten dies aus Erfahrung; sie verbannten alle Verbrecher nach Sardinien, und die Juden schickten sie auch dahin. Über ihren Verlust mußte man sich trösten, und das war bei der Verachtung, in der diese Elenden standen, leicht genug.

Als der große Schah Abbas die Türken verhindern wollte, große Heere an ihren Grenzen zu unterhalten, zwang er fast alle Armenier, ihr Land zu verlassen, und verwies ihrer mehr als zwanzigtausend Familien in die Provinz Ghilan, wo sie fast alle in kürzester Zeit zu Grunde gingen.

Stets sind die Versuche, Konstantinopel durch Einwanderer zu bevölkern, mißlungen.

Die Unmasse von Negern, die ich schon erwähnt habe, hat nicht dazu beigetragen, Amerika mit Menschen zu füllen.

Seit der Vernichtung der Juden unter Hadrian hat Palästina keine Einwohner mehr.

Man muß also zugeben, daß die großen Katastrophen im Leben der Völker fast immer unersetzliche Verluste bedeuten; denn wenn ein Volk an einem gewissen Punkte zu Falle kommt, so kann es sich nicht wieder aufrichten; und helfen ihm günstige Umstände, sich wieder zu erholen, so gehen doch Jahrhunderte darüber hin.

Befindet es sich aber einmal auf der Bahn des Verfalls, und gesellt sich zu diesem nur noch der geringste von den oben erwähnten Umständen, so kann es nicht nur nicht wieder zu Kraft kommen, sondern es muß täglich tiefer sinken und geht seinem Untergange entgegen.

Die Vertreibung der Mauren aus Spanien ist heut noch gerade so fühlbar wie am ersten Tage; weit entfernt, daß diese Lücke sich ausfüllte, vergrößert sie sich vielmehr mit jedem Tage.

Seit der Verwüstung von Amerika haben die Spanier, welche an die Stelle der früheren Einwohner traten, es nicht wieder bevölkern können; im Gegenteil, das Verhängnis, oder ich sollte es lieber die göttliche Gerechtigkeit nennen, bewirkt dort, daß die Zerstörer sich selbst zerstören und sich täglich aufreiben.

Die Fürsten dürfen also nicht daran denken, große Länder durch Kolonien zu bevölkern. Ich leugne nicht, daß sie manchmal Erfolg haben mögen: denn manche Gegenden haben ein so glückliches Klima, daß die Gattung sich dort immer vermehrt. Dies wird durch jene Inseln bezeugt, welche durch Kranke bevölkert wurden, die dort sogleich ihre Gesundheit wiedergewannen, nachdem sie von einigen Schiffen daselbst verlassen worden waren.

Anstatt aber die Macht zu vergrößern, würden solche Kolonien, wenn sie Erfolg hätten, dieselbe nur teilen; sie müßten denn nur geringe Ausdehnung haben, wie diejenigen, welche man ausschickt, um eine Handelsstation zu gründen.

Die Karthager hatten gleich den Spaniern Amerika entdeckt, oder wenigstens große Inseln, auf denen sie einen staunenswerten Handel betrieben. Als sie jedoch die Bemerkung machten, daß die Zahl ihrer Einwohner sich verminderte, so verbot die weise Republik ihren Unterthanen jenen Handel und jene Schiffahrt.

Ich möchte behaupten, daß es besser sein würde, die Westindier und Mestizen nach Spanien zu holen, anstatt die Spanier nach Westindien auszusenden. Könnte diese Monarchie alle ihre zerstreuten Völker wiedergewinnen, so würde Spanien, wenn sich nur die Hälfte seiner Kolonien erhalten ließe, die gefürchtetste Macht in Europa werden.

Man kann die Reiche mit einem Baume vergleichen, dessen zu ausgebreitete Zweige dem Stamme alle Säfte rauben und zu nichts gut sind, als um Schatten zu werfen.

Es giebt kein abschreckenderes Beispiel für Fürsten, die nach Eroberungen in fernen Ländern lüstern sind, als das Schicksal der Portugiesen und Spanier.

Diese beiden Nationen hatten mit unbegreiflicher Schnelligkeit unermeßliche Reiche erobert. Fast lebhafter erstaunt über ihre Siege, als die unterworfenen Völker über ihre Niederlage, suchten sie sich den Preis derselben zu erhalten, und beide bedienten sich zu diesem Zwecke verschiedener Mittel.

Ohne Hoffnung, sich der Treue der besiegten Nationen versichern zu können, entschieden sich die Spanier, dieselben auszurotten und aus Spanien eine treue Bevölkerung an ihre Stelle zu senden. Niemals hat ein entsetzlicher Plan eine pünktlichere Ausführung gefunden. Bei der Ankunft dieser Barbaren, die durch die Entdeckung Indiens allem Anschein nach der Welt gleichzeitig die höchste Stufe der Grausamkeit haben enthüllen wollen, sah man ein Volk, das so zahlreich gewesen war wie alle Völker von Europa zusammen, von der Erde verschwinden.

Durch solche Barbarei bewirkten sie, daß ihnen jenes Land unterthänig blieb. Hieraus kannst Du schließen, wie verderblich die Eroberungen sind, da sie solche Wirkungen haben; denn jene grauenhafte Maßregel war die einzige, die ihnen nützen konnte. Wie hätten sie wohl so viele Millionen Menschen in Gehorsam erhalten, wie einen Bürgerkrieg aus solcher Ferne unterdrücken können? Was wäre aus ihnen geworden, wenn sie jenen Völkern Zeit gelassen hätten, sich von dem Staunen über die Ankunft dieser neuen Götter und von der Furcht vor ihren Blitzen wieder zu erholen? Die Portugiesen dagegen bedienten sich ganz anderer Mittel; sie nahmen zu keinen Grausamkeiten ihre Zuflucht. Daher aber wurden sie auch bald aus allen Ländern, die sie entdeckt hatten, wieder verjagt. Die Holländer begünstigten die Empörung jener Völker und machten sich dieselbe zu Nutze.

Welcher Fürst möchte das Los dieser Eroberer beneiden? Wer hätte Lust zu solchen Eroberungen unter solchen Bedingungen? Die einen wurden sofort wieder aus denselben verjagt; die andren machten sie zu Wüsten, und eine Wüste wurde zugleich auch ihr eigenes Land.

Es ist der Helden Los, sich mit der Eroberung von Ländern, die sie plötzlich wieder verlieren, oder mit der Unterwerfung von Nationen, die sie selbst verderben müssen, aufzureiben. Sie machen es wie jener Narr, der seine Habe daran setzte, Statuen zu kaufen, die er ins Meer stürzte, und Spiegel, die er alsbald in Trümmer schlug.

Paris, am 18. des Mondes Rhamazan, 1718.

Hundertunddreiundzwanzigster Brief

Usbek an denselben

Die Milde einer Regierung übt einen wunderbaren, Einfluß auf die Fortpflanzung der Gattung. Beständige Beweise hierfür sind sämtliche Republiken, ganz besonders aber die Schweiz und Holland, ihrer Bodenbeschaffenheit nach die schlechtesten Länder in ganz Europa, aber nichtsdestoweniger die volkreichsten.

Durch nichts werden die Fremden so sehr angezogen wie durch die Freiheit und den Wohlstand, der stets in ihrem Gefolge ist. Die erstere sucht man um ihrer selbst willen, und in die Länder, wo der letztere zu finden ist, wird man von seinen Bedürfnissen getrieben.

Die Gattung vermehrt sich in einem Lande, wenn der Überfluß für die Kinder sorgt, ohne daß der Unterhalt der Eltern dadurch kärglicher würde.

Selbst die Gleichheit der Bürger, welche gewöhnlich auch Gleichheit des Vermögens zur Folge hat, erfüllt alle Teile des Staatskörpers mit Wohlstand und Leben und verbreitet beides überall.

Anders verhält es sich in jenen Ländern, die unter dem Drucke der Willkürherrschaft stehen. Dort sind alle Reichtümer das Eigentum des Fürsten, der Höflinge und einiger Mächtigen, während alle andren in äußerster Armut schmachten.

Ist ein Mann in unbefriedigender Lage, und fühlt er, daß seine Kinder noch ärmer sein würden, als er selbst, so heiratet er nicht; oder wenn er doch heiratet, so wird er Sorge tragen, keine zu große Zahl von Kindern in die Welt zu setzen, da dieselben sein Vermögen völlig zu Grunde richten und unter die Lage ihres Vaters hinabsinken müßten.

Ich gebe indessen zu, daß der Landmann oder der Bauer, sobald er einmal verheiratet ist, unbedenklich Kinder zeugen wird, ob er nun reich sei oder arm. Auf ihn hat diese Betrachtung keinen Einfluß; denn er kann seinen Kindern immer ein sicheres Erbteil hinterlassen, nämlich seinen Pflug; und er läßt sich durch nichts verhindern, blind dem Naturtriebe zu folgen.

Was aber nützt einem Staate jene Masse von Kindern, die im Elend schmachten? Sie gehen fast alle in demselben Verhältnis, in dem sie geboren werden, wieder zu Grunde; sie gedeihen niemals; schwach und kraftlos, wie sie sind, sterben sie bald einzeln auf tausenderlei Art dahin; bald raffen sie die häufigen Volksseuchen, welche Not und schlechte Nahrung immer zum Ausbruch bringen, im Großen hinweg. Und die endlich, welche aus denselben davonkommen, erreichen das mannbare Alter ohne die Kraft desselben und siechen ihr Leben lang.

Die Menschen gleichen den Pflanzen, welchen niemals ein glückliches Wachstum zu Teil wird, wenn sie keine gute Pflege haben. Bei elenden Völkern verfällt die Gattung, und mitunter artet sie sogar aus.

Für alles dies kann Frankreich als großartiges Beispiel dienen. In den früheren Kriegen ließen sich alle Söhne durch ihre beständige Furcht, in das Heer eingestellt zu werden, zum Heiraten zwingen, und zwar in viel zu unreifem Alter und in größter Armut. Aus so zahlreichen Ehen gingen natürlich viele Kinder hervor; aber man würde jetzt in Frankreich vergeblich nach ihnen suchen; denn Elend, Hungersnot und Krankheiten haben sie dahingerafft.

Wenn man schon unter einem so glücklichen Himmelsstriche, in einem so gesitteten Reiche wie Frankreich derartige Erfahrungen macht, wie soll es da erst in anderen Staaten aussehen?

Paris, am 23. des Mondes Rhamazan, 1718.

Hundertundvierundzwanzigster Brief

Usbek an den Mollah Mehemet Ali, Hüter der drei Gräber in Kom

Was nützt uns das Fasten der Imame und das Büßerkleid der Mollahs? Zweimal hat Gottes Hand die Kinder des Gesetzes getroffen. Die Sonne verfinstert sich, und scheint nur noch ihre Niederlagen zu beleuchten. Sobald ihre Heere sich versammeln, werden sie zerstreut wie der Staub.

Das Reich der Osmanen ist durch die beiden schwersten Schläge, die es je betroffen haben, erschüttert worden. Ein christlicher Mufti hemmt es nur noch mit Mühe im Sturze; der Großvezier von Deutschland ist die Geißel Gottes, welche zur Züchtigung der sektiererischen Anhänger Omars gesandt wurde;

allenthalben trägt er die Rache des Himmels, der über ihren Abfall und ihre Treulosigkeit zürnt.

Geheiligter Geist der Imame, Tag und Nacht weinst Du über die Kinder des Propheten, welche der verabscheuungswürdige Omar verführt hat. Dein Innerstes erhebt, wenn Du ihr Elend siehst. Du begehrst ihre Bekehrung, nicht ihren Untergang; Du wünschest sie durch die Thränen der Heiligen wieder um Alis Banner geschaart zu sehen, nicht in Gebirgen und Wüsten durch den Schrecken der Ungläubigen versprengt.

Paris, am 1. des Mondes Chalval, 1718.

Hundertundfünfundzwanzigster Brief

Usbek an Rhedi in Venedig

Was mag wohl der Beweggrund jener maßlosen Freigebigkeit sein, welche die Fürsten mit verschwenderischen Händen gegen ihre Höflinge üben? Geschieht es, um dieselben an sich zu fesseln? Aber sie sind ihnen schon so gänzlich hingegeben, wie es überhaupt möglich ist. Und übrigens müßten sie, wenn sie sich die Treue einiger ihrer Unterthanen erkauften, aus demselben Grunde eine Unmenge von anderen verlieren, da sie zu deren Verarmung beitragen.

Stelle ich mir vor, wie die Fürsten immer von habgierigen und unersättlichen Menschen umgeben sind, so kann ich sie nur beklagen; und noch mehr beklage ich sie, wenn sie nicht die Kraft haben, gegen Bitten taub zu bleiben, welche denen immer beschwerlich sein müssen, die selbst nicht bitten.

Niemals erfahre ich von ihrer Freigebigkeit, von ihren Gunsterweisungen und den Gnadengehältern, die sie gewähren, ohne in tausenderlei Betrachtungen zu versinken; eine bunte Reihe von Vorstellungen zieht an meinem Geiste vorüber; es ist mir, als hörte ich die folgende Verordnung öffentlich ausrufen:

„Nachdem die unveränderliche Standhaftigkeit etlicher Unserer Unterthanen Unsere königliche Herrlichkeit unablässig um Pensionen angegangen, haben Wir endlich der Menge der Uns eingereichten Bittschriften, die Unserem Throne bisher die größten Sorgen verursacht, nachzugehen geruht. Besagte Bittsteller haben uns vorgestellt, daß sie, seit die Krone Unser königliches Haupt bedeckt, niemals ermangelt haben, bei Unseren Levers zugegen zu sein; daß Wir sie auf Unserem Wege stets unbeweglich wie Grenzsteine gesehen; und daß sie sich aufs Äußerste ausgereckt, um über die höchsten Schultern hinweg den Anblick Unserer Heiterkeit zu genießen. Wir haben sogar mehrere Bittgesuche von Personen des schönen Geschlechts empfangen, die Uns inständigst bitten, die offenkundige Schwierigkeit zu berücksichtigen, die es ihnen koste, sich ihren Unterhalt zu verschaffen. Selbst einige altersschwache Greisinnen haben Uns, mit dem Kopfe wackelnd, gebeten, Uns in Gnaden erinnern zu wollen, daß sie unter Unseren königlichen Vorfahren die Zierden des Hofes gewesen; wenn die Feldherrn ihrer Heere durch ihre Kriegsthaten den Staat zur gefürchteten Macht erhoben, so hätten sie ihrerseits den Hof durch ihre Intriguen nicht weniger berühmt gemacht. Demgemäß, da es Unser Wunsch und Wille ist, die Bittsteller mit Güte zu behandeln und ihnen alle ihre Bitten zu gewähren, haben wir verordnet, was folgt:

Es soll ein jeglicher Arbeiter, welcher fünf Kinder hat, täglich das Brot, das er ihnen bisher zu geben gewohnt, war, um den fünften Teil vermindern. Wir weisen die Hausväter nachdrücklich an, die Schmälerung der Bissen auf jedes einzelne so gerecht wie möglich zu verteilen.

Allen, welche ihre Erbgüter bewirtschaften oder dieselben verpachtet haben, verbieten wir ausdrücklich, irgend eine Reparatur daran vorzunehmen, von welcher Art auch immer.

Wir bestimmen, daß alle Personen, welche mit niedrigen und mechanischen Arbeiten beschäftigt sind, da gedachte Personen niemals bei dem Lever Unserer Majestät zugegen gewesen, hinfort für sich selbst, für ihre Frauen und für ihre Kinder nur noch alle vier Jahre neue Kleider kaufen sollen. Wir untersagen ihnen ferner auf das strengste jene kleinen Vergnügungen, durch welche sie bisher die großen Feste des Jahres im Kreise ihrer Familien zu feiern pflegten.

Und da Uns ferner kundgeworden ist, daß die Mehrzahl der Bürger Unserer guten Städte mit allen Kräften darauf hinarbeiten, ihren Töchtern, welche sich in Unserem Staate nur durch eine traurige und langweilige Sittsamkeit hervorgethan haben, eine Versorgung zu sichern: so befehlen Wir ihnen, daß sie mit deren Verheiratung warten sollen, bis selbige das gesetzlich bestimmte Alter erreicht haben und durch die Obrigkeit dazu angehalten werden.

Verbieten endlich Unseren Behörden, sich um die Erziehung ihrer Kinder zu bekümmern."

Paris, am 1. des Mondes Chalval, 1718.

Hundertundsechsundzwanzigster Brief

Rica an ***

Alle Religionen sind in großer Verlegenheit, wenn es sich um eine klare Vorstellung von den Seligkeiten handelt, welche den Guten verheißen sind. Es ist leicht, die Bösen durch das drohende Bild einer langen Kette von Strafen.

Mir sind Beschreibungen des Paradieses zu Gesicht gekommen, die jeden Vernünftigen bestimmen könnten, darauf Verzicht zu leisten. Die einen lassen die seligen Schatten unaufhörlich Flöte spielen; andere verdammen sie zu der Qual, ewig spazieren zu gehen; andere endlich, welche sie dort oben von ihren irdischen Geliebten träumen lassen, halten hundert Millionen Jahre für keinen hinreichend langen Zeitraum, um uns den Geschmack an solchen verliebten Sorgen zu benehmen.

Ich erinnere mich bei dieser Gelegenheit einer Geschichte, die ich einst von jemand habe erzählen hören, der das Land des Moguls besucht hatte. Sie kann zum Beweise dienen, daß die indischen Priester eine ebenso unfruchtbare Phantasie besitzen wie die andern auch, wo die Wonnen des Paradieses in Frage kommen.

Eine Frau, die soeben ihren Mann verloren hatte, begab sich mit feierlichem Gepränge zu dem Gouverneur der Stadt, um seine Erlaubnis einzuholen, sich verbrennen zu dürfen. Da man aber in den Ländern, welche unter muhamedanischer Oberhoheit stehen, nach Kräften bemüht ist, diesen grausamen Brauch aus der Welt zu schaffen, so verweigerte er ihr auf das entschiedenste seine Genehmigung.

Als sie die Ohnmacht ihrer Bitten erkannte, geriet sie in eine leidenschaftliche Wut. „Da sieht man es nun," rief sie, „wie rechtlos man ist! Es soll einer armen Frau nicht einmal gestattet werden, sich zu verbrennen, wenn sie dazu Lust hat!

Ist so etwas erhört? Meine Mutter, meine Tante, meine Schwestern haben sich doch auch verbrennen dürfen! Und wenn ich zu diesem verwünschten Statthalter gehe, um mir seine Einwilligung dazu geben zu lassen, gerät er in Hitze und fängt an zu schreien wie ein Rasender."

Zufällig war ein junger Bonze zugegen. „Ungläubiger," wandte sich der Gouverneur zu ihm, „warst du es, der das Weib auf ihren unsinnigen Einfall gebracht hat?" – „Nein," antwortete er, „ich habe niemals mit ihr geredet. Aber wenn sie auf mich hört, so muß sie ihr Opfer zu Ende führen; sie wird damit eine Handlung begehen, die dem Gotte Brahma wohlgefällt. Auch wartet ihrer dafür ein reicher Lohn; denn sie wird ihren Gatten in der andren Welt wiederfinden und aufs neue mit ihm in ehelichem Bunde leben." – „Was sagst du da?" rief die erstaunte Frau. „Ich soll meinen Mann wiederfinden? Nein, dann verbrenne ich mich nicht! Er war eifersüchtig, mürrisch, und übrigens so alt, daß, wenn der Gott Brahma nicht eine Umwandlung an ihm vollzogen hat, er meiner sicherlich nicht bedarf. Mich für ihn verbrennen! ... Nein, nicht einmal die Spitze meines Fingers, um ihn aus dem Abgrund der Hölle zu ziehen. Zwei alte Bonzen haben mich dazu beredet. Da sie wohl wußten, auf welche Weise ich mit ihm lebte, haben sie sich gehütet, mir alles zu sagen. Aber wenn der Gott Brahma mir weiter kein Geschenk zu machen hat, so verzichte ich auf diese Seligkeit. Herr Statthalter, ich werde Muhamedanerin. Du aber,", schloß sie, indem sie den Bonzen anblickte, „du kannst, wenn du Lust hast, zu meinem Manne gehen und ihm sagen, daß ich mich sehr wohl befinde."

Paris, am 2. des Mondes Chalval, 1718.

Hundertundsiebenundzwanzigster Brief

Rica an Usbek in ***

Morgen erwarte ich Deine Rückkehr; indessen sende ich Dir Deine Briefe aus Ispahan. Aus den meinigen ersehe ich, daß der Gesandte des Großmoguls Befehl erhalten hat, das Reich zu verlassen. Man theilt mir ferner mit, daß der Prinz, der Oheim des Königs, dem die Erziehung des letzteren oblag, verhaftet worden sei. Man, soll ihn in ein Schloß gebracht haben, wo er sehr streng bewacht wird;

auch wurde er aller seiner Ehren verlustig erklärt. Das Schicksal dieses Prinzen erregt mein Mitgefühl, und ich beklage ihn.

Ich gestehe Dir, Usbek, ich konnte nie jemandes Thränen fließen sehen, ohne dadurch gerührt zu werden. Ich empfinde menschliche Sympathie mit den Unglücklichen, als ob sie die einzigen Menschen wären; und selbst die Großen, für welche ich in meinem Herzen nur Kälte verspüre, solange sie hochstehen, liebe ich, sobald sie gefallen sind.

Was hülfe ihnen auch im Glücke eine nutzlose Zärtlichkeit? Sie ist zu eng mit der Gleichheit verwandt; sie aber ziehen die Ehrerbietung vor, welche keine Erwiderung fordert. Sobald sie aber einmal von ihrer Höhe herabgesunken, können nur noch unsere Klagen ihnen dieselbe vergegenwärtigen.

Es scheint mir ein Zug von Naivetät und selbst von Größe aus den Worten jenes Fürsten zu sprechen, der vor dem unvermeidlichen Schicksal stand, in die Hände seiner Feinde zu fallen. Als er sah, wie seine Höflinge rings um ihn weinten, sagte er: „Ich fühle an euren Thränen, daß ich noch euer König bin.“

Paris, am 3. des Mondes Chalval, 1718.

Hundertundachtundzwanzigster Brief

Rica an Ibben in Smyrna

Du hast tausendmal von dem berühmten König von Schweden gehört. Er belagerte eine Festung des Königreichs Norwegen. Als er dort, von niemand als von einem Ingenieur begleitet, die Laufgräben besuchte, empfing er einen tödlichen Schuß in den Kopf. Gleich darauf ließ man seinen Premierminister verhaften, und die versammelten Reichsstände verurteilten ihn zum Tode.

Es war ein schweres Verbrechen, dessen man ihn anklagte: er wurde beschuldigt, die Nation verleumdet und ihr das Vertrauen ihres Königs geraubt zu haben. Meines Erachtens verdient dies Vergehen einen tausendfachen Tod.

Denn wenn es schon eine böse That ist, den letzten seiner Unterthanen bei einem Fürsten anzuschwärzen, wie soll man es erst nennen, wenn die ganze

Nation angeschwärzt und ihr das Wohlwollen dessen gestohlen wird, den die Vorsehung zu ihrer Beglückung bestimmt hatte?

Ich wünschte, die Menschen sprächen zu den Königen wie die Engel zu unserem heiligen Propheten.

Du weißt, daß ich es mir bei den weihevollen Festgelagen, wo der Herr der Herren vom erhabensten Throne der Welt herniedersteigt, um sich seinen Sklaven mitzuteilen, zum strengen Gesetze gemacht habe, die ungelehrige Zunge zu zügeln. Niemals hat man gehört, daß ich ein einziges Wort verlor, welches bittre Folgen über den geringsten seiner Unterthanen hätte bringen können. Mußte ich aufhören, wortkarg zu sein, so habe ich darum doch nicht aufgehört, als ehrlicher Mann zu handeln; und in dieser Prüfung unserer Treue setzte ich mein Leben, aber niemals meine Tugend aufs Spiel.

Es ist eine sonderbare Erfahrung: mag ein Fürst auch noch so schlecht sein, sein Minister ist allemal noch schlechter. Begeht er eine Übelthat, so ist es fast immer, weil er fremder Einflüsterung folgte. Deswegen ist auch der Ehrgeiz der Fürsten niemals so gefährlich wie die nichtswürdige Gesinnung ihrer Ratgeber. Aber begreifst Du, wie ein Mensch, der erst seit gestern Minister ist und es vielleicht morgen nicht mehr sein wird, in einem Augenblick der Feind seiner selbst, seiner Familie, seines Vaterlandes und aller zukünftigen Geschlechter werden kann, die aus dem Volke hervorgehen werden, welches er unterdrücken will?

Ein Fürst hat Leidenschaften, und der Minister trägt ihnen Nahrung zu; das ist der Faktor, mit welchem er bei seiner Amtsführung rechnet. Ein andres Ziel hat er nicht, und er will auch kein anderes kennen. Die Höflinge verführen ihn durch ihr Lob, und er schmeichelt ihm noch gefährlicher durch seine Ratschläge, durch die Pläne, zu denen er ihn beredet, und durch die Grundsätze, die er ihn lehrt.

Paris, am 25. des Mondes Saphar, 1719.

Hundertundneunundzwanzigster Brief

Rica an Usbek in ***

Neulich ging ich über den Pont-Neuf. In meiner Begleitung war einer meiner Freunde, und wir begegneten einem Bekannten des letzteren, von dem er mir sagte, er sei ein Mathematiker. Das konnte man demselben auch anmerken; denn er war tief in Gedanken versunken. Mein Freund mußte ihn lange am Ärmel zupfen und schütteln, um seine Aufmerksamkeit anzuziehen, so sehr lag ihm eine krumme Linie im Sinne, die ihm vielleicht schon über acht Tage zu schaffen machte. Sie sagten sich gegenseitig viele Höflichkeiten und tauschten einige litterarische Neuigkeiten mit einander aus. Im Gespräche kamen sie bis an die Thür eines Kaffeehauses,"„) und ich trat mit ihnen in das" selbe ein.

Ich machte die Bemerkung, daß unser Mathematiker dort von jedermann mit Zuvorkommenheit empfangen wurde, und daß die Kellner ihm weit größere Aufmerksamkeit erwiesen als zwei Musketieren, die in einer Ecke saßen. Er seinerseits schien sich an diesem Orte behaglich zu fühlen; denn die Falten auf seiner Stirn glätteten sich ein wenig, und er begann zu lachen, als habe er keine blasse Idee von Geometrie.

Indessen beurteilte sein regelmäßiger Geist die ganze Unterhaltung nach dem Klaftermaß. Er erinnerte mich an jenen Mann, der in einem Garten alle Blumen, die höher als die Mehrzahl waren, mit seinem Degen köpfte. Ein Märtyrer seines logischen Verstandes, wurde er durch überraschende Gedankenblitze ebenso verletzt, wie schwache Augen durch ein zu grelles Licht geblendet werden. Nichts galt ihm als unbedeutend, vorausgesetzt, daß es wirklich war. Seine Reden waren daher auch sehr seltsam. Er war an jenem Tage mit jemand vom Lande gekommen, der ein herrliches Schloß und prachtvolle Gärten gesehen hatte; er selbst aber hatte nur ein sechzig Fuß langes, fünfunddreißig Fuß breites Gebäude und zehn Morgen Gebüsch in Form eines ungleichseitigen Vierecks bemerkt. Er würde es gern gesehen haben, wenn man die Regeln der Perspektive daselbst derart beobachtet hätte, daß die Alleen überall gleich breit erschienen wären; er wußte dafür eine unfehlbare Methode anzugeben. Er äußerte sich sehr befriedigt über eine sehr sonderbar eingerichtete Sonnenuhr, die er daselbst aufgespürt hatte, und über die Frage eines in meiner Nähe sitzenden Gelehrten, ob diese Sonnenuhr die babylonischen Stunden anzeige, geriet er in große Hitze. Als irgend ein Neuigkeitskrämer von der Beschießung der Burg

Fontarabia redete, gab er uns sofort die Linie an, welche die Bomben in der Luft beschrieben hätten; und in seiner Freude diese zu kennen,wollte er von ihrer Wirkung durchaus nichts wissen. Einer der Anwesenden klagte, er sei im verflossenen Winter durch eine Überschwemmung zu Grunde gerichtet worden. „Was Sie da sagen, ist mir ja höchst angenehm zu hören," entgegnete ihm der Mathematiker. „Ich sehe nun, daß ich mich in meiner Beobachtung nicht getäuscht habe, und daß auf der Erde mindestens zwei Zoll mehr Wasser gefallen sind, als im vorigen Jahre."

Kurz darauf entfernte er sich, und wir begleiteten ihn. Da er sehr schnell ging und auf nichts Achtung gab, was ihm in den Weg kam, so rannte er hart gegen einen anderen. Sie stießen heftig auf einander, und nach diesem Stoße prallten sie im Verhältnis ihrer Geschwindigkeit und Masse jeder nach seiner Seite wieder zurück. Als sie sich von ihrer Betäubung etwas erholt hatten, sagte der Zuletztgekommene, indem er sich mit seiner Hand die Stirn hielt, zu dem Mathematiker: „Es ist mir sehr lieb, daß Sie mich gestoßen haben; denn ich möchte Ihnen eine große Neuigkeit mitteilen. Soeben habe ich meinen Horaz herausgegeben" – „Wie?" fragte der Mathematiker; „der ist ja schon seit zweitausend Jahren heraus!" – „Sie mißverstehen mich," versetzte der andere. „Was ich soeben veröffentlicht habe, ist eine Übersetzung dieses alten Autors. Schon seit zwanzig Jahren beschäftige ich mich mit Übersetzungen,"

„Wie, mein Herr," antwortete der Mathematiker, „schon seit zwanzig Jahren denken Sie nicht mehr? Sie reden für die anderen, und diese denken für Sie?" – „Mein Herr," erwiderte der Gelehrte, „glauben Sie denn nicht, daß ich dem Publikum einen großen Dienst erwiesen habe, indem ich ihm die Lektüre der guten Schriftsteller erleichterte?" – „Das will ich nicht gerade sagen; ich verehre die erhabenen Genies, denen Sie neue Formen geben, so hoch wie irgend ein andrer. Aber Sie werden es ihnen nicht gleichthun; denn wenn Sie immer übersetzen, wird man Sie niemals übersetzen.

Übersetzungen gleichen den Kupfermünzen, die zwar denselben Wert haben wie ein Goldstück, ja für das Volk sogar von größerem Nutzen sind; aber sie sind doch immer gering und von schlechtem Gehalt.

Sie sagen, daß Sie jene ruhmreichen Toten wieder bei uns ins Leben rufen wollen, und ich gebe zu, daß Sie ihnen einen Körper verleihen. Aber das Leben geben Sie ihnen doch nicht zurück; es fehlt ihnen immer der beseelende Geist.

Warum lenken Sie Ihre Studien nicht vielmehr auf die Erforschung so vieler schöner Wahrheiten, zu deren Entdeckung wir täglich mittelst einer leichten Berechnung gelangen?“ – Nachdem er ihm diese Ratschläge erteilt, trennten sich die beiden; und ich glaube, sie waren sehr unzufrieden mit einander.

Paris, am Letzten des zweiten Mondes Rebiab, 1719.

Hundertunddreißigster Brief

Rica an ***

In vorliegendem Briefe will ich Dir einiges von einer Nation erzählen, die den Namen „Neuigkeitskrämer führt. Diese Leute versammeln sich in einem prächtigen Garten, wo ihr Müßiggang immer geschäftig ist. Sie sind sehr nutzlose Mitglieder des Staates, und wenn ihr Redestrom fünfzig Jahre lang in ununterbrochenem Flusse bleibt, so bewirken sie dadurch doch nur dasselbe, was sie auch durch fünfzig Jahre langes Schweigen hätten erreichen können. Indessen betrachten sie sich als wichtige Persönlichkeiten, weil sie sich von großartigen Entwürfen unterhalten und bedeutende Interessen in ihr Gespräch ziehen.

Die Grundlage ihres Geschwätzes ist eine kleinliche und lächerliche Neugierde. Kein Gemach ist so geheimnisvoll, daß sie nicht darüber unterrichtet zu sein behaupteten; zuzugeben, daß ihnen irgend etwas nicht bekannt sei, das wäre ihnen ganz unmöglich. Sie wissen, wie viele Frauen unser erhabener Sultan hat, wie viele Kinder er alljährlich zeugt; und wiewohl sie keine Spione besolden, haben, sie doch genaue Kenntnis von den Maßnahmen, deren er sich bedient, um den Kaiser der Türken und den der Mongolen zu demütigen.

Und kaum haben sie die Gegenwart erschöpft, so stürzen sie sich in die Zukunft, eilen der Vorsehung voraus und benachrichtigen sie über jeden Schritt, den die Menschen thun werden. Sie führen einen Feldherrn bei der Hand, und nachdem sie ihn wegen tausend Dummheiten, die er nicht begangen, belobigt haben, erfinden sie noch tausend weitere für ihn, die er nie begehen wird.

Sie lassen die Armeen wie Kraniche fliegen und die Mauern wie Kartenhäuser fallen. Sie haben Brücken über jeden Fluß, geheime Pässe über alle Gebirge, ungeheure Magazine im brennenden Wüstensande; das einzige, was ihnen fehlt, ist der gesunde Menschenverstand.

Einer meiner Hausgenossen empfing kürzlich von einem Neuigkeitskrämer den folgenden Brief. Wegen seiner Seltsamkeit habe ich ihn aufbewahrt:

„Mein Herr,

„Ich täusche mich selten in meinen Voraussagungen der politischen Ereignisse. Am ersten Januar 1711 prophezeite ich, daß der Kaiser Joseph im Laufe des Jahres sterben würde. Da er sich der besten Gesundheit erfreute, so fürchtete ich freilich, daß ich mir den Spott der Leute zuziehen würde, wenn ich mich vollkommen deutlich ausdrückte; deswegen bediente ich mich einer etwas rätselhaften Sprache. Verständige Leute aber wußten recht gut, was ich sagen wollte. Am 17. April desselben Jahres starb er an den Blattern.

Nachdem der Krieg zwischen dem Kaiser und den Türken erklärt worden war, suchte ich die Herren meines Kreises in allen Winkeln der Tuilerien, versammelte sie an dem Bassin und sagte ihnen voraus, daß Belgrad belagert und eingenommen werden würde. Ich hatte das Glück, meine Vorhersagung erfüllt zu sehen. Allerdings wettete ich gegen die Mitte der Belagerung hundert Pistolen, daß die Festung am 18. August 1717.genommen werden würde, und sie fiel erst am Tage darauf: aber könnte wohl ein Verlust einem Gewinne ähnlicher sein?

Als ich sah, daß die spanische Flotte an der Insel Sardinien landete, mutmaßte ich, daß sie dieselbe erobern würde; ich sprach es aus, und so geschah es in der That. Kühn gemacht durch diesen Erfolg, verkündigte ich des Weiteren, daß die siegreiche Flotte behufs Eroberung des mailändischen Gebietes auch bei Finale landen würde. Da diese Ansicht auf Widerspruch stieß, so wollte ich sie mit Ruhm verteidigen. Ich wettete also fünfzig Pistolen, und ich verlor noch einmal; denn ungeachtet der geschlossenen Verträge schickte der verteufelte Alberoni seine Flotte nach Sicilien und täuschte zu gleicher Zeit zwei große Politiker, den Herzog von Savoyen und mich.

Alles dies, mein Herr, zerrüttet meine Vermögensumstände so sehr, daß ich mich entschlossen habe, nur noch zu prophezeien, aber nie mehr zu wetten. Früher kannten wir in den Tuilerien die Sitte des Wettens nicht, und der verstorbene Herr Graf von L. wollte sie nicht gestatten; aber seitdem sich eine

Schar von Stutzern bei uns eingedrängt hat, wissen wir nicht mehr, woran wir sind. Kaum können wir den Mund öffnen, um eine Neuigkeit zu erzählen, so bietet uns auch schon einer dieser jungen Herren eine Wette dagegen an.

Als ich neulich mein Taschenbuch öffnete und meine Brille auf der Nase zurecht rückte, fiel mir ein solcher Windbeutel genau zwischen dem ersten und zweiten Wort mit der Entgegnung in die Rede: „Ich wette hundert Pistolen, daß es falsch ist.“ Ich that, als hätte ich diese Ungehörigkeit gar nicht bemerkt, ergriff mit stärkerer Stimme wieder das Wort und sagte: „Nachdem der Herr Marschall von *** erfahren hatte ...“ „Das ist nicht wahr,“ unterbrach mich der junge Geck; „Sie haben immer ganz thörichte Neuigkeiten; es ist kein Sinn und Verstand in all' diesem Zeug.“ Ich bitte Sie, mein Herr, mir das Vergnügen zu machen, mir dreißig Pistolen zu leihen; denn ich gestehe Ihnen, daß diese Wetten mich in große Verlegenheit gebracht haben. Beiliegend sende ich Ihnen die Abschrift von zwei Briefen, welche ich an den Minister geschrieben habe. Ich bin u. s. w.“

Schreiben eines Neuigkeitskrämers an den Minister.

„Gnädigster Herr,

Ich bin der eifrigste Unterthan, welchen der König jemals gehabt hat. Es war auf meinen Antrieb, daß einer meiner Freunde sich veranlaßt fand, jenen von mir entworfenen Plan eines Buches auszuführen, um nachzuweisen, daß von allen Fürsten, welche den Namen „der Große“ verdient haben, Ludwig der Große der größte war. Seit langer Zeit bin ich mit einem anderen Werke beschäftigt, das unserer Nation zu noch höherer Ehre gereichen wird, wenn Ew. Gnaden mir ein Privilegium gewähren wollen. Ich gedenke den Beweis zu führen, daß die Franzosen seit Begründung der Monarchie niemals geschlagen worden sind, und daß alles, was die Geschichtschreiber bisher von unseren Niederlagen berichtet haben, auf lauter Betrug beruht. Ich sehe mich genötigt, sie an vielen Stellen zu widerlegen; und ich wage mir zu schmeicheln, daß ich ganz besonders in der Kritik glänze. Ich verharre, gnädigster Herr u. s. w.“

„Gnädigster Herr,

Nachdem wir durch den Tod des Herrn Grafen von L. einen so herben Verlust erlitten haben, bitten wir Sie, uns die Wahl eines Präsidenten gütigst gestatten zu wollen. Unordnung beginnt sich in unsere Konferenzen einzuschleichen, und die Staatsangelegenheiten werden in ihnen nicht mehr mit derselben Gründlichkeit wie früher erörtert. Unsere jungen Leute verweigern den bejahrten Mitgliedern jegliche Rücksicht und halten unter sich selbst keine

Zucht; es ist gerade wie im Rate des Rehabeam; die Jugend will sich über die Greise erheben. Es hilft uns nichts, ihnen vorzustellen, daß wir schon zwanzig Jahre, ehe sie auf der Welt waren, uns im friedlichen Besitze der Tuilerien befanden. Ich glaube, sie werden uns endlich noch ganz daraus verjagen und uns nötigen, diese Stätte zu verlassen, wo wir so oft die Schatten unserer französischen Helden angerufen haben. Dann werden wir unsere Konferenzen im Königsgarten oder an einem noch entlegeneren Orte abhalten müssen. Ich verharre ..."

Paris, am 7. des zweiten Mondes Gemmadi, 1719.

Hundertundeinunddreißigster Brief

Rhedi an Rica in Paris

Unter allem, was bei meiner Ankunft in Europa mein Interesse erregte, steht die Geschichte und der Ursprung der Republiken in erster Linie. Du weißt, daß die meisten Asiaten nicht einmal eine Vorstellung von dieser Staatsform haben, und daß ihre Einbildungskraft nicht soweit gereicht hat, ihnen begreiflich zu machen, daß auf Erden eine andere als die Despotie möglich sei.

Die ältesten Staaten der Welt waren monarchisch regiert; Republiken entstanden nur zufällig und im Laufe der Jahrhunderte.

Nachdem Griechenland durch eine große Flut überschwemmt worden war, wurde es von neuen Einwohnern bevölkert. Fast alle Ansiedlungen der letzteren gingen von Ägypten und den nächsten asiatischen Nachbarländern aus; und da diese unter der Regierung von Königen standen, so behielten die Völker, welche denselben entstammten, die nämliche Regierungsform bei. Als aber die Tyrannei dieser Fürsten zu drückend wurde, schüttelte man ihr Joch ab, und auf den Trümmern so vieler Königreiche erhoben sich alle jene Republiken, unter denen Griechenland, allein gesittet mitten unter Barbaren, so herrlich emporblühte.

Die Liebe zur Freiheit, der Haß gegen die Könige erhielten Griechenland lange in seiner Unabhängigkeit und gaben der republikanischen Staatsform eine weite Verbreitung. Die griechischen Städte fanden Verbündete in Kleinasien; sie entsandten dahin Kolonien, die ebenso frei waren wie sie selbst; und diese dienten ihnen als Schutzwehr gegen die Eroberungsgelüste der Könige von Persien. Aber Griechenland that noch mehr; es bevölkerte auch Italien; Italien, Spanien und vielleicht sogar Gallien. Es ist bekannt, daß jenes große, bei den Alten so berühmte Hesperien im Anfang Griechenland war, welches seine Nachbarn als die Heimat der Glückseligkeit betrachteten. Die Griechen fanden dies glückliche Land nicht bei sich daheim und suchten es in Italien; die italienischen Völker hofften es in Spanien zu finden, die spanischen in Bätica oder Portugal; und so kommt es, daß alle diese Gegenden bei den Alten jenen Namen führten. Die griechischen Kolonien bewährten den Geist der Freiheit, welcher ihnen im milden Mutterlande zur Natur geworden war. Daher trifft man in jenen fernen Zeiten in Italien, Spanien und Gallien gar keine Monarchien. Ich werde Dir sogleich zeigen, daß die Volksstämme im Norden und in Deutschland nicht minder frei waren; und wenn man Spuren eines Königtums bei ihnen zu entdecken glaubt, so erklärt sich dies daraus, daß man die Heerführer oder die Häupter der Republiken für Könige gehalten hat.

Alles dies sind europäische Ereignisse; denn Asien und Afrika haben stets die Last des Despotismus getragen, mit Ausnahme einiger schon erwähnten Städte in Kleinasien und der Republik Carthago in Afrika.

Dann kam die Zeit, wo die ganze Welt unter zwei mächtige Republiken, Rom und Carthago, geteilt war. Nichts ist so bekannt wie die Anfänge der römischen Republik, nichts so dunkel wie die Urgeschichte von Carthago. Man weiß durchaus nichts über die afrikanischen Fürsten, die nach Dido auf den Thron kamen, noch wie sie ihre Macht verloren. Das wunderbare Anwachsen der römischen Republik würde für die Welt ein großes Glück gewesen ein, hätte nicht jener ungerechte Unterschied zwischen den römischen Bürgern und den besiegten Völkern bestanden; wären die Statthalter der Provinzen mit einer weniger schrankenlosen Gewalt bekleidet gewesen; wären jene heiligen Gesetze, die ihre Tyrannei verhindern sollten, strenger beobachtet worden; und hätten sie nicht, um dieselben zum Schweigen zu bringen, sich der Schätze bedient, welche die Frucht ihrer Ungerechtigkeit waren.

Die Freiheit scheint für den Geist der europäischen und die Knechtschaft für den Geist der asiatischen Völker geschaffen zu sein. Vergebens boten die Römer den Cappadociern diesen kostbaren Schatz: diese feige Nation wies ihn zurück und warf sich der Knechtschaft so begierig in die Arme, wie die übrigen Völker nach der Freiheit strebten.

Cäsar wurde der Unterdrücker der römischen Republik, indem er sie der Willkürherrschaft unterwarf.

Lange seufzte Europa unter dem Drucke eines gewaltthätigen Militarismus, und die römische Milde verwandelte sich in grausame Tyrannei.

Indessen kamen zahllose unbekannte Nationen aus dem Norden herangezogen, ergossen sich wie Ströme über die römischen Provinzen und, da sie das Erobern so leicht fanden wie das Plündern, zerstückelten sie und machten Königreiche daraus. Diese Völker waren frei und beschränkten die Macht ihrer Könige so sehr, daß diese eigentlich nur Häuptlinge oder Heerführer waren. Obwohl durchs Waffengewalt gegründet, empfanden diese Königreiche das Joch des Siegers nicht als einen Druck. Als die asiatischen Völkerschaften, wie die Türken und Tartaren, Eroberungen machten, dachten sie nur daran, dem einzigen, dessen Willen sie unterworfen waren, neue Unterthanen zu gewinnen und seine Gewaltherrschaft mit den Waffen in der Hand zu begründen; als sich hingegen die nordischen Völker, die in ihrer Heimat frei gewesen waren, der römischen Provinzen bemächtigten, verstatteten sie ihren Führern keinen großen Einfluß. Einige dieser Stämme, wie die Vandalen in Afrika und die Gothen in Spanien, setzten sogar ihre Könige ab, sobald sie mit ihnen unzufrieden waren; und bei den andren war die fürstliche Macht auf tausenderlei Art beschränkt. Viele Große nahmen daran teil; sie mußten ihre Einwilligung geben, ehe ein Krieg unternommen werden durfte; die Beute wurde zwischen dem Anführer und den Soldaten geteilt; es gab keine Steuern zu Gunsten des Fürsten; die Gesetze wurden in allgemeinen Volksversammlungen gegeben. Dies war die Grundlage der Verfassung aller jener Staaten, die sich auf den Trümmern des römischen Reiches erhoben.

Venedig, am 20. des Mondes Rhegeb, 1719.

Hundertundzweiunddreißigster Brief

Rica an ***

Es ist etwa fünf oder sechs Monate her, seit mir eines Tages in einem Kaffeehause ein ziemlich wohlgekleideter Edelmann auffiel, der in lebhafter Unterhaltung begriffen war. Er sagte, welch ein Vergnügen es sei, in Paris zu leben, und bedauerte, daß seine Lage ihn nötige, in der Provinz zu wohnen. „Ich beziehe," erzählte er, „fünfzehntausend Livres Renten von meinen Gütern; aber ich würde mich glücklich fühlen, wenn ich nur ein Viertel dieses Vermögens in Gelde oder in beweglichen Effekten besäße. Es ist ganz umsonst, meine Pächter zu drängen und ihnen Prozeßkosten zu verursachen; sie werden dadurch nur noch zahlungsunfähiger. Ich habe noch niemals hundert Pistolen auf einmal erhalten können. Wenn ich zehntausend Francs Schulden machte, so würde man alle meine Güter mit Beschlag belegen, und ich könnte ins Armenhaus gehen."

Ich entfernte mich, ohne diesem Gerede große Aufmerksamkeit zu schenken. Als mich aber gestern der Zufall in denselben Stadtteil führte, machte ich dem Lokal wieder einen Besuch und fand daselbst einen ernsten Mann mit bleichem, langem Gesicht. Mitten unter fünf oder sechs schwatzenden Leuten erschien er trübsinnig und in Gedanken versunken; auf einmal aber ergriff er ungestüm das Wort und sagte mit erhobener Stimme: „Ja, meine Herren, ich bin ruiniert; ich habe nicht mehr genug, um davon zu leben; denn ich besitze jetzt nur noch zweihunderttausend Livres in Banknoten und hunderttausend Thaler in Silber. Meine Lage ist ganz schauderhaft; ich hatte mich für reich gehalten, und nun bin ich am Armenhause angelangt. Hätte ich zum wenigsten ein kleines Landgut, wohin ich mich zurückziehen könnte, so wüßte ich doch, wovon ich leben soll; aber ich habe nicht so viel Grundeigentum, als ich mit meinem Hut bedecken kann."

Von ungefähr wandte ich den Kopf nach einer andren Seite und wurde eines Menschen ansichtig, der Gesichter schnitt wie ein Besessener. „Wem soll man noch trauen?" rief er aus. „Baute ich doch so fest auf die Freundschaft des schuftigen Kerls, daß ich ihm all mein Geld geliehen habe; und da giebt er es mir wieder. Welche grausige Treulosigkeit! Mag er jetzt anstellen, was er will, ich werde ihn immer für einen Ehrlosen halten."

Nahe dabei saß ein Mann in sehr fadenscheiniger Kleidung, der die Augen zum Himmel erhob und sagte: „Gott segne die Pläne unserer Minister! Könnte ich doch erleben, daß die Aktien auf zweitausend stiegen, und alle Bedienten von Paris reicher würden als ihre Herren!" In meiner n Neugier fragte ich nach seinem Namen. „Das ist ein überaus armer Mann," antwortete man mir, „und das Gewerbe, welches er betreibt, bringt wenig ein. Er ist ein Genealog und hofft, daß seine Kunst ihm etwas abwerfen wird, wenn das Glück günstig bleibt; er denkt, daß alle diese neugebackenen Reichen seiner benötigt sein werden, um ihre Namen aufzustutzen, ihren Ahnen den Staub der niedrigen Herkunft abzuwaschen und ihre Kutschen mit Wappenschildern zu schmücken. Er bildet sich ein, daß er so viele vornehme Herren wird machen können, wie ihm beliebt, und die Freude macht ihn ordentlich zittern, daß seine Kundschaft sich so vermehren könnte."

Endlich sah ich einen bleichen, hageren Alten eintreten, in dem ich einen Neuigkeitskrämer erkannte, noch ehe er sich gesetzt hatte. Er gehörte nicht zur Zahl derer, welche allen Schlägen des Schicksals eine siegesbewußte Zuversicht entgegensetzen und immerfort Erfolge und Trophäen verkünden; er war vielmehr einer von jenen zaghaften Unglückspropheten, die nur traurige Nachrichten zu erzählen wissen. „Es steht sehr schlimm in Spanien," sagte er; „wir haben keine Reiterei an der Grenze, und man muß befürchten, daß Prinz Pio, der ein großes Corps hat, ganz Languedoc brandschatzen wird." Mir gegenüber saß ein in seinem Äußeren ziemlich vernachlässigter Philosoph, der den Neuigkeitskrämer mitleidig ansah und die Achseln zuckte, so oft dieser seine Stimme erhob. Als ich mich ihm näherte, flüsterte er mir ins Ohr: „Hören Sie wohl, wie dieser Tropf uns nun schon eine Stunde lang mit seinem Jammer um Languedoc langweilt? Und indessen habe ich gestern Abend einen Fleck in der Sonne bemerkt, dessen Vergrößerung die ganze Natur zu Eis erstarren lassen könnte; und ich habe kein Wort darüber verloren."

Paris, am 17. des Mondes Rhamazan, 1719.

Hundertunddreiunddreißigster Brief

Rica an ***

Kürzlich besichtigte ich eine große Bibliothek. Dieselbe befindet sich in einem Kloster, und die Derwische des letzteren sind gewissermaßen ihre Verwalter, haben aber die Verpflichtung, zu gewissen Stunden jedermann den Zutritt zu gestatten.

Als ich eintrat, bemerkte ich einen Mann von gesetztem Äußeren, der inmitten unzähliger an allen Wänden aufgestellter Bände umherging. Ich näherte mich ihm und bat ihn um Auskunft über einige der Bücher, die kostbarer als die übrigen gebunden waren. „Mein Herr," war seine Antwort, „ich bin hier auf fremdem Gebiet und ohne Bekanntschaften. Man richtet solche Fragen oft genug an mich; aber es leuchtet Ihnen wohl ein, daß ich keine Lust haben kann, alle diese Bücher zu lesen, um den Leuten Rede zu stehen. Doch mein Bibliothekar wird Ihnen mitteilen, was Sie zu wissen wünschen; denn er bringt Tag und Nacht damit zu, alles, was Sie da sehen, zu entziffern. Es ist ein unbrauchbarer Mensch, der uns sehr zur Last fällt, weil er nicht für das Kloster arbeitet. Aber ich höre die Speiseglocke läuten. Wer wie ich das Haupt eines Ordens ist, muß bei allen Übungen der erste sein.“ Mit diesen Worten schob mich der Mönch hinaus, schloß die Thür und verschwand wie im Fluge vor meinen Augen.

Paris, am 21. des Mondes Rhamazan, 1719.

Hundertundvierunddreißigster Brief

Rica an denselben

Am folgenden Tage begab ich mich wiederum in jene Bibliothek. Diesesmal traf ich daselbst einen ganz anderen Mann, als den, mit welchem ich mich bei meinem ersten Besuche unterhalten hatte. Sein Äußeres war einfach, sein Gesichtsausdruck geistvoll und sein Benehmen sehr freundlich. Sobald er meine Wißbegierde bemerkt hatte, machte er es sich zur Pflicht, sie zu befriedigen und mir die für einen Fremden wünschenswerte Aufklärung zu geben.

„Ehrwürdiger Vater,“ fragte ich ihn, „was sind denn das für dicke Bände, die jene ganze Wand der Bibliothek einnehmen?“ – „Das sind die Erklärer der heiligen Schrift,“ versetzte er. – „Sie sind ja sehr zahlreich!“ rief ich. „Die heilige Schrift scheint früher sehr dunkel gewesen zu sein; nun aber ist sie gewiß recht klar. Oder ist noch immer einiges zweifelhaft geblieben? Sollte es wirklich noch streitige Punkte geben?“ – „Ob es noch welche giebt? Du lieber Gott, ob es noch welche giebt?“ entgegnete er. „Fast so viele Zweifel wie Zeilen!“ – „In der That?“ sagte ich. „Aber was haben denn alle diese Schriftsteller gethan?“ – „Diese Ausleger,“ erklärte er mir, „haben in der heiligen Schrift nicht das gesucht, was man glauben soll, sondern was sie selbst glauben. Sie haben dieselbe nicht als ein Buch betrachtet, wo die Lehren, zu denen sie sich bekennen sollten, niedergelegt sind, sondern als ein Werk, das ihren eigenen Meinungen zum Belege dienen könnte. Aus diesem Grunde haben sie überall den Sinn entstellt und jeden Satz verdreht und verrenkt. Die Schrift ist ein Land, über das die Anhänger aller Sekten herfallen, als seien sie auf einem Raub- und Plünderungszuge; sie ist ein Schlachtfeld, auf dem die feindlichen Nationen, die sich gegenüberstehen, sich in vielen Kämpfen begegnen, auf einander einhauen und auf allerlei Weise mit einander plänkeln.

Daneben sehen Sie die asketischen Schriften oder Andachtsbücher; sodann diejenigen über Moral, welche viel nützlicher sind. Dies hier sind theologische Werke, doppelt unverständlich durch Form und Inhalt. Darauf folgen die Werke der Mystiker, das heißt, der Frommen, deren Herzen empfindsam sind." – „Einen Augenblick, ehrwürdiger Vater!" fiel ich ihm ins Wort. „Eilen Sie nicht so; erzählen Sie mir etwas von diesen Mystikern!" – „Mein Herr," belehrte er mich, „die Andacht erhitzt ein zur Zärtlichkeit beanlagtes Herz, so daß aus diesem Dämpfe ins Gehirn aufsteigen, welche dasselbe ebenso erhitzen. Daraus entstehen dann Verzückungen und seelische Trunkenheit. Dieser Zustand ist das Delirium der Andacht. Oftmals entwickelt sich derselbe oder entartet vielmehr zum Quietismus. Denn Sie müssen wissen, daß ein Quietist nichts anderes ist, als ein Narr, Frömmler und ausschweifender Mensch in einer Person.

Sehen Sie hier die Casuisten, welche die Geheimnisse der Nacht zu Tage fördern. Sie brüten in ihrer Phantasie alle Ungeheuer aus, welche der Dämon der Liebe hervorbringen kann, vereinigen sie, vergleichen sie und machen sie zum ewigen Gegenstande ihres Nachdenkens. Wohl ihnen, wenn ihr Herz nicht davon angesteckt und zum Mitschuldigen all der Verirrungen wird, die sie so natürlich beschreiben und in solcher Nacktheit darstellen.

Wie Sie sehen, mein Herr, habe ich freie Ansichten und sage Ihnen alles, was ich denke. Ich bin von Natur unbefangen, und ich bin es um so mehr Ihnen gegenüber, da Sie ein Fremder sind und die Dinge kennen lernen wollen, und zwar so kennen lernen, wie sie sind. Wenn es meine Art wäre, so würde ich Ihnen von diesem allen nur mit Bewunderung reden; ich würde unaufhörlich sagen: Dies ist göttlich, jenes verehrungswürdig oder wunderbar. Aber ich weiß nur zwei Möglichkeiten, deren eine daraus folgen müßte: Entweder würde ich Sie täuschen, oder ich würde in Ihren Augen die Achtung einbüßen." Hier mußten wir aufhören. Ein dringendes Geschäft nötigte den Derwisch, unsere Unterhaltung bis zum nächsten Tage abzubrechen.

Paris, am 23. des Mondes Rhamazan, 1719.

Hundertundfünfunddreißigster Brief

Rica an denselben

Zur festgesetzten Stunde fand ich mich wieder in der Bibliothek ein, und mein Führer vom gestrigen Tage kehrte mit mir an den Ort zurück, wo wir uns verlassen hatten. „Hier stehen die Grammatiker, die Glossatoren und die Kommentatoren," sagte er. – „Ehrwürdiger Vater," warf ich ein, „alle diese Leute können wohl ganz gut ohne gesunden Menschenverstand fertig werden?" – „Freilich können sie das," erwiderte er; „auch ist er in ihren Werken nicht anzutreffen, und dieselben sind darum nicht schlechter. Das ist sehr bequem für sie." – „Allerdings," versetzte ich, „und ich kenne viele Philosophen, welche wohl daran thun würden, sich auf diese Wissenschaften zu verlegen."

„In der folgenden Abteilung," fuhr er fort, „sehen Sie die Redner, die das Talent besitzen, ihre Hörer gegen ihr besseres Wissen zu überzeugen und weiterhin die Mathematiker, welche jedermann zur Überzeugung zwingen und eine logische Tyrannei auf ihn ausüben.

Diese Fächer hier enthalten die Bücher über Metaphysik, welche so große Fragen behandeln, und in denen man überall dem Unendlichen begegnet. Dann folgen die Schriften aus dem Gebiete der Physik, die in der Einrichtung des weiten Weltalls nicht mehr Wunderbares erblicken, als in dem einfachsten Gerät unserer Handwerker. Nun kommt die Arzneiwissenschaft, lauter Denkmäler für die Hinfälligkeit der Natur und die Macht der Kunst, die uns erbeben machen, selbst wenn sie von den leichtesten Krankheiten handeln, so sehr vergegenwärtigen sie uns den Tod; aber wenn sie die Kraft der Heilmittel beschreiben, so versetzen sie uns in ein solches Gefühl völliger Sicherheit, als wären wir unsterblich geworden.

Gleich daneben befinden sich die anatomischen Werke, die weit weniger eine Beschreibung der Teile des menschlichen Körpers als die barbarischen Namen enthalten, welche man denselben gegeben hat. Dadurch wird weder der Kranke von seinem Leiden noch der Arzt von seiner Unwissenheit geheilt.

Die Chemie, die Sie in den nächsten Abteilungen aufgestellt finden, ist bald in den Hospitälern, bald in den Tollhäusern daheim; denn beide sind gleich angemessen zu ihrem Aufenthalt.

Was Sie in jenem Schrank dort erblicken, sind Bücher über die Geheimwissenschaft oder vielmehr Unwissenheit. Zu ihnen gehören diejenigen, welche diese oder jene Teufelskunst lehren; den meisten Leuten gelten sie als verdammungswert; bei mir können sie indessen nur Mitleiden erregen. Zu dieser Klasse gehören ferner auch die Schriften über Sterndeutekunst."

„Was sagen Sie da, ehrwürdiger Vater? Die Schriften über Sterndeutekunst?" fiel ich ihm lebhaft in die Rede. „Auf diese legen wir ja in Persien das allergrößte Gewicht. Sie bestimmen jede Handlung unsres Lebens und geben den Ausschlag bei allen unseren Unternehmungen. Die Sterndeuter sind unsre eigentlichen Lenker; ja, mehr als das, sie üben Einfluß auf die Regierung des Staates."

„Wenn das der Fall ist," entgegnete er, „so ist das Joch, unter welchem Sie leben, viel härter als das der Vernunft. Das nenne ich das seltsamste von allen Reichen. Ich beklage schon eine Familie, wieviel mehr also noch eine Nation, die den Planeten solche Macht über sich verstattet."

„Wir bedienen uns der Astrologie," gab ich ihm zur Antwort, „wie ihr euch der Algebra bedient. Jede Nation hat ihre besondere Wissenschaft, die sie zur Richtschnur ihrer Politik erwählt. Bei uns in Persien haben alle Sterndeuter zusammengenommen nicht so viele Dummheiten begangen wie hier ein einziger eurer Algebraiker. Halten Sie die zufälligen Constellationen der Gestirne nicht für einen ebenso sicheren Maßstab wie die schönen Schlußfolgerungen eures Systemmachers? Ließe man in Frankreich und in Persien darüber abstimmen, so würde die Astrologie einen herrlichen Triumph feiern, und die Mathematiker sollten eine gehörige Demütigung erfahren. Wie niederdrückend für sie würden die Schlüsse sein, die man daraus ziehen könnte!"

Hier wurden wir in unserer Erörterung unterbrochen und mußten uns für diesmal trennen.

Paris, am 26. des Mondes Rhamazan, 1719.

Hundertundsechsunddreißigster Brief

Rica an denselben

Als wir uns das nächste Mal wiedersahen, führte mich mein Gelehrter in ein besonderes Gemach. „Dieser Raum," erklärte er mir, „enthält die Bücher über neuere Geschichte. Hier die ersten sind die Geschichtschreiber der Kirche und der Päpste. Ich lese diese Werke zu meiner Erbauung; aber häufig bewirken sie gerade das Gegenteil in mir.

Die folgenden sind Schriften über den Verfall des furchtbaren römischen Reiches, das sich aus den Trümmern so vieler Monarchien gebildet hatte, und aus dessen Sturz so viele neue hervorgingen. Eine Unzahl von barbarischen Völkern, ebenso unbekannt wie die Länder, in denen sie daheim waren, erschienen plötzlich auf dem Plan, überschwemmten, verwüsteten und zerstückelten das Weltreich und plünderten alle die Staaten, die Sie noch jetzt in Europa finden. Diese Völkerschaften waren keine Barbaren im eigentlichen Sinne; denn sie waren frei; aber die meisten von ihnen sind es mit der Zeit geworden, seitdem sie unter dem Drucke einer unbeschränkten Gewaltherrschaft jene süße Freiheit eingebüßt haben, die der Vernunft, der Menschlichkeit und der Natur so gemäß ist.

Hier sehen Sie die Geschichtschreiber von Deutschland, welches jetzt nur noch ein Schatten des ehemaligen Reiches ist. Indessen halte ich es für die einzige Macht auf Erden, welche durch Zersplitterung nicht schwächer geworden, ja für die einzige, die im Verhältnis ihrer Verluste an Stärke zunimmt und, obwohl sie lässig in der Verwertung ihrer Vorteile ist, durch ihre Niederlagen unüberwindlich wird.

Jene dort sind die Werke über französische Geschichte. In Frankreich sieht man gleich zu Anfang die Bildung einer königlichen Macht; dann fällt sie zweimal, erhebt sich ebenso oft wieder und schleppt sich darauf während mehrerer Jahrhunderte matt dahin. Aber nach und nach gewinnt sie wieder Kraft, dehnt sich allseitig aus und erreicht ihren höchsten Glanz. Sie gleicht jenen Strömen, die während ihres Laufes ihre Wasser verlieren oder weite Strecken unter der Erde verborgen dahinfließen, dann aber von neuem erscheinen, durch die Vereinigung mit andren Flüssen, die sich in sie ergießen, anschwellen und mit wilder Gewalt alles mit sich fortreißen, was sich ihnen hemmend entgegenstellt.

Weiterhin gelangen wir zu den Spaniern. Von den Gebirgen kommt diese Nation herab; ebenso unmerklich unterwirft sie die muhamedanischen Fürsten, wie diese einst selbst im Handumdrehen das Land erobert hatten. Eine Menge von Königreichen vereinen sich zu einer gewaltigen Monarchie, und diese wird fast die einzige auf Erden, bis sie, von ihrem Scheinreichtum zu Boden gedrückt, ihre Kraft und selbst ihren Ruhm verliert und nur noch den Stolz auf ihre frühere Macht bewahrt.

Hier stehen wir vor den Geschichtschreibern Englands, wo man die Freiheit wieder und wieder aus den Flammen der Zwietracht und des Aufstandes hervorgehen sieht. Stets schwankt der Fürst auf einem unerschütterlichen Thron; die Nation ist ungeduldig; aber selbst in der Leidenschaft erhält sie sich den kalten Verstand, und, die Beherrscherin der Meere, vereinigt sie, was bis dahin unerhört gewesen, Handel und Herrschaft.

Nebenan sind die Geschichtschreiber jener andren Königin des Meeres aufgestellt, der holländischen Republik, die in Europa so angesehen und in Asien so gefürchtet ist, wo ihren Kaufleuten so viele Könige zu Füßen liegen.

Die Historiker von Italien berichten Ihnen von einer Nation, welche ehedem die Gebieterin der Welt war, aber heutzutage die Sklavin aller übrigen ist. Ihre Fürsten sind uneinig und schwach, und das einzige Attribut ihrer fürstlichen Macht ist eine eitle Politik.

Nunmehr sind wir bei den Geschichtschreibern der Republiken angelangt, als da sind: die Schweiz, das Bild der Freiheit; Venedig, dessen Hilfsquellen nur in seiner Verwaltung bestehen; und Genua, das einzig durch seine Schiffe bedeutend ist.

Schließlich sehen Sie hier die Geschichtswerke über die nordischen Reiche, unter andren über Polen, welches von seiner Freiheit und von seinem Rechte der Königswahl einen so schlechten Gebrauch macht, als wolle es seine Nachbarvölker, welche beides verloren haben, über diesen Verlust trösten.“

Hiermit schieden wir bis zum folgenden Tage.

Paris, am 2. des Mondes Chalval, 1719.

Hundertundsiebenunddreißigster Brief

Rica an denselben

Tags darauf führte er mich in einen anderen Raum. „Hier befinden wir uns unter den Dichtern," begann er seine Erklärung. „Das sind nämlich die Schriftsteller, die es sich zur Aufgabe machen, dem gesunden Menschenverstand Fesseln anzulegen und die Vernunft unter Wortgepränge zu erdrücken, wie man früher die Frauen unter ihrem Putz und ihren Schmucksachen begrub. Sie kennen dieselben ja; denn unter den Morgenländern sind sie nicht selten, wo die Sonne mit ihrer heißen Glut selbst die Einbildungskraft zu erhitzen scheint.

Dies hier sind die epischen Gedichte." – „Epische Gedichte? Was ist denn das?" – „Wahrhaftig, ich weiß es nicht," erwiderte er. „Wie die Kenner sagen, sind deren nur zwei gemacht worden; alle, welche sonst noch unter diesem Namen bekannt sind, sollen gar keine sein. Aber ich weiß auch darüber nichts. Noch erstaunlicher ist es, daß sie weiter sogar behaupten, es sei überhaupt unmöglich, noch neue zu schreiben.

Darauf folgen die Dramatiker, die ich für die eigentlichen Dichter und die Gebieter über die Leidenschaften halte. Es giebt ihrer zwei Arten: die komischen, die uns auf so sanfte Weise bewegen, und die tragischen, die uns in Aufregung versetzen und so heftige Gefühle in uns erwecken.

Nun kommen wir zu den Lyrikern, die ich ebenso verachte, wie ich die anderen hochschätze; ihre Kunst besteht darin, in harmonischem Tonfall zu rasen.

Ihnen folgen die Verfasser von Idyllen und Eklogen, die selbst den Höflingen gefallen, indem sie ihnen das Bild der Ruhe vorspiegeln, welche sie nicht besitzen, und die dort im Leben der Schäfer dargestellt wird.

Aber die nun folgenden sind gefährlicher als alle Schriftsteller, die wir bisher gesehen haben, denn sie spitzen Epigramme zu, kleine scharfe Pfeile, welche tief und unheilbar verwunden.

Hier können Sie ferner auch Romane sehen, die gleichfalls von einer Art Dichtern geschrieben sind, welche die Sprache des Geistes ebenso wie die des Herzens übertreiben. Sie bringen ihr Leben damit hin, die Natur zu suchen, und finden sie niemals; und sie gestalten Helden, die an Seltsamkeit den geflügelten Drachen und den Hippocentauren gleichkommen."

„Mir sind einige von Ihren Romanen zu Gesichte gekommen," warf ich ein. „Aber wenn Sie die unsrigen sähen, so würden sie Ihnen noch mehr mißfallen. Sie sind ebenso unnatürlich, und zudem durch unsere Sitten in freiem Flusse gehemmt. Zehn Jahre müssen in Leidenschaft dahingehen, ehe ein Liebender nur das Gesicht seiner Geliebten erblicken kann. Doch können die Verfasser nicht umhin, ihre Leser durch diese langweiligen Einleitungen zu schleppen. Da es nun unmöglich ist, eine bunte Mannigfaltigkeit der Ereignisse vorzuführen, so muß man seine Zuflucht zu einem Kunststück nehmen, welches schlimmer ist, als das Übel, das man heilen will, nämlich zum Wunder. Gewiß werden Sie es nicht billigen können, daß eine Zauberin ein Heer aus dem Boden stampft, oder daß ein einziger Held eine Schar von hunderttausend Mann vernichtet. Aber das ist der gewöhnliche Gang unserer Romane; diese kalten, oft wiederholten Abenteuer langweilen uns, und diese tollen Wunder empören uns."

Paris, am 6. des Mondes Chalval, 1719.

Hundertundachtunddreißigster Brief

Rica an Ibben in Smyrna

Die französischen Minister folgen und vertreiben einander wie die Jahreszeiten. Im Laufe von drei Jahren habe ich hier viermal einen Wechsel des Finanzsystems erlebt. In Persien und in der Türkei werden die Steuern jetzt noch in derselben Art erhoben, welche die Begründer dieser Monarchien eingeführt haben; hier dagegen verhält es sich ganz anders. Allerdings verwenden wir darauf nicht so viel Scharfsinn wie die Abendländer. Nach unsrer Meinung ist der Unterschied zwischen der Verwaltung der Einkünfte eines Fürsten und derer eines Privatmannes nicht größer, als zwischen dem Abzählen von hunderttausend und von hundert Tomans. Aber hier wird die Sache mit viel mehr Spitzfindigkeit und Geheimnisthuerei betrieben. Große Geister haben Tag und Nacht zu arbeiten; unaufhörlich und mit Schmerzen müssen sie neue Pläne gebären; sie müssen die Ratschläge einer Unzahl von Leuten anhören, die ungebeten für sie thätig sind; sie müssen zurückgezogen in der Verborgenheit eines Gemaches leben, das für die Großen unzugänglich und für die Kleinen geheiligt ist; immer muß ihr Kopf voll wichtiger Geheimnisse, voll wunderbarer Projekte und neuer Systeme stecken; und es ist ihr Los, tief in Nachdenken versunken nicht allein des Gebrauchs der Rede, sondern manchmal sogar der Höflichkeit beraubt zu sein.

Sobald der verstorbene König die Augen geschlossen hatte, gab man dem Gedanken Raum, eine neue Verwaltung einzurichten. Man fühlte, daß man sich in einer mißlichen Lage befand; doch wußte man nicht, wie man sie bessern sollte. Unter der unbeschränkten Macht der früheren Minister hatte man sich schlecht befunden; man wünschte dieselbe also zu teilen. Zu diesem Zwecke schuf man ein Ministerium von sechs oder sieben Kollegien; und vielleicht war es von allen dasjenige, welches Frankreich am verständigsten regierte. Aber es hatte nur kurze Dauer, und ebenso schnell entschwand auch wieder das Gute, was von ihm bewirkt worden war.

Als der vorige König starb, war Frankreich ein Körper, der unter tausend Krankheiten litt. N*** griff zum Amputiermesser, entfernte das wilde Fleisch und wandte einige örtliche Heilmittel an. Aber noch immer blieb ein innerer Schaden zu heilen. Ein Ausländer kam und unternahm diese Kur. Nachdem er dem Kranken die stärksten Medikamente eingegeben, meinte er, er habe seine Wohlbeleibtheit wiederhergestellt; aber alles, was er bewirkt hatte, war nur eine krankhafte Anschwellung.

Alle, die vor einem halben Jahre noch reich waren, befinden sich jetzt im Elend; die aber, welchen damals das tägliche Brot fehlte, haben Überfluß an allen Dingen. Niemals berührten sich diese beiden Extreme so nahe. Jener Ausländer hat den Staat umgekehrt, wie der Trödler einen alten Rock wendet; was oben war, hat er nach unten, was unten war, nach oben gedreht. Welches unerwartete Glück, sogar für diejenigen unglaublich, denen es zu Teil geworden! Gott selbst zieht die Menschen nicht schneller aus dem Nichts. Wieviele Kammerdiener werden heut von ihren vormaligen Kameraden und morgen vielleicht von ihren Herren bedient!

Höchst seltsame Zustände werden häufig durch alles dies ans Licht gebracht. Die Lakaien, welche unter der vorigen Regierung ihr Glück gemacht hatten, prahlen heut mit ihrem Herkommen. Sie behandeln diejenigen, welche soeben in einer gewissen Straße ihre Livrée abgelegt haben, mit eben solcher Verachtung, wie man sie ihnen vor einem halben Jahre bezeigt hat. Aus

Leibeskräften schreien sie: „Der Adel ist ruiniert! Was sind das für wüste Zustände im Staat! Welche Vermischung der Klassen! Man sieht nur noch Unbekannte ihr Glück machen!“ Aber ich gebe Dir die Versicherung, daß die Emporkömmlinge von heut ihre Nachfolger alles werden entgelten lassen. In dreißig Jahren werden diese großen Herren viel Aufsehen erregen.

Paris, am 1. des Mondes Zilkadeh, 1720.

Hundertundneununddreißigster Brief

Rica an denselben

Heut will ich Dir ein großes Beispiel ehelicher Zärtlichkeit mittheilen; die es gegeben hat, ist nicht nur eine Frau, sondern sogar eine Königin. Die Königin von Schweden wollte auf alle Fälle die Krone ihres Landes auf dem Haupte des Prinzen, ihres Gemahls, sehen, und um der Verwirklichung dieses Vorhabens alle Hindernisse aus dem Wege zu räumen, hat sie den Reichsständen eine Erklärung übersandt, durch welche sie im Falle seiner Wahl auf die Regierung verzichtet.

Vor etlichen sechzig Jahren entsagte eine andere Königin, namens Christine, dem Thron, um sich ganz der Philosophie zu widmen. Ich weiß nicht, welches von diesen beiden Beispielen größere Bewunderung verdient.

Obgleich ich es für recht halte, daß jeder den Posten behaupte, welchen die Natur ihm zugewiesen hat, und obgleich ich die Schwäche derer nicht zu loben vermag, welche, wenn sie sich ihrer Stellung nicht gewachsen fühlen, aus derselben gleichsam desertieren: ergreift mich doch die Seelengröße dieser beiden Fürstinnen, da der Geist der einen und das Herz der anderen ihrem Schicksal überlegen ist. Christine strebte nach Erkenntnis zu einer Zeit, als andere nur dem Genusse nachjagten; und ihre Nachfolgerin will nur genießen, um all ihr Glück in die Hände ihres erlauchten Gemahls zu legen.

Paris, am 27. des Mondes Maharram, 1720.

Hundertundvierzigster Brief

Rica an Usbek in ***

Soeben ist das Parlament von Paris nach der kleinen Stadt Pontoise verwiesen worden. Das Ministerium hat es durch eine Erklärung, die es entweder zu Protokoll nehmen oder anerkennen sollte, bei seiner Ehre angegriffen, und es hat dieselbe in einer Weise zu Protokoll genommen, durch welche das Ministerium entehrt wird.

Eine ähnliche Behandlung ist noch mehreren Parlamenten des Reiches angedroht worden.

Diese Körperschaften sind immer Zielscheiben des Hasses. Sie nahen sich den Königen nur, um ihnen bittere Wahrheiten zu sagen, und während eine Höflingsschar denselben unaufhörlich den Glauben beizubringen sucht, daß das Volk unter ihrer Regierung glücklich sei, strafen jene die Schmeichelei Lügen und bringen die ihnen anvertrauten Klagen und Thränen an die Stufen des Thrones.

Die Wahrheit, mein lieber Usbek, ist eine drückende Bürde, wenn man sie bis zu den Fürsten tragen muß. Diese sollten sich wohl denken können, daß diejenigen, welche solch eine Last auf sich nehmen, dazu gedrängt sind, und daß sie sich niemals zu Schritten entschließen würden, die für jeden, der sie thun muß, so traurig und kummervoll sind, wenn sie nicht dem Gebote ihrer Pflicht, ihrer Achtung und sogar ihrer Liebe gehorchten.

Paris, am 21. des ersten Mondes Gemmadi, 1720.

Hundertundeinundvierzigster Brief

Rica an denselben in ***

Gegen Ende der Woche werde ich zu Dir kommen. Wie angenehm werden mir die Tage in Deiner Gesellschaft verfließen!

Kürzlich wurde ich einer Hofdame vorgestellt, die den Wunsch geäußert hatte, meine fremdartige Erscheinung zu sehen. Ich fand sie schön und nicht nur der Blicke unsers Monarchen, sondern selbst eines Ehrenplatzes an der geweihten Stätte würdig, wo sein Herz Ruhe findet.

Sie bestürmte mich mit tausend Fragen über die Sitten der Perser und die Lebensweise der Perserinnen. Wie mir schien, war das Leben im Serail nicht nach ihrem Geschmack, und es mochte ihr eine widerliche Vorstellung sein, einen Mann unter zehn bis zwölf Weiber geteilt zu sehen. Nicht ohne Neid konnte sie das Glück des einen, und nicht ohne Mitleid die Lage der anderen betrachten. Da sie gern liest, besonders Dichter und Romane, so wünschte sie etwas von den unsrigen zu erfahren. Was ich ihr darüber mitteilte, verdoppelte ihre Neugier, und sie bat mich, ihr ein Stück aus einem der Bücher, die ich mitgebracht habe, zu übersetzen. Ich war gern dazu bereit und übersandte ihr nach einigen Tagen eine persische Erzählung Vielleicht wird es Dir Vergnügen machen, einen Blick in die Übertragung zu werfen.

Zur Zeit des Scheikh Ali-Khan lebte in Persien eine Frau namens Zuleima. Sie wußte den ganzen heiligen Koran auswendig; kein Derwisch verstand besser als sie die Überlieferungen Die muhamedanische Tradition ist in der Sunna enthalten, welche neben dem Koran die zweite Glaubensquelle der Moslemin bildet.der heiligen Propheten; kein Ausspruch der arabischen Schriftgelehrten war zu geheimnisvoll für sie, um nicht den tiefsten Sinn desselben zu erfassen; und bei allen diesen Kenntnissen besaß sie doch ein lebensfrohes Gemüt, so daß man kaum wußte, ob sie diejenigen, mit denen sie redete, nur unterhalten oder belehren wollte.

Als sie eines Tages mit ihren Gefährtinnen in einem Saale des Serails beisammen war, begehrte eine derselben ihre Ansicht über das künftige Leben zu vernehmen, und ob sie an jene alte Überlieferung unserer Religionskundigen glaube, daß das Paradies nur für die Männer bestimmt sei.

„So denkt man im Allgemeinen," gab sie zur Antwort; „denn was hätte man nicht gethan, um unser Geschlecht herabzusetzen? Über ganz Persien ist sogar eine Nation verbreitet, nämlich die jüdische, die auf Grund ihrer heiligen Bücher behauptet, daß wir keine Seele haben.

„Diese beleidigenden Anschauungen entspringen nur aus dem Hochmut der Männer, die ihre Überlegenheit selbst auf das künftige Leben übertragen wollen. Sie bedenken nicht, daß an dem großen Tage der Auferstehung alle Geschöpfe vor Gott wie das Nichts erscheinen und weiter keine Vorrechte besitzen werden, als die sie durch ihre Tugend verdient haben.

„Gott wird seinen Belohnungen keine Schranken sehen. Die Männer, welche ein gerechtes Leben geführt und die ihnen hier auf Erden über uns verliehene Macht nicht mißbraucht haben, werden in ein Paradies eingehen, das von himmlischen und entzückenden Schönheiten erfüllt ist, Schönheiten von solcher Herrlichkeit, daß ein Sterblicher, der sie gesehen hätte, sich vor ungeduldigem Verlangen nach ihnen augenblicklich den Tod geben würde. Ebenso aber sollen auch die tugendhaften Frauen an einen Ort der Wonne gelangen, wo ein Strom von wollüstigen Genüssen mit göttlichen Männern, die ihnen unterthan sind, sie berauschen wird. Jede von ihnen wird die ihrigen in einem eigenen Serail eingeschlossen halten, und Eunuchen, die noch treuer sind als die unsrigen, werden ihr zur Verfügung stehen, um dieselben zu bewachen.

„In einem arabischen Buche," fuhr sie fort, „habe ich von einem Manne, namens Ibrahim, gelesen, dessen Eifersucht unerträglich war. Er hatte zwölf äußerst schöne Frauen, die er mit großer Härte behandelte. Weder auf seine Verschnittenen, noch auf die Mauern seines Harems vertraute er zuletzt; fast immer hielt er die armen Weiber hinter Schloß und Riegel, in ihren Gemächern eingesperrt, ohne daß sie einander zu sehen oder zu sprechen vermochten, denn sogar auf eine unschuldige Freundschaft war er eifersüchtig. Alle seine Handlungen trugen den Stempel seiner natürlichen Brutalität; niemals kam ein sanftes Wort aus seinem Munde, und der allergeringste seiner Winke erschwerte noch das harte Los ihrer Sklaverei.

„Als er sie eines Tages alle in einem Saale seines Serails versammelt hatte, wagte es eine von ihnen, welche kühner war als ihre Genossinnen, ihn wegen seines bösen Charakters zu tadeln. „Wenn man so eifrig darauf bedacht ist, sich gefürchtet zu machen," sagte sie zu ihm, „so wird man sich immer noch eher verhaßt machen. Wir sind so unglücklich, daß wir nicht umhin können, nach einer Veränderung Verlangen zu tragen. Andere würden an meiner Stelle deinen Tod begehren; ich begehre nur meinen eigenen. Da ich nur so hoffen kann, von dir getrennt zu werden, wird mir auch dieses Mittel der Trennung süß sein." Anstatt ihn zu rühren, versetzte ihn diese Rede in wütenden Zorn; er zückte seinen Dolch und bohrte ihr denselben in die Brust. „Meine lieben Genossinnen," hauchte sie mit erlöschender Stimme, „wenn der Himmel sich meiner Tugend erbarmt, so sollt ihr gerächt werden." So sprechend, schied sie auf diesem unseligen Leben, um zu dem Ort der Wonne einzugehen, wo die Frauen, welche tugendhaft gelebt haben, eines Glückes genießen, das sich immer wieder erneuert.

„Das erste, was sie erblickte, war eine lachende Flur, deren frisches Grün durch den buntesten Farbenschmuck der Blumen belebt war. In unzähligen Windungen schlängelte sich durch dieselbe ein Bach, und sein Wasser war klarer als Krystall. Dann betrat sie ein reizendes Lustwäldchen, dessen Schweigen nur von dem süßen Gesang der Vögel unterbrochen wurde. Herrliche Gärten öffneten sich darauf vor ihren Blicken; die Natur hatte dieselben mit ihrer Einfachheit und mit ihrer ganzen Pracht geschmückt Endlich gelangte sie zu einem stolzen Palast, der für sie bereit stand: der war voll himmlischer Männer, deren Bestimmung es war, ihrem Genusse zu dienen.

„Zwei von diesen eilten sogleich herbei, um sie zu entkleiden; andere trugen sie in das Bad und benetzten ihre Glieder mit Essenzen von köstlichstem Wohlgeruch. Dann legte man ihr Gewänder an, die unendlich viel reicher waren als ihre eigenen, und führte sie in einen großen Saal, wo ein mit wohlriechendem Holze angezündetes Feuer brannte, und ein Tisch mit den ausgesuchtesten Leckerbissen besetzt war. Alles schien darauf angelegt, das Entzücken ihrer Sinne zu steigern. Von der einen Seite vernahm sie eine Musik, die um so göttlicher war, in je sanfterem Spiele ihre Töne dahinrauschten; auf der andren sah sie nur die Tänze jener göttlichen Männer, welche einzig darauf bedacht waren, ihr zu gefallen. Doch sollten alle diese Genüsse nur dazu dienen, sie unmerklich auf noch höhere vorzubereiten. Man führte sie in ihr Gemach, und nachdem man sie noch einmal entkleidet hatte, trug man sie in ein kostbares Bett, wo zwei Männer von entzückender Schönheit sie in ihre Arme schlossen. Da erst erreichte ihr Rausch seine höchste Steigerung, und ihr wollüstiger Genuß übertraf selbst ihr Verlangen. „Ich bin ganz außer mir," sagte sie zu ihnen. „Ich würde zu sterben glauben, wenn ich nicht wüßte, daß ich unsterblich bin. Es ist zu viel; schont mich; ich erliege unter dem Ungestüm des Genusses. Ja, nun beruhigt ihr meine Sinne ein wenig; ich beginne wieder aufzuatmen und zu mir selbst zu kommen. Aber warum hat man die Kerzen fortgetragen? Warum kann ich mich jetzt nicht an dem Anblick eurer göttlichen Schönheit weiden? Warum kann ich nicht sehen ... Doch warum sehen? Ihr versetzt mich wieder in die früheren Schauer meiner Wollust. O Götter, wie angenehm ist diese Dunkelheit! Wie? Ich werde unsterblich sein, unsterblich mit euch? Ich werde ... Nein, ich flehe euch um Gnade an; denn ich sehe wohl, daß ihr Leute seid, die niemals darum bitten werden."

„Nach mehrmals wiederholten Aufforderungen wurde ihr Folge geleistet, jedoch nicht eher, als bis es ihr ernstlicher Wille war. In süßer Abspannung ruhte sie aus, und in ihren Armen überwältigte sie der Schlaf. Aber zwei Augenblicke desselben genügten, um ihrer Ermattung ein Ende zu machen. Zwei Küsse setzten sie plötzlich wieder in Flammen, und sie öffnete die Augen. „Ich empfinde eine Beruhigung," sprach sie; „ich fürchte, ihr liebt mich nicht mehr." Von diesem Zweifel wollte sie nicht lange gequält werden; und es fehlte ihr auch nicht an jeglicher Aufklärung, die sie nur wünschen konnte. „Ich habe geirrt!" rief sie aus. „Verzeihung, Verzeihung! Ich zweifle nicht länger an euch. Ihr macht mir keine Beteuerungen; aber eure Beweise sind besser, als alles, was ihr mir sagen könntet. Ja, ja, ich gestehe es euch, niemals wurde ich so geliebt. Aber wie, ihr wetteifert beide um die Ehre, mich zu überzeugen? Ach, wenn ihr euch dieselbe streitig macht, wenn ihr noch den Ehrgeiz mit dem Vergnügen meiner Niederlage verbindet, so bin ich verloren. Beide werdet ihr als Sieger hervorgehen; nur ich werde besiegt sein. Aber ich werde euch den Sieg teuer verkaufen."

„Alles dies wurde erst durch den neuen Tag unterbrochen. Ihre treuen und liebenswürdigen Diener traten in ihr Zimmer und hießen die beiden jungen Männer aufstehen; zwei Greise führten dieselben an den Ort zurück, wo sie zu fernerem Liebesgenusse für sie bewacht wurden. Dann erhob sie sich und erschien vor ihrem sie vergötternden Hofe zuerst in der lieblichen Einfachheit eines Morgenkleides, und später mit dem kostbarsten Schmucke bedeckt. In dieser Nacht war sie noch schöner geworden; dieselbe hatte ihre Farben belebt und ihrer Anmut erhöhten Ausdruck verliehen. Während des ganzen Tages gab es nichts als Tänze, Konzerte, Festlichkeiten, Spiele und Spaziergänge; und man konnte bemerken, daß Anaïs sich von Zeit zu Zeit entfernte und zu ihren beiden jugendlichen Helden eilte. Nach einigen köstlichen Augenblicken des Wiedersehens kehrte sie dann zu der Gesellschaft, die sie verlassen hatte, zurück, und jedesmal verklärte noch höhere Freudigkeit ihre Züge. Gegen Abend endlich verschwand sie ganz; sie schloß sich in dem Serail ein, wo sie, wie sie sagte, mit jenen unsterblichen Gefangenen Bekanntschaft machen wollte, die auf ewig mit ihr leben sollten. Sie besuchte also die verschiedenen Gemächer dieses verborgensten und reizendsten Ortes und fand daselbst fünfzig Sklaven von märchenhafter Schönheit. Während der ganzen Nacht schweifte sie von Zimmer zu Zimmer, und überall wurden ihr andere, und doch immer die nämlichen Huldigungen dargebracht.

„So genoß die unsterbliche Anaïs ihres Lebens, bald in rauschenden Vergnügungen, bald in einsamen Freuden; bald von einer glänzenden Schar bewundert, bald von einem hingerissenen Anbeter geliebt. Oft verließ sie einen feenhaften Palast, um sich in eine ländliche Grotte zu begeben. Unter ihren Füßen schienen die Blumen zu erblühen, und wohin sie kam, war Lust und Spiel für sie bereit.

„Länger als acht Tage hatte sie schon an dieser seligen Stätte verweilt, ohne jemals zum Nachdenken zu gelangen, da sie immerfort außer sich vor Wonne war. Sie hatte ihr Glück genossen, ohne es zu kennen und ohne einen einzigen von jenen Augenblicken der Ruhe zu finden, wo die Seele, sozusagen, mit sich abrechnet und auf die innere Stimme lauscht, während die Leidenschaften schweigen.

„Die Freuden der Seligen sind so lebhaft, daß ihnen diese Freiheit des Geistes nur selten zu teil wird. Dies ist der Grund, daß sie, unwiderstehlich der Gegenwart hingegeben, die Erinnerung an das Vergangene völlig verlieren und nicht länger um die Dinge Sorge tragen, welche sie während ihres Erdenlebens gekannt oder geliebt haben.

„Anaïs indessen, deren Geist wahrhaft philosophisch war, hatte fast ihr ganzes Leben dem Nachdenken gewidmet. Ihre Gedanken hatten einen weit höheren Flug genommen, als man es von einer Frau erwarten sollte, die ganz sich selbst überlassen ist. Die strenge Zurückgezogenheit, zu der ihr Gatte sie gezwungen, hatte ihr nur diesen einzigen Vorteil gelassen. Diese Kraft ihres Geistes hatte sie befähigt, die Furcht zu überwinden, die ihre Gefährtinnen empfanden, und hatte sie den Tod verachten gelehrt, der das Ende ihrer Leiden und der Anfang ihrer Glückseligkeit sein sollte.

„So kam es, daß sie nach und nach den Rausch der Lust von sich abschüttelte und sich allein in einem Gemache ihres Palastes einschloß. Sie erging sich in wohlthuenden Vergleichungen zwischen ihrer früheren Lage und ihrem gegenwärtigen Glücke; auch konnte sie nicht umhin, des Unglücks ihrer Gefährtinnen voll tiefen Mitleids zu gedenken; denn für Kummer, an dem man selbst teilgenommen, wird man immer Mitgefühl bewahren. Aber auf ein unthätiges Mitleid beschränkte sich Anaïs nicht; ihre Liebe zu jenen Elenden war stärker, und sie fühlte sich getrieben, ihnen Hilfe zu senden.

„Sie befahl einem der Jünglinge, die bei ihr waren, die Gestalt ihres Gemahls anzunehmen, sich in sein Serail zu begeben, dasselbe in Besitz zu nehmen, ihn daraus zu vertreiben und statt seiner daselbst zu verweilen, bis sie ihn wieder abriefe.

„Augenblicklich wurde ihr gewillfahrt. Er schwebte durch die Lüfte hinab und kam an die Pforte des Serails, von welchem Ibrahim gerade abwesend war. Er klopft, und alles öffnet sich vor ihm; die Eunuchen fallen ihm zu Füßen, und er eilt zu den Gemächern, wo Ibrahims Frauen eingeschlossen sind. Auf seinem Wege hatte er aus der Tasche dieses Eifersüchtigen, dem er sich unsichtbar gemacht, die Schlüssel entwendet. Er trat zu ihnen ein und überraschte sie zuerst durch sein sanftes und gütiges Benehmen; und bald darauf überraschte er sie noch mehr durch seine Leidenschaft und durch das ungestüme Feuer seiner Umarmungen. Jede hatte besonderen Grund, zu staunen, und sie würden alles für einen Traum gehalten haben, wäre nicht die Wirklichkeit so zweifellos gewesen.

„Während diese ungewohnten Scenen sich im Serail abspielen, pocht Ibrahim an die Thür, nennt seinen Namen, stürmt und schreit. Mit großer Schwierigkeit erlangt er, daß man ihn einläßt, und versetzt die Eunuchen in die äußerste Bestürzung. Mit starken Schritten eilt er vorwärts; aber er prallt zurück und ist wie aus den Wolken gefallen, als er den falschen Ibrahim, sein vollkommenes Ebenbild, in allen Freiheiten eines Herrn erblickt. Er ruft nach Hilfe; er verlangt, daß die Verschnittenen ihm helfen sollen, den Betrüger totzuschlagen; aber er findet keinen Gehorsam. Nur eine schwache Hoffnung ist ihm noch gelassen: nämlich, das Urteil seiner Frauen anzurufen. Aber im Verlaufe einer Stunde hatte der falsche Ibrahim alle seine Richterinnen verführt. So wird denn der rechte zurückgewiesen und schimpflich aus dem Serail geworfen, und ein tausendfacher Tod würde ihn treffen, wenn sein Nebenbuhler nicht Befehl gegeben hätte, seines Lebens zu schonen. Der neue Ibrahim behauptete also das Feld, zeigte sich seiner Wahl immer würdiger und that sich durch wunderbare Leistungen hervor, wie man sie bis dahin nicht gekannt hatte. „Du gleichst dem alten Ibrahim nicht," sprachen seine Frauen zu ihm. – „Sagt vielmehr, daß jener Betrüger mir nicht gleicht," versetzte der triumphierende Ibrahim. „Was verlangt ihr von eurem Gemahl, wenn das, was ich thue, nicht genügend ist?"

„O, wir werden uns wohl hüten, daran zu zweifeln!" riefen die Weiber. „Bist du nicht Ibrahim, so wissen wir doch, daß du reichlich verdient hast, es zu sein. In einem einzigen Tage bist du mehr Ibrahim, als er es im Laufe von zehn Jahren gewesen ist." – „So versprecht ihr mir also," fragte er, „euch diesem Betrüger gegenüber zu meinen Gunsten zu erklären?" – „Zweifle nicht daran," antworteten sie wie aus einem Munde. „Wir schwören dir ewige Treue; nur zu lange wurden wir mißhandelt. Nicht unserer Tugend mißtraute der Elende; er mißtraute nur seiner eigenen Schwäche. Wir erkennen nun wohl, daß nicht alle Männer so wie er sind; ganz gewiß gleichen sie dir. O, wenn du wüßtest, wie verhaßt er uns durch dich geworden ist!" – „Ei nun, ich werde euch noch oft neuen Grund zum Hasse geben," erwiderte der falsche Ibrahim. „Noch vermögt ihr nicht zu ermessen, wieviel Unrecht er euch zugefügt hat." – „Die Größe deiner Rache dient uns zum Maßstabe seiner Missethaten," gaben sie ihm zur Antwort. – „Ja, ihr habt Recht," sagte der göttliche Mann, „ich will, daß die Sühne im Verhältnis zu seinem Verbrechen stehe. Ich bin erfreut, daß die Strafe, die ich gewählt habe, euren Beifall findet." – „Aber was sollen wir thun, wenn der Betrüger zurückkehrt?" warfen die Frauen ein. – „Ich glaube, es würde ihm schwer werden, euch zu täuschen," versetzte er. „An der Stelle, die ich bei euch einnehme, vermöchte man sich nicht leicht durch List zu behaupten; und übrigens werde ich ihn so weit von hier entfernen, daß ihr nicht mehr von ihm hören sollt. Hinfort liegt die Sorge für euer Glück mir allein ob. Ich werde nicht eifersüchtig sein; ich werde mich eurer zu versichern wissen, ohne eure Freiheit zu beschränken. Ich habe eine ziemlich gute Meinung von meinen Verdiensten; darum vertraue ich, daß ihr mir die Treue bewahren werdet. Mit wem verbunden würdet ihr tugendhaft bleiben, wenn ihr es nicht mit mir bliebet?" – Noch lange setzte er diese Unterhaltung mit den Weibern fort, welche mehr über die Verschiedenheit als über die Ähnlichkeit der beiden Ibrahims staunten und nicht einmal daran dachten, um Aufklärung über so viele Wunder zu bitten. Endlich kam der verzweifelte Gatte noch einmal wieder, um sie in Unruhe zu versetzen. Er fand, daß die Freude in sein Haus eingezogen war, und seine Frauen schenkten ihm noch weniger Glauben als zuvor. Hier war nicht der Ort für einen Eifersüchtigen; wutschnaubend stürmte er hinaus, und im nächsten Augenblicke folgte ihm der falsche Ibrahim, schwang sich mit ihm in die Lüfte und setzte ihn vierhundert Meilen von dort wieder auf die Erde.

„O ihr Götter! Wie trostlos waren die Frauen in der Abwesenheit ihres lieben Ibrahim. Schon waren ihre Verschnittenen zu ihrer alten Strenge zurückgekehrt; das ganze Haus zerfloß in Thränen; mitunter glaubten sie, alles, was ihnen begegnet, sei nur ein Traum gewesen; alle blickten sie einander an und erinnerten sich an die geringsten Umstände jener seltsamen Abenteuer. Doch endlich fand sich Ibrahim wieder ein, und seine Liebenswürdigkeit hatte noch zugenommen; sie schlossen daraus, daß die Beschwerden seiner Reise nicht groß gewesen seien. So verschieden von den Gewohnheiten des früheren Gatten war das Verfahren des neuen Herrn, daß es alle Nachbarn überraschte. Er entließ sämtliche Eunuchen und machte sein Haus für jedermann zugänglich; er wollte nicht einmal dulden, daß seine Frauen sich verschleierten. Es war ein eigentümlicher Anblick, wie sie bei den Festen mitten unter Männern saßen, ebenso frei wie diese. Ibrahim glaubte mit Recht, daß die Landessitten nicht für Bürger seiner Art gemeint seien. Indessen versagte er sich keinerlei Ausgaben; in maßloser Freigebigkeit verstreute er die Güter des Eifersüchtigen, der, als er nach drei Jahren aus dem fernen Lande, wohin er versetzt worden war, heimkehrte, nur noch seine Frauen und sechsunddreißig Kinder fand."

Paris, am 26. des ersten Mondes Gemmadi, 1720.

Hundertundzweiundvierzigster Brief

Rica an Usbek in ***

Beiliegender Brief ist mir gestern von einem Gelehrten zugegangen; ich übersende ihn Dir wegen seiner Merkwürdigkeit.

„Mein Herr,

„Vor einem halben Jahre habe ich die Erbschaft eines sehr reichen Onkels angetreten; er hat mir fünf- oder sechshunderttausend Livres und ein prächtig eingerichtetes Haus hinterlassen. Es ist eine Lust, Vermögen zu haben, wenn man es wohl zu gebrauchen weiß. Ehrgeiz besitze ich nicht, und Vergnügungen haben keinen Reiz für mich; fast immer halte ich mich abgeschlossen in meiner Studierstube, wo ich das Leben eines Gelehrten führe. Das ist die Stätte, wo man einen wißbegierigen Liebhaber des ehrwürdigen Altertums findet.

„Als mein Onkel die Augen geschlossen hatte, wäre es mein größter Wunsch gewesen, ihn mit allen Ceremonien, die von den alten Griechen und Römern beobachtet wurden, bestatten zu lassen; aber leider besaß ich damals weder Thränenkrüge, noch Urnen, noch antike Lampen.

„Aber seitdem habe ich mich mit solchen kostbaren Raritäten wohl versehen. Vor einigen Tagen machte ich mein silbernes Tafelgeschirr zu Gelde, um dafür eine irdene Lampe zu kaufen, deren sich vor Zeiten ein stoischer Philosoph bedient hat. Ich habe mich aller Spiegel entäußert, mit denen mein Onkel fast jede Wand in seiner Wohnung bedeckt hatte, um mir einen kleinen, ein wenig zersprungenen Handspiegel zu verschaffen, der einst das Eigentum Virgils gewesen ist; ich bin entzückt, jetzt meine eigenen Züge an der Stelle zu erblicken, wo sich das Antlitz des Schwans von Mantua gespiegelt hat. Und noch andre Kostbarkeiten habe ich erworben. Für hundert Louisd'or bin ich in den Besitz von fünf oder sechs Kupfermünzen gelangt, die vor zweitausend Jahren in Umlauf waren. Meines Wissens befindet sich jetzt kein einziges Stück Möbel in meinem Hause, das nicht aus der Zeit vor dem Sturze des römischen Reiches stammt. Ich besitze eine kleine Bibliothek sehr wertvoller und kostbarer Manuskripte, und obwohl ich mir die Augen verderbe, wenn ich sie lese, bediene ich mich ihrer doch viel lieber, als der gedruckten Ausgaben, die nicht so korrekt und in jedermanns Händen sind. Fast niemals gehe ich ins Freie; aber trotzdem habe ich eine maßlose Leidenschaft, alle alten Heerwege der Römerzeit zu kennen. Ein solcher, den ein Prokonsul von Gallien vor ungefähr zwölfhundert Jahren anlegen ließ, führt nicht weit von meinem Landhause vorüber, und so oft ich hinausfahre, ermangle ich niemals, denselben zu benutzen, wiewohl er sehr unbequem ist und mich zu einem Umweg von mehr als einer Meile nötigt. Aber ich bin empört, wenn ich längs desselben in regelmäßigen Zwischenräumen die hölzernen Wegweiser sehe, welche die Entfernung bis zu den nächsten Städten angeben; es setzt mich in Verzweiflung, diese jammervollen Pfähle zu erblicken, wo ehemals römische Meilensäulen standen; ganz gewiß werde ich diese durch meine Erben wiederherstellen lassen und sie in meinem Testament zu dieser Ausgabe verpflichten. Sollten Sie, mein Herr, über ein persisches Manuskript zu verfügen haben, so würden Sie mir viel Vergnügen bereiten, wenn Sie es mir überlassen wollten; ich werde Ihnen jeden Preis bezahlen, den Sie dafür verlangen mögen, und Sie sollen obendrein noch einige meiner Werke erhalten, die Ihnen beweisen werden, daß ich kein unnützes Mitglied der Gelehrtenrepublik bin. Unter andren wird Ihnen eine Abhandlung von Interesse sein, in welcher ich den Nachweis liefere, daß der Kranz, den man ehemals bei den Triumphzügen als Ehrenschmuck trug, aus Eichenlaub, nicht aus Lorbeer gewunden war. Einer andren werden Sie Ihre Bewunderung nicht versagen können, worin ich durch gelehrte Konjekturen aus den wichtigsten griechischen Schriftstellern demonstriere, daß Kambyses am linken, nicht am rechten Bein verwundet wurde. In einer dritten thue ich dar, daß bei den Römern eine niedrige Stirn als besondere Schönheit galt. Ferner werde ich Ihnen auch noch einen Quartband übersenden, der die Erläuterung eines Verses im sechsten Buche von Virgils Aeneide enthält. Alles dies werden Sie erst in einigen Tagen empfangen; für den Augenblick muß ich mich darauf beschränken, Ihnen das beiliegende Fragment eines alten griechischen Mythologen mitzuteilen, welches bisher noch nicht veröffentlicht ist; ich habe es im Staube einer Bibliothek entdeckt. Ich muß hier abbrechen, da ich eine wichtige Arbeit unternommen habe; es handelt sich darum, eine schöne Stelle in dem Naturforscher Plinius wiederherzustellen, welche die Abschreiber des fünften Jahrhunderts kläglich verunstaltet haben. Ich bin, u. s. w.

Fragment eines alten Mythologen.

„Auf einer Insel unweit der Orkaden kam ein Knabe zur Welt dessen Vater der Windgott Aeolus, dessen Mutter eine Nymphe Caledoniens war. Die Sage berichtet von ihm, daß er mit Hilfe seiner Finger ganz allein das Zählen erlernte; und als vierjähriges Kind soll er die Metalle schon so vollkommen unterschieden haben, daß er, als ihm seine Mutter einst statt eines goldenen Ringes einen solchen von Messing geben wollte, die Täuschung augenblicklich erkannte und denselben zu Boden warf.

Als er heranwuchs, lehrte ihn sein Vater das Geheimnis, die Winde in einen Schlauch einzuschließen; in solchen Schläuchen verkaufte er sie alsdann an alle Reisenden. Doch da diese Waare in seiner Heimat keine große Nachfrage fand, so ging er auf Reisen und durchschweifte mit dem blinden Gott des Zufalls die Welt.

„Unterwegs erfuhr er, daß in Bätica alles vom Glanz des Goldes voll sei, wodurch er bewogen wurde, dies Land schleunigst aufzusuchen. Er wurde von Saturn, welcher damals noch daselbst herrschte, sehr ungnädig aufgenommen; nachdem aber dieser Gott die Erde verlassen hatte, postierte er sich an allen Straßenecken, wo er unaufhörlich mit heiserer Stimme schrie: „Hört mich, ihr Leute von Bätica! Ihr haltet euch für reich, weil ihr Gold und Silber habt! Ich bedaure euren Wahn. Traut meinem Wort und verlaßt das Land der schnöden Metalle; folgt mir in das Reich der Phantasie, und ich verspreche euch Schätze, über die ihr selbst erstaunen sollt.“ Hierauf öffnete er eine große Anzahl der Schläuche, die er mitgebracht hatte und verteilte seine Waare an alle, die danach gelüstete.

„Tags darauf fand er sich wieder an derselben Straßenecke ein und rief: „Leute von Bätica, wollt ihr reich werden? So bildet euch einfach ein, daß ich sehr reich bin, und daß ihr es gleichfalls seid; stellt euch jeden Morgen vor, daß sich euer Vermögen über Nacht verdoppelt hat; steht alsdann auf, und wenn ihr Gläubiger habt, so bezahlt sie mit dem, was ihr euch eingebildet habt, und sagt ihnen, sie sollen sich dasselbe einbilden."

„Noch einigen Tagen erschien er wiederum und sprach folgendermaßen: „Leute von Bätica! Ich sehe wohl, daß eure Phantasie nicht mehr so lebhaft ist wie in den ersten Tagen; darum überlaßt euch meiner Führung. Jeden Morgen will ich einen Anschlagzettel vor euch aufhängen, der wird euch eine Quelle des Reichtums sein. Ihr werdet nur vier Wörter darauf lesen, aber vier höchst bedeutungsvolle; denn sie sollen die Mitgift eurer Weiber, den Pflichtteil eurer Kinder und die Anzahl eurer Bedienten bestimmen. Und was euch betrifft," wandte er sich zu dem Volkshaufen, der ihm am nächsten stand, „was euch betrifft, meine lieben Kinder (bei diesem Namen darf ich euch ja nennen; denn ihr verdankt mir eure Wiedergeburt), so soll mein Anschlagzettel auch über die Pracht eurer Fuhrwerk, über den Aufwand bei euren Festen wie über die Anzahl und die Einnahmen eurer Mätressen genaue Anordnungen enthalten."

„Etliche Tage später kam er ganz atemlos dahergelaufen, und außer sich vor Zorn schrie er von seiner gewohnten Ecke: „Ihr Leute von Bätica, hatte ich euch nicht den Rat erteilt, eure Phantasie anzustrengen? Warum thut ihr es nicht? Nun gut, jetzt befehle ich es euch." Damit ließ er sie stehen und ging davon. Aber er besann sich eines Besseren und kehrte wieder um. „Wie ich erfahre," sagte er, „sind einige unter euch schändlich genug, ihr Gold und Silber zu behalten. Mit dem Silber möchte es noch hingehen; aber Gold ... Gold! O, das versetzt mich in eine Entrüstung ...! Ich schwöre euch bei meinen heiligen Schläuchen, daß ich sie streng bestrafen werde, wenn sie es mir nicht bringen." Dann fügte er mit dem Ausdruck freundlichster Überredung hinzu: „Meint ihr, ich wolle diese elenden Metalle für mich behalten, wenn ich sie von euch verlange? Habe ich euch meine Ehrlichkeit nicht vor wenigen Tagen bewiesen, indem ich euch von denen, die ihr mir brachtet, augenblicklich die Hälfte zurückgab?"

„Am folgenden Tage konnte man ihn von weitem erblicken und vernahm, wie er sich mit sanfter, süßer Stimme einzuschmeicheln suchte. „Leute von Bätica," hörte man ihn sprechen, „es ist mir zu Ohren gekommen, daß ihr einen Teil eurer Schätze in fremden Ländern habt. Ich bitt' euch, laßt sie mir kommen! Es wird mir ein Vergnügen bereiten, und ich werde euch ewig dafür dankbar sein."

„Der Sohn des Aeolus hatte es mit Leuten zu thun, die nicht besonders zum Lachen aufgelegt waren; jetzt aber konnten sie ihr Gelächter nicht unterdrücken, und er kehrte in großer Verwirrung wieder um. Doch faßte er wieder Mut und wagte eine kleine Bitte. „Ich weiß, daß ihr kostbare Steine habt; im Namen Jupiters, entledigt euch derselben! Nichts ist mehr geeignet, euch an den Bettelstab zu bringen, als solche Dinge. Schafft sie ab, sage ich euch! Wenn ihr es nicht selbst vermögt, so werde ich euch vorzügliche Geschäftsleute zuweisen. Welche Menge von Reichtümern wird bei euch in Umlauf kommen, wenn ihr thut, was ich euch rate! Ja, ich verspreche euch, ihr sollt dafür den allerreinsten Wind aus meinen Schläuchen erhalten."

„Endlich stieg er auf ein Marktschreiergerüst und rief mit zuversichtlicherer Stimme: „Leute von Bätica! Ich habe euren jetzigen glücklichen Zustand mit demjenigen verglichen, in welchem ihr euch zur Zeit meiner Ankunft befandet, und ich sehe, daß ihr jetzt das reichste Volk der Erde seid. Aber um euer Glück voll zu machen, gestattet mir, daß ich euch die Hälfte eurer Habe wegnehme." Mit diesen Worten verschwand der Sohn des Aeolus auf leichten Flügeln und ließ seine Zuhörer in unaussprechlicher Bestürzung zurück. Dies veranlaßte ihn, am nächsten Tage wiederzukehren und sie folgendermaßen anzureden: „Ich habe gestern bemerkt, daß meine Worte euer höchstes Mißfallen erregten. Nun gut, nehmt an, ich hätte gar nicht gesprochen. Es bleibt nichts übrig, als zu andren Mitteln zu greifen, um das Ziel, das ich mir gesteckt habe, zu erreichen. Laßt uns alle unsre Reichtümer an dem nämlichen Orte zusammenbringen. Wir können es ja mit leichter Mühe; denn sie nehmen keinen großen Raum ein." ... Es geschah, und alsbald verschwanden drei Viertel davon."

Paris, am 9. des Mondes Chahban, 1720.

Hundertunddreiundvierzigster Brief

Rica an Nathaniel Levi, jüdischen Arzt in Livorno

Du wünschest von mir zu wissen, was ich über die Kraft der Amulette und über die Wirkung der Talismane denke. Warum richtest Du diese Frage an mich? Du bist ein Jude, und ich bin ein Muhamedaner, mit andren Worten, wir sind alle beide sehr leichtgläubig.

Ich führe jederzeit über zweitausend Sprüche aus dem heiligen Koran bei mir; um meinen Arm ist eine kleine Rolle gewunden, auf der die Namen von mehr als zweihundert Derwischen geschrieben stehen; und die Namen Alis, Fatimes und aller Reinen sind an mehr als zwanzig Stellen meiner Kleider verborgen.

Ich weiß indessen die Meinung derer zu würdigen, welche die Kraft leugnen, die man gewissen Worten zuschreibt. Es ist für uns weit schwieriger, ihre Einwürfe zu beantworten, als es für sie ist, unsere Erfahrung zu bestreiten.

Ich schleppe alle diese heiligen Lappen aus alter Gewohnheit mit mir herum, um von einer allgemeinen Sitte nicht abzuweichen. Steckt in ihnen nicht mehr Kraft als in den Ringen und anderen Zierraten, mit denen man sich schmückt, so denke ich doch, daß die ihrige wenigstens nicht geringer ist. Du hingegen setzest Dein ganzes Vertrauen in einige geheimnisvolle Buchstaben, und ohne ihren schützenden Einfluß würdest Du in beständiger Furcht sein.

Die Menschen sind gar übel daran! Unaufhörlich sind sie zwischen trügerischen Hoffnungen und lächerlichen Beängstigungen hin und her getrieben, und, anstatt sich auf die feste Grundlage der Vernunft zu stellen, schaffen sie sich Ungetüme, die sie in Schrecken versetzen, oder Wahngebilde, die sie verführen.

Welche Wirkung soll denn die Anordnung gewisser Schriftzeichen hervorbringen? Welche Wirkung könnte durch ihre veränderte Zusammenstellung gehindert werden? In welcher Beziehung stehen sie zu den Winden, daß sie die Stürme zu beschwichtigen vermögen? Oder zu dem Schußpulver, um dessen Gewalt zu überkommen? Oder endlich zu dem, was die Ärzte die materia peccans nennen, zu den Ursachen der Krankheiten, um dieselben zu heilen?

Das Seltsame bei der Sache ist, daß diejenigen, welche ihren Verstand anstrengen, um zwischen gewissen Ereignissen und gewissen verborgenen Kräften eine Beziehung aufzufinden, keiner geringeren Geistesanstrengung bedürfen, um sich die wirkliche Ursache davon zu verbergen.

Du wirst mir sagen, daß sich gewisse Zaubermittel in manchen Schlachten bewährt haben, indem durch ihre Hilfe der Sieg erfochten sei. Aber ich antworte Dir, daß Du Dich verblenden mußt, um in der Beschaffenheit des Terrains, in der Menge oder dem Mute der Soldaten, in der Erfahrung der Anführer keine hinreichenden Ursachen jener Wirkung zu erblicken, deren Ursache Du Dir verhehlst.

Ich will das Dasein von Zauberkräften einen Augenblick zugeben; räume Du mir dagegen einen Augenblick ein, daß es keine giebt; denn dieser Fall ist nicht unmöglich. Dein Zugeständnis verhindert nicht, daß zwei Heere sich eine Schlacht liefern können; meinst Du nun, daß unter diesen Umständen keins von beiden den Sieg davonzutragen vermöge?

Glaubst Du, daß ihr Los so lange unentschieden bleiben wird, bis irgend eine unsichtbare Macht den Ausschlag giebt? Sollen alle Streiche verloren, jede Kriegslist eitel, aller Mut nutzlos sein?

Soll nicht der Tod, dessen Bild sich in solchen Fällen in tausendfacher Gestalt erhebt, die Geister mit jener panischen Furcht erfüllen können, die Du Dir so schwer zu erklären weißt? Oder sollte es in einem Heere von hunderttausend Mann keinen einzigen Feigling geben können? Glaubst Du, daß die Mutlosigkeit dieses einen nicht auch einen anderen zu entmutigen vermag? Könnte nicht der Zweite, der einen Dritten fliehend verläßt, diesen veranlassen, auch von einem Vierten davonzulaufen? Und weiter bedarf es nichts, um zu bewirken, daß plötzlich eine ganze Armee am Siege verzweifle, ja um so eher daran verzweifle, je zahlreicher sie ist.

Jedermann weiß, und jedermann empfindet, daß die Menschen gleich allen Geschöpfen, die ihr Dasein zu erhalten suchen, von leidenschaftlicher Liebe zum Leben erfüllt sind. Aber wenn man weiß, daß dies ein allgemeines Gesetz ist, braucht man dann noch zu fragen, warum sie in bestimmten besonderen Fällen es zu verlieren fürchten?

Obwohl die heiligen Bücher aller Nationen voll von Beispielen solches panischen oder übernatürlichen Schreckens sind, kann ich mir so etwas Nichtiges nicht vorstellen; denn um gewiß zu sein, daß eine Wirkung, welche von hunderttausend natürlichen Ursachen hervorgerufen sein kann, übernatürlich sei, muß man zuvor untersucht haben, ob keine von jenen natürlichen Ursachen dabei wirksam gewesen ist. Aber dies läßt sich unmöglich ausführen.

Ich will Dich mit weiteren Einwendungen verschonen, Nathanael; dieser Gegenstand scheint mir keine so ernsthafte Betrachtung zu verdienen.

Paris, am 20. des Mondes Chahban, 1720.

N. S. Gerade als ich den Beschluß machte, hörte ich, wie auf der Straße der „Brief eines Arztes aus der Provinz an einen Arzt zu Paris“ feilgeboten wurde; denn hier werden alle Lappalien gedruckt, veröffentlicht und verkauft. Ich glaubte nicht übel zu thun, wenn ich ihn Dir beilegte, da er sich auf unseren streitigen Punkt bezieht. Er enthält manches, was mir unverständlich ist; Du aber, der Du selbst ein Arzt bist, wirst ja wohl die Sprache Deiner Kollegen verstehen.

Brief eines Arztes aus der Provinz an einen Arzt zu Paris.

„In unserer Stadt befand sich ein Kranken der seit fünfunddreißig Tagen keinen Schlaf gefunden hatte. Sein Arzt verordnete ihm Opium; aber er konnte sich kein Herz fassen, es einzunehmen, und so oft er die Schale zur Hand nahm, wurde es ihm noch mehr zuwider. Endlich sagte er zu seinem Arzte: „Mein Herr, ich bitte nur noch bis morgen um Aufschub. Mir ist ein Mann bekannt, der zwar die Heilkunst nicht ausübt, aber sich im Besitze einer Unzahl von Mitteln gegen die Schlaflosigkeit befindet. Gestatten Sie, daß ich ihn holen lasse; und wenn ich auch diese Nacht nicht schlafe, so verspreche ich Ihnen, mich wieder an Sie zu wenden.“ Nachdem der Arzt verabschiedet war, ließ der Kranke die Vorhänge zuziehen und sagte zu seinem kleinen Bedienten: „Du, lauf schnell zu Herrn Anis und sage ihm, daß er zu mir kommen möchte.“ Herr Anis stellt sich ein. „Mein lieber Herr Anis, ich sterbe, ich kann keinen Schlaf finden. Sollten Sie nicht in Ihrem Laden die C. du G. haben, oder vielleicht irgend ein Andachtsbuch von einem ehrwürdigen Jesuitenpater, das Sie nicht haben verkaufen können? Denn häufig sind die Arzeneien, die am längsten gestanden haben, die besten.“ – „Mein Herr,“ antwortete der Buchhändler, „ich habe noch den „Heiligen Hof“ von Pater Caussin zu Hause; es ist ein Werk in sechs Bänden und steht Ihnen zu Diensten. Ich werde Ihnen dasselbe schicken und wünsche, daß es eine gute Wirkung thun möge. Sollten Sie die Werke des ehrwürdigen Pater Rodriguez, des spanischen Jesuiten, vorziehen, so sagen Sie es nur ohne Umschweife. Aber wenn Sie meinem Rat folgen wollen, so bleiben wir bei Pater Caussin; ich hoffe, mit Gottes Hilfe, daß Ihnen ein einziger Satz des Pater Caussin ebenso viel nützen wird wie ein ganzes Blatt der O. du G.“ Hierauf entfernte sich Herr Anis und eilte heim, um die Arzenei in seinem Laden zu suchen. Der „Heilige Hof“ trifft ein; man wischt den Staub davon ab; der Sohn des Kranken, ein Schulknabe, beginnt ihn vorzulesen. Er ist der erste, welcher die Wirkung des Mittels verspürt; bei der zweiten Seite lallt er nur noch mit undeutlicher Stimme, und schon hat äußerste

Müdigkeit die ganze Gesellschaft überkommen. Einen Augenblick später schnarcht alles, mit Ausnahme des Kranken; aber auch dieser, der eine so lange Leidenszeit durchgemacht, schlummert endlich ein.

„Früh am nächsten Tage kommt der Arzt. „Nun, hat man mein Opium eingenommen?“ Niemand antwortet ihm. Die Frau, die Tochter, der Knabe, alle sind außer sich vor Freude und zeigen ihm den Pater Caussin. Er fragt, was sie damit sagen wollen, und sie erwidern ihm: „Pater Caussin lebe hoch! Wir müssen ihn einbinden lassen. Wer hätte das geglaubt? Es ist ein Wunder! Kommen Sie doch her, mein Herr, sehen Sie sich den Pater Caussin an! Dieser Band hat unsrem Vater den Schlaf wiedergegeben.“ Und dann erklärte man ihm, wie sich alles zugetragen hatte.

„Der Arzt war ein feiner Kopf, wohlbewandert in den Geheimnissen der Kabbala, und tief überzeugt von der Kraft der Worte und der Geister. Das Erlebte machte großen Eindruck auf ihn, und nach längerem Nachdenken entschloß er sich, seine Kurmethode völlig zu ändern. „Hier liegt eine höchst merkwürdige Thatsache vor,“ sagte er. „Ich habe eine Erfahrung gemacht, die verdient, daß man sie weiter ausbilde. Ei, warum sollte denn der Geist nicht imstande sein, seine persönlichen Eigenschaften auf seine Werke zu übertragen? Geschieht es nicht alle Tage? Zum Mindesten ist es der Mühe wert, einen Versuch zu machen. Ich bin der Apotheker überdrüssig; ihre Säfte, ihre Kühltränke und alle die galenischen Arzeneimittel richten die Kranken und ihre Gesundheit zu Grunde. Ändern wir also unser Verfahren; erproben wir die Kraft der Geister!“ Von diesem Grundgedanken ausgehend, wurde er der Erfinder einer neuen Heilkunde, wie Sie aus den folgenden Rezepten der hauptsächlichsten Arzeneien, die er anwandte, ersehen werden.

Abführungs-Trank.

Man nehme drei Blätter der Logik des Aristoteles in griechischer Sprache; zwei Blätter eines der scharfsinnigsten Traktate aus der scholastischen Theologie, wie zum Beispiel von dem spitzfindigen Scotus; vier Blätter von Paracelsus; eins von Avicenna; sechs von Averrhoes; drei von Porphyrius; ebenso viele von Plotinus; ebenso viele von Jamblichus. Man mische das Ganze, lasse es vierundzwanzig Stunden stehen und nehme davon viermal täglich einen Eßlöffel.

Stärkeres Abführmittel.

Man nehme zehn B*** des C*** in betreff der B*** und der C*** der I***, destilliere sie in Marienbad, verdünne einen Tropfen des ätzenden, scharfen Saftes, der daraus entstehen wird, in einem Glase gewöhnlichen Wassers und schlucke das Ganze herzhaft hinunter.

Brechmittel.

Man nehme sechs Standreden; ein Dutzend beliebiger Leichenpredigten, wobei man jedoch diejenigen des Herrn von N. vorsichtig aussondern muß; eine Sammlung von neuen Opern; fünfzig Romane; dreißig Bände von Memoiren aus jüngster Zeit. Man schütte das Ganze in eine Retorte, lasse es zwei Tage langsam kochen und destilliere es in heißem Sande. Und wenn dies alles keine Wirkung thut, so versuche man

Ein anderes, noch stärkeres Brechmittel.

Man nehme ein Blatt marmoriertes Papier, welches als Umschlag einer Sammlung von Schriften der F. J. gedient hat; mache einen Aufguß daraus; lasse denselben drei Minuten stehen; wärme einen Löffel von dieser Brühe und verschlucke ihn.

Sehr einfaches Mittel gegen das Asthma.

Man lese sämtliche Werke des ehrwürdigen Pater Maimbourg, ehemaligen Jesuiten, halte aber nur am Ende einer jeden Periode inne; so wird man nach und nach wieder zu Atem kommen, ohne daß es nötig wäre, die Kur zu wiederholen.

Zur Sicherung gegen Grind, Krätze, Schorf und Wurmbeschwerden.

Man nehme drei Aristotelische Kategorien, zwei metaphysische Grade, eine Distinction, sechs Verse von Chapelain, eine Phrase aus den Briefen des Herrn Abtes von Saint-Cyran; das Ganze schreibe man auf ein Stück Papier, falte dasselbe zusammen und trage es, an seinem Bande befestigt, um den Hals.

Miraculum chymicum, de violenta fermentatione cum fumo, igne et flamma.

Lenitivum.

Recipe Molinae

Fiat clyster.

In chlorosim, quam vulgus pallidos-colores, aut febrim-amatoriam, appellat.

Recipo Aretini

Fiat ptisana aperiens.

„Dies sind die Arzeneimittel, welche unser Arzt zur Anwendung brachte, und man kann sich von dem Erfolg seiner Kuren eine Vorstellung machen. Um seine Kranken nicht zu Grunde zu richten, sagte er, er wolle keine seltenen und gar nicht aufzutreibenden Mittel verordnen, wie z. B. ein Zueignungskapitel, das niemanden zum Gähnen veranlaßt hat, oder eine zu kurze Vorrede, oder einen Hirtenbrief, den ein Bischof selbst aufgesetzt hat, oder das Werk eines Jansenisten, welches von einem andren Jansenisten verachtet, oder gar von einem Jesuiten bewundert wird. Von Heilmitteln dieser Klasse hegte er die Ansicht, sie seien nur geeignet, die Charlatanerie zu befördern, gegen die er einen unüberwindlichen Widerwillen empfände."

Hundertundvierundvierzigster Brief

Rica an Usbek

Vor einigen Tagen war ich in einem Landhause zum Besuch und kam daselbst mit zwei Gelehrten zusammen, die hier eines großen Rufes genießen. Ihr Charakter erschien mir bewundernswert. Die Unterhaltung des ersten, welche vielen Beifall fand, beschränkte sich auf die Worte: „Was ich gesagt habe, ist wahr, weil ich es gesagt habe." Auf etwas ganz verschiedenes liefen alle Bemerkungen des zweiten hinaus, nämlich: „Was ich nicht gesagt habe, ist nicht wahr, weil ich es nicht gesagt habe."

Der erste machte mir einen ziemlich guten Eindruck; denn ich nehme gar keinen Anstoß daran, ob jemand starrsinnig sei; ist er aber unverschämt, so erregt er meinen Widerwillen. Der erstere verteidigt seine Meinungen, das heißt, seine eigene Habe; der andere hingegen bestreitet die Meinungen aller Übrigen, das heißt das Gemeingut aller Welt.

O, mein lieber Usbek, welchen Schaden thut die Eitelkeit ihren Besitzern, wenn sie eine stärkere Dosis davon haben, als zur Selbsterhaltung nötig ist! Solche Leute wollen unsere Bewunderung erzwingen, selbst wenn sie dadurch unser Mißfallen erregen. Sie streben nach Überlegenheit über Leute, denen sie nicht einmal gewachsen sind.

O ihr Bescheidenen, laßt euch umarmen. Ihr versüßt und schmückt das Leben. Ihr glaubt, nichts zu besitzen; aber ich sage euch, daß euch alles gehört. Ihr wollt niemand demütigen, und ihr demütigt alle Welt. Und wenn ich euch im Geiste mit jenen Unfehlbaren vergleiche, so stürze ich sie von ihrem Richterstuhle und weise ihnen einen Platz zu euren Füßen.

Paris, am 22. des Mondes Chahban, 1720.

Hundertundfünfundvierzigster Brief

Usbek an ***

Ein geistreicher Mann ist in Gesellschaften im allgemeinen schwer zu befriedigen. Er läßt sich nur mit wenigen ein; die ganze große Zahl der Leute, die er schlechte Gesellschaft zu nennen beliebt, langweilt ihn; es ist ihm unmöglich, seinen Widerwillen völlig zu verbergen: und so macht er sich viele Feinde.

In dem Bewußtsein, daß er gefallen kann, wenn er will, vernachlässigt er es gar häufig.

Er muß kritisieren, weil er mehr sieht, als andere Leute, und es tiefer empfindet.

In den meisten Fällen ruiniert er sein Vermögen, weil ihn seine Vielseitigkeit auf mannigfaltigere Weise in Versuchung führt.

Er scheitert in seinen Unternehmungen, weil er viel wagt. Sein Blick, der stets auf ferne Ziele gerichtet ist, zeigt ihm, was zu weit entlegen ist. Dazu kommt noch, daß ihm bei einem neuen Plane die in der Sache liegenden Schwierigkeiten weniger gegenwärtig sind, als das Vertrauen auf seine eigene Kraft und die Mittel, die ihm persönlich zu Gebote stehen.

Er vernachlässigt die Kleinigkeiten, obwohl von diesen der Erfolg fast jedes großen Unternehmens abhängt.

Andrerseits sucht der Durchschnittsmensch aus allem Vorteil zu ziehen; denn er fühlt recht gut, daß er von seinem Wenigen nichts leichtsinnig aufs Spiel setzen darf.

Der Mittelmäßige findet gewöhnlich größeren Beifall in der Welt. Man zollt ihm gern, was man jenem mit wahrer Befriedigung versagt. Während der Neid den einen verfolgt, und ihm nichts verziehen wird, bemäntelt man alle Schwächen des anderen; denn es ist die Eitelkeit, die für ihn Partei ergreift.

Wenn aber ein geistreicher Mann gegen so viele Schwierigkeiten zu kämpfen hat, wie sollen wir dann das harte Los der Gelehrten beurteilen?

Niemals kommt mir dieser Gedanke, ohne daß ich mich des Briefes erinnere, den ein Freund von mir von einem Gelehrten empfing. Derselbe hatte folgenden Inhalt:

„Mein Herr,

Ich beschäftige mich damit, allnächtlich durch ein dreißig Fuß langes Fernrohr die großen Weltkörper zu beobachten, die über unsren Häuptern dahin rollen; und wenn ich mich erholen will, so beschaue ich durch meine kleinen Mikroskope eine Milbe oder eine Miete.

„Ich bin nicht reich und habe nur eine einzige Stube. Diese wage ich nicht einmal zu heizen, weil sich mein Thermometer darin befindet, das die ungewohnte Wärme zum Steigen bringen würde. Vergangenen Winter meinte ich, die Kälte müsse mich umbringen; und obwohl mein Thermometer auf den niedrigsten Grad gesunken war und mir ankündigte, daß meine Hände erfrieren würden, habe ich mich dadurch nicht stören lassen. Dafür kann ich mich nun damit trösten, von den unmerklichsten Temperaturveränderungen des ganzen verflossenen Jahres genaue Kenntnis zu besitzen.

„Ich komme wenig unter die Leute und kenne niemand von allen, die ich sehe. Aber mit einem Mann in Stockholm, mit einem andren in Leipzig und mit einem dritten in London, die ich alle niemals persönlich gesehen habe und voraussichtlich niemals sehen werde, unterhalte ich einen so regelmäßigen Briefwechsel, daß ich keinen Kourier abgehen lasse, ohne ihnen zu schreiben.

„Aber obgleich ich in meinem Stadtviertel keinen einzigen Bekannten habe, stehe ich doch daselbst in so schlechtem Rufe, daß ich endlich genöthigt sein werde, es zu verlassen. Vor fünf Jahren wurde ich von einer Nachbarin gröblich beleidigt, weil ich einen Hund seciert hatte, von dem sie behauptete, er sei ihr

Eigentum gewesen. Die Frau eines Schlächters stand dabei und mischte sich ein; und während jene mich mit Schimpfwörtern überhäufte, schleuderte diese einen Hagel von Steinen nach mir und nach dem Doktor ***, der sich in meiner Gesellschaft befand und von einem furchtbaren Wurfe auf den Stirn- und Hinterhauptknochen so schwer getroffen wurde, daß der Sitz der Vernunft dabei eine starke Erschütterung erlitt.

„So oft seit jener Zeit am Ende der Straße ein Hund abhanden kommt, ist es alsbald ausgemacht, daß ich ihn abgefangen habe. Ein braves Bürgerweib, die ihr Hündchen verloren hatte, das sie mehr zu lieben behauptete als ihre Kinder, wollte neulich in meiner Stube in Ohnmacht fallen; und da sie das Tier nicht bei mir fand, citierte sie mich auf die Polizei. Ich glaube, ich werde niemals von der überlästigen Bosheit dieser Frauenzimmer erlöst werden, deren kreischende Stimmen mich unaufhörlich mit der Leichenrede aller seit zehn Jahren gestorbenen Automaten betäuben.

„Ich verbleibe, u. s. w.“

Alle Gelehrten standen ehemals im Verdacht der Zauberei, und ich finde das gar nicht überraschend; denn jeder sagte zu sich selbst: „Ich habe meine natürlichen Gaben bis zu ihrer äußersten Grenze entwickelt; aber jener Gelehrte dort hat noch etwas vor mir voraus: dahinter muß irgend eine Teufelskunst stecken.“ Heutzutage, wo solcherlei Beschuldigungen in Verruf, gekommen sind, hat man einen andern Ausweg gefunden, und ein Gelehrter vermag kaum dem Vorwurf des Unglaubens oder der Ketzerei zu entgehen. Es ist ganz umsonst, ob die Stimme des Volkes ihn rechtfertigt; ist die Wunde einmal geschlagen, so wird sie niemals völlig wieder heilen. Er wird immer einen wunden Fleck behalten. Noch nach dreißig Jahren kommt vielleicht ein Gegner und sagt mit bescheidener Miene: „Gott verhüte, daß ich behaupte, es sei etwas Wahres an jener alten Beschuldigung! Aber Sie sind doch gezwungen gewesen, sich zu verteidigen.“ Auf diese Weise macht man selbst aus seiner Rechtfertigung eine Anklage.

Wenn er ein Geschichtswerk schreibt, in welchem edle Gesinnung und Wahrheitsliebe zum Ausdruck kommen, so erregt man gegen ihn tausend Verfolgungen. Wegen eines Ereignisses, das sich vor tausend Jahren zugetragen hat, schickt man ihm die Behörden auf den Hals. Und man möchte seine Feder in Fesseln legen, wenn sie nicht käuflich ist.

Trotz alledem ist er glücklicher als jene Niederträchtigen, die für eine mäßige Pension ihren Glauben verraten; denen ihre Betrügereien, wenn man sie alle einzeln betrachtet, Stück für Stück nicht einen Pfennig einbringen; welche die Verfassung des Reiches umstoßen, die Rechte der einen Macht verkürzen, die einer anderen vermehren, den Fürsten geben, was sie dem Volke nehmen, überlebte Vorrechte wieder auffrischen, den Leidenschaften, die gerade in Gunst stehen, und den Lastern, die den Thron behaupten, schmeicheln und das Urteil der Nachwelt um so unverantwortlicher trüben, je weniger diese imstande ist, ihr Zeugnis zu entkräften.

Aber bei all jenen Beschimpfungen, die ein Schriftsteller erfährt, hat es noch nicht sein Bewenden; und es genügt noch nicht, daß er wegen des Erfolges seines Werkes in beständiger Unruhe geschwebt hat. Endlich erscheint es, dies Werk, das ihm so viel gekostet hat: und es erweckt ihm Feinde auf allen Seiten. Aber wie konnte er dem entgehen? Er hatte eine Ansicht, und er brachte sie in seinen Schriften zum Ausdruck; er ahnte nicht, daß zweihundert Meilen von ihm jemand gerade das Gegenteil behauptet hatte; indessen, ehe er sichs versieht, kommt es zum Kriege.

Wenn er wenigstens noch auf einige Anerkennung hoffen könnte! Aber keineswegs! Höchstens wird er von denjenigen geschätzt, welche sich demselben Gebiet der Wissenschaft wie er selbst gewidmet haben. Ein Philosoph blickt auf denjenigen mit souveräner Verachtung, dessen Kopf voll Thatsachen steckt; und seinerseits wird er wieder von dem, der sich eines guten Gedächtnisses erfreut, als ein Träumer angesehen.

Was dagegen jene betrifft, die in aufgeblasener Unwissenheit einhergehen, so wäre es ihnen am liebsten, wenn das ganze menschliche Geschlecht in derselben Vergessenheit begraben würde, die ihnen selbst bevorsteht.

Es giebt Menschen, die sich für den Mangel eines Talents dadurch entschädigen, daß sie es verachten. Sie reißen diese Scheidewand nieder, welche sie von dem Verdienste trennt, und auf solche Art finden sie sich denen gleichgestellt, deren Anstrengungen sie fürchten.

Mit einem Worte, man erkauft einen zweifelhaften Ruhm um den Preis des Lebensgenusses und einer ruinierten Gesundheit.

Paris, am 20. des Mondes Chahban, 1720.

Hundertundsechsundvierzigster Brief

Usbek an Rhedi in Venedig

Es ist schon lange her, seit man Redlichkeit die Seele eines großen Ministers genannt hat.

Ein Privatmann hat den Vorteil seiner Verborgenheit; er verliert seine Ehre nur in den Augen weniger Leute; die andern wissen nichts davon. Aber die ehrlosen Handlungen eines Ministers haben ebenso viele Zeugen, ebenso viele Richter, als der Staat Einwohner hat, die unter seiner Regierung leben.

Offen gestanden, den Schaden, den ein unredlicher Minister seinem Fürsten zufügt, den Ruin, den er über sein Volk bringt, halte ich nicht für das größte Unheil, welches er anrichtet; tausendmal gefährlicher ist nach meiner Ansicht das schlechte Beispiel, welches er giebt.

Wie Du weißt, habe ich mich auf einer Reise lange in Indien aufgehalten. Ich habe dort ein Beispiel gehabt, wie eine ursprünglich edel angelegte Nation in kürzester Frist vom niedrigsten bis zum höchststehenden der Unterthanen durch das böse Vorbild eines Ministers angesteckt wurde; ich habe dort ein ganzes Volk, bei dem großmütiger Sinn, Rechtschaffenheit, Wahrheitsliebe und Redlichkeit zu allen Zeiten als angeborene Charakterzüge galten, plötzlich zum letzten unter den Völkern hinabsinken sehen; ich habe beobachtet, wie die Krankheit um sich fraß und nicht einmal die gesündesten Glieder verschonte; wie die Tugendhaftesten unwürdige Thaten begingen und in allen Lebenslagen die obersten Grundsätze des Rechts verletzten, unter dem eitlen Vorwande, daß man auch ihr eigenes Recht verletzt habe.

Zur Rechtfertigung der größten Ruchlosigkeiten beriefen sie sich auf abscheuliche Gesetze, und die Ungerechtigkeit und Treulosigkeit erklärten sie für notwendig.

Ich sah die bindende Kraft der Verträge gebrochen, die heiligsten Übereinkünfte für nichts geachtet, alle Bande der Familien in den Staub gezogen. Ich sah, wie habsüchtige Schuldner, prahlend mit einer frechen Armut, unwürdige Werkzeuge der grausamen Gesetze und der schweren Zeit, Zahlung nur heuchelten, anstatt ihre Schuld wirklich einzulösen, und ihren Wohlthätern das Messer in die Brust stießen.

Andere, noch größere Schurken sah ich dürre Blätter fast um nichts einkaufen oder vielmehr sie von der Erde auflesen, um sie den Witwen und Waisen im Tausch gegen ihre Habe zu geben.

Ich sah, wie plötzlich aller Herzen von unersättlichem Verlangen nach Reichtümern ergriffen wurden. Meine Augen waren Zeugen, wie im Augenblicke eine verabscheuungswürdige Verschwörung entstand, sich zu bereichern, nicht durch ehrliche Arbeit und edlen Gewerbfleiß, sondern durch den Ruin des Fürsten, des Staates und der Mitbürger.

In jener Unglückszeit kannte ich einen ehrlichen Bürger, der Abends nie zur Ruhe ging, ohne zu sich zu sprechen: „Heute habe ich eine Familie zu Grunde gerichtet; morgen richte ich eine andere zu Grunde."

„Ich werde," sagte ein anderer, „unter Beihilfe eines schwarzen Mannes, der ein Schreibzeug in der Hand und ein spitzes Eisen hinter dem Ohre trägt, alle diejenigen umbringen, denen ich etwas schuldig bin."

Noch ein andrer rieb sich vergnügt die Hände. „Ich sehe, daß ich mein Schäfchen nach und nach ins Trockne bringe," sagte er. „Freilich habe ich, als ich vor drei Tagen eine gewisse Zahlung leistete, eine ganze Familie in Thränen zurückgelassen, habe die Mitgift zweier ehrbaren Mädchen verschwendet, habe einem Knaben die Mittel der Erziehung geraubt, und der Schmerz darüber wird seinen Vater töten, wie die Mutter ihrer Betrübnis schon erlegen ist. Aber ich habe nichts gethan, als wozu ich gesetzlich berechtigt bin."

Kann es ein größeres Verbrechen geben, als das, welches ein Minister begeht, indem er die Sitten einer ganzen Nation verdirbt, die hochsinnigsten Geister erniedrigt, den reinen Glanz der Würden trübt, selbst die Tugend verdunkelt und den Höchstgeborenen in die allgemeine Verachtung hinabzieht?

Was soll die Nachwelt sagen, wenn sie über die Schmach ihrer Vorfahren wird erröten müssen? Wie wird das heranwachsende Geschlecht urteilen, wenn es das Eisen seiner Ahnen mit dem Golde derer vergleicht, welche die unmittelbaren Urheber seines Daseins sind? Ich hege keinen Zweifel daran, daß der Adel ein unwürdiges Zwischenglied, das seine edlen Häuser entehrt, aus seinen Stammbäumen streichen und die gegenwärtige Generation dem furchtbaren Nichts, in das sie sich gestürzt hat, überlassen, wird.

Paris, am 11. des Mondes Rhamazan, 1720.

Hundertundsiebenundvierzigster Brief

Der Ober-Eunuch an Usbek in Paris

Wie jetzt die Dinge hier liegen, kann es nicht länger fortgehen. Deine Frauen leben seit Deiner Abreise in dem Glauben, daß sie völlig ungestraft alles thun dürfen, was ihnen beliebt. Schauderhafte Dinge gehen hier vor; ich selbst kann mich nur mit Zittern zu meinem grausamen Berichte entschließen.

Zelis ließ vor einigen Tagen auf dem Wege zur Moschee ihren Schleier fallen und zeigte sich mit fast unverhülltem Gesicht vor allem Volke.

Zachi überraschte ich, wie sie mit einer ihrer Sklavinnen zusammen schlief; was die Gesetze des Serails so streng verbieten.

Durch den unerwartetsten Zufall von der Welt ist es mir gelungen, einen Brief aufzufangen, welchen ich Dir beilege; es war mir unmöglich, herauszufinden, für wen er bestimmt war.

Gestern Abend wurde ein Knabe im Serailgarten entdeckt; aber er ergriff die Flucht und entkam über die Mauern.

Deine Einbildungskraft wird hinzufügen können, worüber ich in Unkenntnis geblieben bin; denn zweifellos begeht man Verrat an Dir. Ich erwarte Deine Befehle, und bis zu dem glücklichen Augenblick, wo sie mich erreichen, werde ich in Todesängsten schweben. Aber wenn Du mir die Behandlung aller dieser Weiber nicht bedingungslos überlässest, so sage ich für keine einzige von ihnen gut, und täglich werde ich Dir so traurige Nachrichten senden müssen wie heut.

In Deinem Serail zu Ispahan, am 1. des Mondes Rhegeb, 1717.

Hundertundachtundvierzigster Brief

Usbek an den Ober-Eunuchen im Serail zu Ispahan

Empfange durch diesen Brief schrankenlose Gewalt über das ganze Serail. Gebiete mit gleicher Macht wie ich selbst, und möge, wohin Du gehst, Furcht und Schrecken Dich begleiten. Eile von Gemach zu Gemach, um zu strafen und zu züchtigen. Möge beständiges Entsetzen alles erfüllen; möge alles vor Dir in Thränen zerfließen. Stelle ein Verhör an mit dem ganzen Serail; mache mit den Sklavinnen den Anfang und vergiß schonungslos meiner Liebe. Alles soll vor Deinem furchtbaren Richterstuhl erscheinen; bringe die verborgensten Geheimnisse an den Tag; reinige diese verruchte Stätte, auf daß die verbannte Tugend wieder dahin zurückkehren könne. Denn von diesem Augenblick komme der geringste Fehltritt, den sie noch begehen mögen, über Dein eigenes Haupt. Ich argwöhne, daß der Brief, welchen Du aufgefangen hast, für Zelis bestimmt war; suche mit Luchsaugen in dies Geheimnis Einblick zu gewinnen.

****, am 11. des Mondes Zilhageh, 1718.*

Hundertundneunundvierzigster Brief

Narsit an Usbek in Paris

Der Ober-Eunuch ist gestorben, erlauchter Herr. Da ich der älteste Deiner Sklaven bin, habe ich sein Amt übernommen, bis Du uns zu wissen thust, wen Du zu seinem Nachfolger ersehen hast.

Zwei Tage nach seinem Tode überbrachte man mir einen für ihn bestimmten Brief von Deiner Hand. Ich habe mir nicht herausgenommen, ihn zu erbrechen, sondern ihn voll Ehrerbietung eingewickelt und verschlossen, bis Du verfügst, was mit Bezug darauf Dein heiliger Wille ist.

Gestern wurde ich mitten in der Nacht von einem Sklaven geweckt, der mir meldete, er habe einen jungen Mann im Serail entdeckt. Ich erhob mich, stellte eine Untersuchung an und kam zu dem Schlusse, daß es eine Ausgeburt seiner Phantasie gewesen.

Ich küsse Dir die Füße, erhabener Gebieter, und bitte Dich, meinem Eifer, meiner Erfahrung und meinen Jahren zu vertrauen.

Im Serail zu Ispahan, am 5. des ersten Mondes Gemmadi, 1718.

Hundertundfünfzigster Brief

Usbek an Narsit im Serail zu Ispahan

Unglücksmensch, der Du bist, in Deinen Händen befindet sich ein Schreiben voll dringender und strenger Befehle! Die geringste Verzögerung kann mich zur Verzweiflung treiben, und indessen bleibst Du unter einem eitlen Vorwand ruhig und gelassen! Es geschehen gräuliche Dinge; vielleicht verdient die Hälfte meiner Sklaven den Tod. Ich sende Dir hiermit den Brief, wodurch mich der Oberste der Verschnittenen, ehe er starb, über alles dies in Kenntnis gesetzt hat. Hättest Du das an ihn gerichtete Packet geöffnet, so würdest Du blutige Befehle darin gefunden haben. Lies also nun diese Befehle; und Dein Leben ist verwirkt, wenn Du sie nicht vollstreckst.

****, am 25. des Mondes Chalval. 1718.*

Hundertundeinundfünfzigster Brief

Solim an Usbek in Paris

Wenn ich noch länger stillschwiege, so würde ich ebenso schuldig sein wie die ganze Verbrecherschar, die in Deinem Serail ihr Wesen treibt.

Ich besaß das Vertrauen des Ober-Eunuchen, des treuesten unter Deinen Sklaven. Als er sich seinem Ende nahe fühlte, ließ er mich rufen und richtete an mich die folgenden Worte: „Ich sterbe; aber da ich aus dem Leben scheide, ist es mein einziger Kummer, daß meine letzten Blicke die Frauen meines Gebieters auf der Bahn des Verbrechens gesehen haben. Möge die Kraft des Himmels ausreichen, ihn vor allem Unglück zu bewahren, das ich ahne! Möchte doch nach meinem Tode mein drohender Schatten imstande sein, jenen Treulosen zu erscheinen, sie an ihre Pflicht zu erinnern und sie in Furcht zu setzen! Nimm hier die Schlüssel zu den schrecklichen Gemächern; überbringe sie dem ältesten Schwarzen. Aber wenn er es nach meinem Tode an Wachsamkeit fehlen läßt, so vergiß nicht, Deinem Herrn davon Kunde zu geben.“ Mit diesen Worten ist er in meinen Armen verschieden.

Ich habe Kenntnis von allem, was er Dir kurz vor seinem Tode über die Aufführung Deiner Frauen geschrieben hat. Im Serail liegt ein Brief, der den Schrecken verbreitet haben würde, wenn man ihn geöffnet hätte; das folgende Schreiben von Deiner Hand ist drei Meilen von hier aufgefangen worden. Ich weiß nicht, wie es zugeht, alles nimmt eine unglückliche Wendung.

Indessen haben Deine Frauen die letzten Grenzen der Zurückhaltung überschritten. Seit dem Tode des Ober-Eunuchen scheint ihnen alles erlaubt zu sein; Roxane allein ist ihrer Pflicht treu geblieben und lebt in Zucht und Sitte. Von Tag zu Tage nimmt die Entsittlichung zu. Jener Ausdruck ernster und strenger Tugend, der ehemals die Züge Deiner Frauen beherrschte, ist aus denselben verschwunden; an seine Stelle ist eine ungewohnte Heiterkeit getreten, die nach meiner Ansicht von einer neuen Befriedigung unfehlbares Zeugnis giebt. Bis in die geringfügigsten Kleinigkeiten läßt es sich bemerken, daß sie sich Freiheiten nehmen, wie sie ihnen bisher nicht bekannt waren. Selbst unter Deinen Sklaven herrscht eine gewisse Gleichgültigkeit gegen ihre Pflicht, eine gewisse Lässigkeit in der Beobachtung der Hausordnung, die mich überrascht; jener glühende Eifer, Dir zu dienen, der sonst das ganze Serail zu beseelen schien, erfüllt sie nicht mehr.

Deine Frauen haben acht Tage auf dem Lande zugebracht, und zwar in einem Deiner abgelegensten Landhäuser. Wie es heißt, hat sich der Sklave, welcher mit der Obhut derselben betraut war, bestechen lassen, und am Tage vor ihrer Ankunft soll er zwei Männer in einer steinernen Wandnische des Hauptzimmers versteckt haben, von wo sie am Abend, als wir uns zurückgezogen, hervorgekommen seien. Der alte Verschnittene, welcher nunmehr an unserer Spitze steht, ist ein Schwachkopf, der alles glaubt, was man ihm einredet.

Ich bin ergrimmt über so viel schändlichen Verrat und dürste nach Rache. Wollte der Himmel, daß Du mich fähig erachtetest, zum Heile Deines Dienstes die Herrschaft zu übernehmen, so verspreche ich Dir, daß Deine Frauen, wenn nicht tugendhaft, wenigstens treu sein sollten.

Im Serail zu Ispahan, am 6. des ersten Mondes Rebiab, 1719.

Hundertundzweiundfünfzigster Brief

Narsit an Usbek in Paris

Roxane und Zelis haben den Wunsch ausgesprochen, sich auf das Land zu begeben, und ich glaubte, ich dürfe ihnen die Erlaubnis nicht verweigern. Glücklicher Usbek, Du hast getreue Frauen und wachsame Sklaven; ich gebiete an einem Orte, wo die Tugend sich eine Freistatt gewählt zu haben scheint. Vertraue darauf, daß nichts hierselbst geschehen kann, worauf Deine Blicke nicht ruhen dürften.

Ich bin durch einen Unfall in große Sorge versetzt worden. Armenische Kaufleute, die unlängst in Ispahan eingetroffen waren, hatten einen für mich bestimmten Brief von Dir mitgebracht. Ich sandte einen Sklaven in die Stadt, um denselben zu holen; aber er wurde auf seinem Rückwege beraubt, und auf diese Weise ging der Brief verloren. Schreibe mir also unverzüglich; denn ich vermute, daß Du mir unter den veränderten Umständen wichtige Befehle wirst erteilen wollen.

Fatmehs Serail, am 6. des ersten Mondes Rebiab, 1719.

Hundertunddreiundfünfzigster Brief

Usbek an Solim im Serail zu Ispahan

Ich lege das Schwert in Deine Hand. Das Theuerste was ich jetzt auf der Welt besitze, vertraue ich Dir an, – meine Rache. Vernimm Dein neues Amt, aber verwalte es ohne Herz und ohne Erbarmen. Ich schreibe an meine Frauen, daß sie Dir blinden Gehorsam leisten sollen; verwirrt von so vielen Verbrechen, werden sie vor Deinen Blicken in den Staub sinken. Ich soll Dir mein Glück und meine Ruhe verdanken; gieb mir mein Serail zurück, wie ich es verlassen habe. Das Erste aber laß die Buße sein. Rotte die Schuldigen aus, und laß diejenigen zittern, welche daran dachten, schuldig zu werden. Welche Belohnungen darfst Du nicht von Deinem Herrn für so ausgezeichnete Dienste erhoffen!Nur von Dir selbst wird es abhängen, Dich über Deine Stellung und über den höchsten Preis, den Du jemals wünschen konntest, zu erheben.

Paris, am 4. des Mondes Chahban, 1719.

Hundertundvierundfünfzigster Brief

Usbek an seine Frauen im Serail zu Ispahan

Möge dieser Brief dem Blitzstrahl gleichen, der zündend ein Ungewitter herniederfährt! Solim ist von nun an der Oberste Eurer Eunuchen, nicht zu Eurer Bewachung, sondern zu Eurer Strafe. Das ganze Serail demütige sich vor ihm. Eure vergangenen Thaten soll er richten; und Zukunft in soll er Euch unter einem so schweren Joche seufzen lassen, daß Ihr um Eure verlorene Freiheit trauern werdet, wenn Ihr nicht den Verlust Eurer Tugend beklagt.

Paris, am 4. des Mondes Chahban, 1719.

Hundertundfünfundfünfzigster Brief

Usbek an Nessir in Ispahan

Glücklich, wer, sich des ganzen Wertes eines gemächlichen und stillen Lebens bewußt, im Schoße seiner Familie die Ruhe des Herzens findet und kein anderes Land kennt, als die eigene Heimat! Ich lebe unter einem barbarischen Himmelsstriche, umgeben von lauter Dingen, die mir zur Last sind, fern von allem, was mir lieb ist. Eine düstere Traurigkeit überkommt mich; ich versinke in einen Zustand schrecklicher Niedergeschlagenheit; es ist mir, als ob ich vergehe; und nur dann komme ich wieder zu mir selbst, wenn eine quälende Eifersucht in mir erglüht und in meiner Seele die Furcht, den Argwohn, den Haß und die Reue heraufbeschwört.

Du kennst mich, Nessir; mein Herz hat stets so offen vor Dir gelegen wie Dein eigenes. Du würdest mich bemitleiden, wenn Du wüßtest, wie bejammernswert mein Zustand ist. Manchmal muß ich ein volles halbes Jahr auf Nachrichten aus dem Serail warten; ich zähle die Minuten, die dahinfließen; für meine Ungeduld dehnen sich die Stunden zu Tagen; und kommt endlich der so lange ersehnte Augenblick, so kehrt sich in meinem Herzen plötzlich alles um; meine Hand zittert, da sie den Brief öffnen will, der vielleicht verhängnisvoll ist; die Unruhe, die mich vorher zur Verzweiflung brachte, erscheint mir wie ein Glück, wenn ich sie mit der drohenden Gewißheit vergleiche, und ich fürchte, daß der Schlag, der ihr ein Ende machen soll, mich schwerer treffen wird als ein tausendfacher Tod.

Aber wie dringende Veranlassung ich auch hatte, mich aus meinem Vaterlande zu entfernen, und obwohl ich meiner Flucht das Leben verdanke, Nessir, ich kann diese schreckliche Verbannung nicht länger ertragen. Würde ich nicht auch hier sterben, ein Opfer meines Kummers? Ich habe Rica tausendmal gedrängt, dies fremde Land zu verlassen; aber allen meinen Entschlüssen setzt er seinen Widerstand entgegen, und mit tausend Vorwänden sucht er mich hier zu fesseln. Es ist, als habe er sein Vaterland vergessen, oder vielmehr, als habe er mich selbst vergessen, so gefühllos zeigt er sich gegen mein Herzeleid.

O ich Unglücklicher! Ich wünsche mein Vaterland wiederzusehen, und vielleicht nur, um noch unglücklicher zu werden! Weh mir, was wird meiner daselbst warten! Ich werde meinen Kopf an meine Feinde ausliefern. Und Schlimmeres noch: Ich werde in das Serail zurückkehren, und dann muß ich Rechenschaft fordern über die unheilvolle Zeit meiner Abwesenheit. Und was soll aus mit werden, wenn ich Schuldige finde? Wenn mich die bloße Vorstellung davon in so weiter Entfernung überwältigt, wie soll ich es aushalten, wenn ich gegenwärtig bin und sie um so lebendiger vor Augen habe? Wenn ich sehen und hören muß, an was ich nicht ohne Schaudern zu denken wage? Wie endlich, wenn die Strafen, die ich selbst verhängen muß, unverlöschliche Erinnerungszeichen meiner Schande und meiner Verzweiflung bleiben?

Ich werde mich hinter Mauern einschließen, die für mich schrecklicher sind, als für die Frauen, die sie verwahren. Mein ganzer Argwohn wird mich dahin begleiten, und ihre Schmeicheleien werden ihn um nichts verringern. In meinem Bett, in ihren Armen werde ich nur meine Unruhe empfinden; zu einer Zeit, die so wenig zu Grübeleien geeignet ist, wird meine Eifersucht mich dazu verführen. Unwürdiger Auswurf der menschlichen Natur, niedrige Sklaven, deren Herz allen Gefühlen der Liebe für immer verschlossen ist, ihr würdet euer Schicksal nicht länger beseufzen, wenn euch mein unseliges Los bekannt wäre.

Paris, am 4. des Mondes Chahban, 1719.

Hundertundsechsundfünfzigster Brief

Roxane an Usbek in Paris

Das Grausen, die Nacht und das Entsetzen herrschen im Serail; über ihm lagert fürchterliche Trauer; ein Tiger läßt in ihm ohne Unterlaß seine ganze Wut aus. Über zwei weiße Verschnittene, die nur ihre Unschuld bekennen konnten, hat er den Tod verhängt. Eine Anzahl von unseren Sklavinnen hat er verkauft; die übrigen mußten wir unter einander austauschen. Zachi und Zelis haben in ihren Zimmern im Dunkel der Nacht eine schmachvolle Behandlung erfahren; der Ruchlose hat sich nicht gescheut, seine verächtlichen Hände an sie zu legen. Er hält uns alle abgesondert in unseren Gemächern eingeschlossen; und obwohl wir daselbst ganz allein sind, verbietet er uns, den Schleier abzulegen. Es ist uns nicht mehr gestattet, mit einander zu reden, und wenn wir uns schreiben wollten, so würde das als ein Verbrechen gelten. Wir haben kein Rechte mehr, als unsere Thränen.

Eine Schar von neuen Eunuchen ist in das Serail eingezogen, wo sie uns Tag und Nacht belagern; unablässig stört uns ihr wahres oder erheucheltes Mißtrauen in der Ruhe unseres Schlafes. Es ist mein einziger Trost, daß alles dies nicht lange währen kann, und daß die Qualen zugleich mit meinem Leben ihr Ende finden werden. Es wird nur noch kurz sein, grausamer Usbek! werde Dir keine Zeit lassen, alle diese Beschimpfungen wieder einzustellen.

Im Serail zu Ispahan, am 2. des Mondes Maharram, 1720.

Hundertundsiebenundfünfzigster Brief

Zachi an Usbek in Paris

O Himmel! Ein Barbar hat mich beschimpft, beschimpft selbst durch die Art der Bestrafung! Er hat mir die Schmach jener Züchtigung angethan, deren Beginn ein Beleidigung der Schamhaftigkeit ist; jener Züchtigung, die der tiefsten Erniedrigung gleichkommt; jener Züchtigung, durch die man, sozusagen, wieder zum unerzogenen Kind wird.

Im ersten Augenblick war meine Seele niedergeschmettert unter der Schande; aber sie kam wieder zum Bewusstsein und fing an, sich zu entrüsten, als die Gewölbe meines Zimmers von meinem Geschrei wiederhallten. Man hat es gehört, wie ich den elendesten aller Menschen um Gnade anflehte und sein Erbarmen anrief, je unerbittlicher er sich zeigte.

Seit jener Zeit hat seine freche und sklavische Seele sich übermütig über die meinige erhoben. Seine Gegenwart, seine Blicke, seine Worte sind lauter Qualen, die mich zu Boden drücken. Bin ich allein, so habe ich wenigstens den Trost, mich auszuweinen; aber sobald ich seiner ansichtig werde, gerate ich in Wut; und da sie ohnmächtig ist, versinke ich in Verzweiflung.

Der Tiger wagt Dich als den Urheber aller dieser Barbareien hinzustellen. Er möchte mich meiner Liebe berauben und selbst die Gefühle meines Herzens entweihen. Wenn er den Namen dessen vor mir ausspricht, den ich liebe, so finde ich keine Klagen mehr, und nur der Tod bleibt mir übrig.

Ich habe Deine Abwesenheit ertragen und meine Liebe bewahrt durch die Kraft meiner Liebe. Die Nächte, die Tage, ein jeder Augenblick gehörte Dir. Meine Liebe war mein Stolz, und wegen der Deinigen wurde ich hier geachtet. Aber jetzt ... Nein, diese Erniedrigung kann ich nicht länger ertragen. Wenn ich unschuldig bin, so kehre zurück, um mich zu lieben; kehre zurück, wenn ich schuldig bin, damit ich zu Deinen Füßen den Geist aufgebe.

Im Serail zu Ispahan, am 2. des Mondes Maharram, 1720.

Hundertundachtundfünfzigster Brief

Zelis an Usbek in Paris

Tausend Meilen bist Du fern von mir, und Du erklärst mich für schuldig; tausend Meilen bist Du fern von mir, und mich trifft Deine Strafe.

Möge ein barbarischer Eunuch seine verächtlichen Hände an mich legen; er vollzieht ja Deinen Befehl. Der Tyrann ist es, der mich beschimpft, nicht der Scherge seiner Tyrannei.

Verdopple nur ganz nach Deinem Gutdünken Deine harte Behandlung. Mein Herz bleibt dabei ruhig, da es Dich nicht mehr lieben kann. Deine Seele entwürdigt sich, und Du wirst grausam. Sei versichert, daß Du nicht glücklich bist. Lebe wohl.

Im Serail zu Ispahan, am 2. des Mondes Maharram, 1720.

Hundertundneunundfünfzigster Brief

Solim an Usbek in Paris

Ich beklage mich, erlauchter Herr, und ich beklage Dich. Noch nie war ein getreuer Diener in so furchtbarer Verzweiflung, wie sie über mich gekommen ist. Vernimm Dein Unglück und das meinige; meine Hand zittert, indem ich Dir schreibe.

Bei allen Propheten des Himmels schwöre ich Dir, daß ich Tag und Nacht über Deine Frauen gewacht habe, seitdem Du sie mir anvertraut; daß mein unermüdlicher Eifer keinen Augenblick zur Ruhe gekommen ist. Mit Züchtigungen begann ich die Ausübung meines Amtes; und als ich sie einstellte, bin ich doch nach wie vor der natürlichen Strenge meines Charakters treu geblieben.

Aber warum erwähne ich diese Dinge? Warum rühme ich Dir jetzt eine Treue, die ihren Zweck verfehlt hat? Vergiß alles, was ich in Deinem Dienste gethan habe; betrachte mich als einen Verräter, und laß mich für alle Verbrechen, die ich nicht hindern konnte, die Strafe erleiden.

Roxane, die stolze Roxane! O Himmel, wem soll man künftig noch trauen? Dein Argwohn hatte sich auf Zachi gelenkt, und in Roxane setztest Du völlige Zuversicht. Aber ihre spröde Tugend war ein grausamer Betrug; sie war der Schleier, hinter dem sich ihre Treulosigkeit verbarg. Ich habe sie in den Armen eines jungen Mannes überrascht, der auf mich eindrang, als er sich ertappt sah. Er hat mir zwei Dolchstiche versetzt. Auf den Lärm eilten mir die Eunuchen zu Hilfe und umringten ihn. Er vertheidigte sich lange gegen sie und verwundete mehrere von ihnen; ja er wollte sich sogar die Rückkehr in das Zimmer erkämpfen, um, wie er sagte, vor Roxanes Augen zu sterben. Endlich aber erlag er der Überzahl und stürzte uns tödlich getroffen zu Füßen.

Ich weiß nicht, erhabener Gebieter, ob ich warten soll, bis Deine verschärften Befehle eintreffen. Du hast Deine Rache in meine Hände gelegt; ich darf sie nicht einschlafen lassen.

Im Serail zu Ispahan, am 8. des ersten Mondes Rebiab, 1720.

Hundertundsechzigster Brief

Solim an Usbek in Paris

Ich weiß nun, was ich zu thun habe. Dein Unglück soll verschwinden; ich werde strafen.

Ich fühle schon eine geheime Freude; meine Seele und die Deinige werden wieder Ruhe finden: Wir werden das Verbrechen ausrotten, und die Unschuld wird erbleichen.

Ihr aber, o tugendhafte Frauen, die ihr nur geschaffen scheint, um, ohne Ahnung von allen euren Sinnen, über eure eignen Begierden zu zürnen; allezeit Opfer der Scham und der Züchtigkeit: warum kann ich euch nicht in Strömen dies vom Unglück heimgesuchte Serail betreten lassen, um euch staunen zu sehen über all das Blut, das ich dort vergießen werde!

Im Serail zu Ispahan, am 8. des ersten Mondes Rebiab, 1720.

Hundertundeinundsechzigster Brief

Roxane an Usbek in Paris

Ja, ich habe Dich hintergangen; ich habe Deine Eunuchen verführt; ich habe an Deiner Eifersucht meine Freude gehabt; und ich habe es verstanden, aus Deinem schauerlichen Serail eine Stätte wonnigen Genusses zu machen.

Ich suche den Tod; das Gift wird in meine Adern strömen. Denn was soll ich hier noch länger, da der einzige Mann, der mich an das Leben fesselte, nicht mehr ist? Ich sterbe; aber mein Schatten entschwebt nicht allein: soeben habe ich jene verruchten Schergen vorausgesandt, die das köstlichste Blut der Welt vergossen haben.

Wie konntest Du mich für so leichtgläubig halten, um mir einzubilden, meine einzige Lebensbestimmung sei die Anbetung Deiner Launen? Wie konntest Du glauben, ich werde Dir das Recht zugestehen, alle meine Begierden grausam zu unterdrücken, während Du Dir alles gestattest? Nein! In der Knechtschaft konnte ich leben; aber ich bin jederzeit frei geblieben. Ich habe Deine Regeln nach dem Naturgesetze umgewandelt, und mein Geist hat sich seine Unabhängigkeit immer bewahrt.

Du solltest mir noch dankbar sein für das Opfer, welches ich Dir gebracht habe; dankbar dafür, daß ich mich so weit erniedrigt habe, Dir Treue zu heucheln; daß ich feige in meinem Herzen verborgen hielt, was ich vor aller Welt hätte verkünden sollen; mit einem Worte, daß ich die Tugend entweiht habe, indem ich duldete, daß man meiner Unterwerfung unter Dein launenhaftes Belieben diesen Namen gab.

Du warst immer erstaunt, den Wollusttaumel der Liebe bei mir nicht zu entdecken; wenn Du mich recht gekannt hättest, so würdest Du statt seiner die ganze Empörung des Hasses gewahrt haben.

Aber Du hast lange die Genugthuung gehabt, zu glauben, daß ein Herz wie das meinige Dir ergeben sei. Wir waren beide glücklich; Du hieltest mich für betrogen, und ich betrog Dich.

Diese Sprache wird Dir vermutlich neu erscheinen. Sollte ich, nachdem ich Dir soviel Leid angethan, Dich noch zwingen können, meinen Mut zu bewundern?

Doch es geht zu Ende. Das Gift verzehrt mich; meine Kräfte schwinden; die Feder entsinkt meiner Hand. Ich fühle, wie selbst mein Haß nachläßt; ich sterbe.

Im Serail zu Ispahan, am 8. des ersten Mondes Rebiab, 1720.